KB093946

고빈출!
수능영단어
총정리

고빈출!
수능영단어
총정리

2판 1쇄 2023년 7월 24일

지은이 빅포레스트(이진국 · 박경아 · 박경열 · 윤주헌 · 김수영)
펴낸이 유인생
기획 · 편집 쏠티북스 영어팀
마케팅 박성하 · 심혜영
디자인 NAMIJIN DESIGN
편집 · 조판 Choice
펴낸곳 (주) 쏠티북스
주소 (04037) 서울시 마포구 양화로 7길 20 (서교동, 남경빌딩 2층)
대표전화 070-8615-7800
팩스 02-322-7732
이메일 saltybooks@naver.com
출판등록 제313-2009-140호

ISBN 979-11-92967-04-2

시험에 나왔고 또 나오는
필수 어휘는 다 담았다!

고빈출!
수능영단어
총정리

| 빅포레스트(이진국 · 박경아 · 박경열 · 윤주헌 · 김수영) 지음 |

솔티북스

| Contents |

Part 01

1순위 필수 어휘 (출제율 90% 이상 영단어)

Part 02

2순위 필수 어휘 (출제율 80% 이상 영단어)

Part 03

3순위 필수 어휘 (출제율 60% 이상 영단어)

Part 04

헷갈리는 혼동 어휘 / 고난도 어휘

Part 05

필수 숙어

〈고빈출! 수능영단어 총정리〉 제대로 활용하는 법

1 **출제빈도순으로 수능기출+영어교과서 영단어를 DB화, 총 4,500여 개 영단어 총정리!**

수능기출과 주요 영어교과서에 등장한 영단어를 분석해서 출제빈도순으로 정리하였습니다. 특히 혼동 어휘, 고난도 어휘, 필수 숙어까지 별도로 정리하였습니다. 따라서 내신과 수능 모두 대비 가능한 단어장으로, 학습 효율을 극대화였습니다. 출제빈도순으로 정리되어 있으므로 앞에서부터 차례대로 중요한 단어를 학습하는 것이 가장 좋습니다.

2 **암기한 단어는 표제어 앞의 체크 박스에 표시한다.**

학습 성취감을 느낄 수 있도록 암기한 단어는 표제어 앞의 체크 박스(□□)에 V표시합니다. 박스(□□)는 두 개를 만들어 놓았으므로 복습하면서 한번 더 V표시합니다.

3 **발음기호를 보고 직접 발음해 본다.**

표제어를 비롯하여 모든 단어에는 발음기호를 수록하였으므로 직접 발음해 가면서 외웁니다. 눈으로만 보는 것보다 발음하면서 철자를 익히고 뜻을 익히면 더 잘 외워집니다.

4 **해당 표제어와 함께 ⊕도 확인한다.**

⊕에는 표제어와 관련된 파생어, 유의어, 반의어, 혼동 어휘 등이 제시되어 있습니다. 이 단어들은 독해력을 향상하는데 큰 도움이 되는 단어들이므로 빠짐없이 학습해야 합니다.

5 **초스피드 Test로 완전히 암기했는지 점검한다.**

각 강이 끝나면 학습한 단어를 제대로 암기했는지 확인할 수 있는 '초스피드 Test'가 수록되어 있습니다. 제시된 문제를 통해 암기하지 못한 단어는 다시 한 번 본문으로 돌아가 확인해 봅니다. 또한 www.saltybooks.com에서 스피드테스트 파일을 다운받아 전체 단어를 제대로 암기했는지 최종 복습을 합니다.

★
영단어 암기 Tip1 − 짜투리 시간 활용하기

버스나 전철에서 보내는 등하교 길이나 학교의 수업과 수업 사이의 쉬는 시간 같은 자투리 시간을 활용하여 영단어를 외운다. 티끌 모아 태산이라는 말이 있듯이 비록 짧은 시간이지만 잘 활용하면 알찬 영단어 암기 학습을 할 수 있다.

Part 01

1순위 필수 어휘

(출제율 90% 이상 영단어)

Voca 01 출제율 90% 이상 영단어 ❶

☐☐ **opportunity** [ὰpərtʃúːnəti]   몡 기회

☐☐ **benefit** [bénəfit]   몡 혜택, 이득   동 ~에 이익을 주다

☐☐ **entire** [intáiər]   혱 전체의, 완전한

☐☐ **represent** [rèprizént]   동 대표하다, 대신하다
   ⊕ representative [rèprizéntətiv]   몡 대표자   혱 대표하는

☐☐ **encourage** [inkə́ːridʒ]   동 격려하다, 용기를 북돋우다

☐☐ **ordinary** [ɔ́ːrdənèri]   혱 보통의, 일상적인, 일반적인

☐☐ **significant** [signífikənt]   혱 중요한, 의미 있는

☐☐ **performance** [pərfɔ́ːrməns]   몡 실행, 성과; 공연
   ⊕ perform [pərfɔ́ːrm]   동 수행하다; 공연하다

☐☐ **essential** [isénʃəl]   혱 필수적인, 필요한; 극히 중요한

☐☐ **eventually** [ivéntʃuəli]   뷔 결국, 마침내

☐☐ **valuable** [vǽljuəbl]   혱 소중한, 귀중한, 가치 있는
   ⊕ valuables [vǽljuəblz]   몡 귀중품

☐☐ **unique** [juːníːk]   혱 유일무이한, 독특한

☐☐ **attitude** [ǽtitjùːd]   몡 태도, 자세, 사고방식

☐☐ **evidence** [évidəns]   몡 증거, 흔적

☐☐ **responsibility** [rispὰnsəbíləti]   몡 책임, 책무
   ⊕ responsible [rispɑ́nsəbl]   혱 책임이 있는

☐☐ **potential** [pouténʃəl]   혱 가능성이 있는, 잠재적인

☐☐ **feature** [fíːtʃər]   몡 특색, 특징, 특성

☐☐ **positive** [pázətiv]   혱 낙관적인, 긍정적인; 명백한
    ⊕ 반의어 **negative** [négətiv] 혱 부정적인, 부정의

☐☐ **preserve** [prizə́:rv]   됭 지키다, 보호하다

☐☐ **release** [rilí:s]   됭 풀어 주다, 석방하다; 발표하다

☐☐ **situation** [sìtʃuéiʃən]   몡 상황, 처지, 환경

☐☐ **recommend** [rèkəménd]   됭 추천하다, 권하다, 권고하다
    ⊕ **recommendation** [rèkəməndéiʃən] 몡 추천, 권고

☐☐ **object** [ábdʒikt]   몡 물건, 물체; 목적, 목표
         [əbdʒékt]   됭 반대하다

☐☐ **notice** [nóutis]   몡 주목, 알아챔; 통지
                 됭 알아차리다, 주목하다

☐☐ **prevent** [privént]   됭 막다, 예방하다
    ⊕ **prevention** [privénʃən] 몡 예방, 방지

☐☐ **extremely** [ikstrí:mli]   뷔 극도로, 극히

☐☐ **process** [práses]   몡 과정, 절차 됭 가공하다, 처리하다

☐☐ **professional** [prəféʃənəl]   혱 직업의, 전문적인 몡 전문직 종사자, 전문가

☐☐ **confident** [kánfidənt]   혱 자신감 있는, 확신하는
    ⊕ 혼동 어휘 **confident** [kánfidənt] 혱 자신감 있는
               confidential [kànfidénʃəl] 혱 기밀의, 비밀의

☐☐ **persuade** [pərswéid]   됭 설득하다, 설득시키다
    ⊕ **persuasion** [pərswéiʒən] 몡 설득, 신념

☐☐ **immediately** [imí:diətli]   뷔 즉시, 즉각

☐☐ **available** [əvéiləbl]   혱 이용할 수 있는, 구할 수 있는

☐☐ **approach** [əpróutʃ]   됭 접근하다, 다가가다 몡 접근

☐☐ **affect** [əfékt]   됭 영향을 미치다

☐☐ **realize** [rí:əlàiz] [동] 깨닫다, 알아차리다

☐☐ **communicate** [kəmjú:nəkèit] [동] 연락을 주고받다, 의사소통을 하다
⊕ communication [kəmjù:nəkéiʃən] [명] 의사소통

☐☐ **respond** [rispánd] [동] 대답하다, 응답하다; 답장을 보내다
⊕ response [rispáns] [명] 응답, 대답

☐☐ **pressure** [préʃər] [명] 압박, 압력; 기압
⊕ press [pres] [동] 압력을 가하다

☐☐ **observe** [əbzə́:rv] [동] 보다, 관찰하다, 목격하다

☐☐ **rescue** [réskju:] [동] 구하다, 구조하다 [명] 구출, 구조

☐☐ **content** [kántent] [명] 내용, 내용물; 목차
[kəntént] [형] 만족하는

☐☐ **celebrate** [séləbrèit] [동] 기념하다, 축하하다

☐☐ **disaster** [dizǽstər] [명] 참사, 재난, 재해

☐☐ **article** [á:rtikl] [명] (신문 · 잡지의) 글, 기사; (물건의) 품목

☐☐ **community** [kəmjú:nəti] [명] 주민, 지역 사회

☐☐ **achieve** [ətʃí:v] [동] 달성하다, 성취하다
⊕ achievement [ətʃí:vmənt] [명] 업적, 성취한 것

☐☐ **exactly** [igzǽktli] [부] 정확히, 꼭, 틀림없이

☐☐ **modern** [mádərn] [형] 현대의, 근대의

☐☐ **transportation** [trǽnspərtéiʃən] [명] 운송, 수송(=transport)

☐☐ **effective** [iféktiv] [형] 효과적인, 효율적인, 유효한

☐☐ **contact** [kántækt] [명] 접촉, (다른 사람과의) 연락
[동] 접촉하다, 연락하다

☐☐ **share** [ʃɛər] [동] 함께 쓰다, 공유하다
[명] (개인 · 단체의) 몫, 부담

□□ **destroy** [distrɔ́i] 동 파괴하다, 말살하다
　⊕**destruction** [distrʌ́kʃən] 명 파괴

□□ **recognize** [rékəgnàiz] 동 알아보다, 인식하다

□□ **influence** [ínfluəns] 명 영향 동 영향을 주다

□□ **complain** [kəmpléin] 동 불평하다, 항의하다
　⊕**complaint** [kəmpléint] 명 불평, 불만

□□ **suggestion** [səgdʒéstʃən] 명 제안, 제의, 의견
　⊕**suggest** [səgdʒést] 동 제안하다, 제시하다

□□ **atmosphere** [ǽtməsfìər] 명 (지구의) 대기; 분위기

□□ **determine** [ditə́ːrmin] 동 결정하다, 결심하다
　⊕**determination** [ditə̀ːrmənéiʃən] 명 결심, 결정

□□ **properly** [prápərli] 부 제대로, 적절히, 알맞게

□□ **practical** [prǽktikəl] 형 실질적인, 실제적인

□□ **emphasize** [émfəsàiz] 동 강조하다, 중요시하다
　⊕**emphasis** [émfəsis] 명 강조, 중점

□□ **delicate** [délikət] 형 연약한, 섬세한

□□ **recently** [ríːsntli] 부 최근에, 요즈음
　⊕**recent** [ríːsnt] 형 최근의, 근대의

□□ **occur** [əkə́ːr] 동 일어나다, 발생하다
　⊕**occurrence** [əkə́ːrəns] 명 발생

□□ **access** [ǽkses] 명 입장, 접근
　　　　　　　　　　　　동 들어가다, 접근하다, (컴퓨터에) 접속하다

□□ **individual** [ìndəvídʒuəl] 형 각각의, 개개의

□□ **pollution** [pəlúːʃən] 명 오염, 공해
　⊕**pollute** [pəlúːt] 동 오염시키다, 더럽히다

□□ **knowledge** [nálidʒ] 명 지식, 학식

□□ **measure** [méʒər] [동] 측정하다, 재다 [명] 치수, 측정, 기준

□□ **expert** [ékspəːrt] [명] 전문가
[ikspə́ːrt] [형] 숙련된, 전문적인

□□ **chemical** [kémikəl] [형] 화학의, 화학적인 [명] 화학 물질

□□ **aspect** [ǽspekt] [명] 양상, 측면

□□ **confidence** [kɑ́nfidəns] [명] 신뢰, 자신감

□□ **appreciate** [əpríːʃièit] [동] 진가를 알아보다, 인정하다

□□ **exhibition** [èksəbíʃən] [명] 전시회, 전시

□□ **appropriate** [əpróupriət] [형] 적절한, 적합한, 타당한
⊕ 반의어 **inappropriate** [ìnəpróupriət] [형] 부적절한, 타당하지 않은

□□ **global** [glóubəl] [형] 세계적인; 지구의
⊕ **globe** [gloub] [명] 지구본, 세계

□□ **explore** [iksplɔ́ːr] [동] 탐험하다, 조사하다
⊕ 혼동 어휘 **explore** [iksplɔ́ːr] [동] 탐험하다 / **explode** [iksplóud] [동] 폭발하다

□□ **completely** [kəmplíːtli] [부] 완전히, 전적으로

□□ **involve** [invɑ́lv] [동] 수반하다, 포함하다

□□ **imagine** [imǽdʒin] [동] 상상하다, 생각하다
⊕ **imagination** [imædʒənéiʃən] [명] 상상, 공상

□□ **combination** [kɑ̀mbənéiʃən] [명] 조합, 결합, 연합

□□ **extraordinary** [ikstrɔ́ːrdənèri] [형] 기이한, 놀라운; 현저한
⊕ 반의어 **ordinary** [ɔ́ːrdənèri] [형] 보통의, 일상적인

□□ **native** [néitiv] [형] 토착의, 원주민의

□□ **figure** [fígjər] [명] 모습, 인물; 수치 [동] 계산하다

□□ **mental** [méntl] [형] 정신의, 마음의
⊕ **physical** [fízikəl] [형] 신체적인, 육체의

☐☐ **material** [mətíəriəl]　　　圀 재료, 원료; 옷감　톙 물질적인

☐☐ **communication**　　　圀 의사소통, 연락, 전달
[kəmjùːnəkéiʃən]
　　⊕ **communicate** [kəmjúːnəkèit]　톉 의사소통을 하다, 통신하다

☐☐ **response** [rispáns]　　　圀 대답, 응답; 답장
　　⊕ **respond** [rispánd]　톉 대답하다, 응답하다

☐☐ **provide** [prəváid]　　　톉 제공하다, 공급하다
　　⊕ 유의어 **supply** [səplái]　톉 공급하다, 주다

☐☐ **current** [kə́ːrənt]　　　톙 현재의, 지금의　圀 흐름; 조류

☐☐ **reaction** [riːækʃən]　　　圀 반응, 반작용
　　⊕ **react** [riǽkt]　톉 반응하다, 반응을 보이다

☐☐ **establish** [istǽbliʃ]　　　톉 설립하다, 수립하다, 제정하다

☐☐ **damage** [dǽmidʒ]　　　圀 손상, 피해　톉 손해를 입히다, 해치다

☐☐ **consider** [kənsídər]　　　톉 숙고하다, 고려하다
　　⊕ **consideration** [kənsìdəréiʃən]　圀 숙고, 고려

☐☐ **depression** [dipréʃən]　　　圀 우울증; 불경기

☐☐ **struggle** [strʌ́gəl]　　　톉 투쟁하다, 분투하다　圀 싸움; 노력

☐☐ **expression** [ikspréʃən]　　　圀 표현, 표출

☐☐ **effect** [ifékt]　　　圀 영향; 결과, 효과
　　⊕ 혼동 어휘 **effect** [ifékt] 圀 영향 / **affect** [əfékt] 톉 영향을 미치다

Voca 01 초스피드 TEST

A 다음 영어 단어에 해당하는 우리말 뜻을 쓰시오.

01 significant　　　　　　　　09 emphasize

02 evidence　　　　　　　　　10 establish

03 recommend　　　　　　　　11 expression

04 opportunity　　　　　　　　12 recently

05 situation　　　　　　　　　13 reaction

06 process　　　　　　　　　　14 determine

07 persuade　　　　　　　　　15 complain

08 occur　　　　　　　　　　　16 confident

B 다음에 해당하는 영어 단어를 쓰시오.

01 **prevent**의 명사형

02 **consider**의 명사형

03 **response**의 동사형

04 **ordinary**의 반의어

05 **pressure**의 동사형

06 **positive**의 반의어

Answer

Ⓐ 01 중요한 02 증거, 흔적 03 추천하다 04 기회 05 상황, 환경 06 과정, 절차 07 설득하다 08 일어나다, 발생하다 09 강조하다 10 설립하다 11 표현 12 최근에 13 반응 14 결정하다, 결심하다 15 불평하다 16 자신감 있는

Ⓑ 01 prevention 02 consideration 03 respond 04 extraordinary 05 press 06 negative

C 다음 우리말 뜻에 해당하는 영어 단어를 쓰시오.

01 파괴하다	....	09 이용할 수 있는	....
02 의사소통	....	10 격려하다	....
03 깨닫다	....	11 지키다, 보호하다	....
04 혜택, 이득	....	12 직업의, 전문적인	....
05 소중한	....	13 보통의, 일상적인	....
06 상상하다	....	14 오염, 공해	....
07 투쟁하다	....	15 입장; 접근하다	....
08 완전히	....	16 내용; 만족하는	....

D 다음 우리말 뜻에 해당하는 영어 단어를 쓰시오.

01 완전한 자유 .... freedom

02 필수품 .... goods

03 잠재적인 문제들 .... problems

04 금속 물질 a .... object

05 이론적인 접근 a theoretical ....

06 연약한 피부 .... skin

Answer

C 01 destroy 02 communication 03 realize 04 benefit 05 valuable 06 imagine 07 struggle
08 completely 09 available 10 encourage 11 preserve 12 professional 13 ordinary
14 pollution 15 access 16 content

D 01 entire 02 essential 03 potential 04 metallic 05 approach 06 delicate

Voca 02 출제율 90% 이상 영단어 ❷

☐☐ **source** [sɔːrs]　　　　　명 원천, 근원, 출처

☐☐ **detail** [diːtéil]　　　　　명 세부 사항 동 자세히 말하다

☐☐ **principal** [prínsəpəl]　　　형 주요한, 주된 명 장, 교장

☐☐ **predict** [pridíkt]　　　　　동 예측하다, 예견하다
　　⊕**prediction** [pridíkʃən] 명 예측, 예견

☐☐ **invention** [invénʃən]　　　명 발명품, 발명
　　⊕**invent** [invént] 동 발명하다, 고안하다

☐☐ **concern** [kənsə́ːrn]　　　　동 관여하다, 걱정하다 명 관심, 관심사; 걱정

☐☐ **reflect** [riflékt]　　　　　동 반영하다, 반사하다; (거울 등에 상을) 비추다
　　⊕**reflection** [riflékʃən] 명 (거울 등에 비친) 상; 반영

☐☐ **participate** [pɑːrtísəpèit]　동 참가하다, 참여하다

☐☐ **improve** [imprúːv]　　　　동 개선되다, 나아지다, 발달하다

☐☐ **negative** [négətiv]　　　　형 부정적인, 부정의
　　⊕반의어 **positive** [pázətiv] 형 긍정적인, 낙관적인

☐☐ **assume** [əsúːm]　　　　　동 가정하다, (책임 등을) 맡다
　　⊕**assumption** [əsʌ́mpʃən] 명 가정, 전제

☐☐ **maintain** [meintéin]　　　동 유지하다, 지키다

☐☐ **independence** [ìndipéndəns]　명 독립, 자립, 자주
　　⊕**independent** [ìndipéndənt] 형 독립한, 독립적인

☐☐ **harmful** [háːrfəl]　　　　　형 해로운, 유해한, 위험한
　　⊕**harm** [haːrm] 명 해, 손해 동 해치다, 손상하다

☐☐ **observation** [àbzərvéiʃən]　명 관찰, 주목, 감시
　　⊕**observe** [əbzə́ːrv] 동 관찰하다

☐☐ **temperature** [témpərətʃər]　　뗑 온도, 기온

☐☐ **combine** [kəmbáin]　　똥 결합하다, (두 가지 이상의 일을) 병행하다
　　◈ **combination** [kàmbənéiʃən]　뗑 결합, 조합

☐☐ **electricity** [ilèktrísəti]　　뗑 전기, 전력

☐☐ **distribute** [distríbjuːt]　　똥 분배하다, 나누어 주다
　　◈ **distribution** [dìstrəbjúːʃən]　뗑 분배, 배급

☐☐ **associate** [əsóuʃièit]　　똥 연상하다, 결부시키다
　　　　　　[əsóuʃiət]　　뗑 (사업 등의) 제휴자; 동료

☐☐ **physical** [fízikəl]　　뻥 육체의, 신체의
　　◈ **mental** [méntl]　뻥 정신의, 마음의

☐☐ **discussion** [diskʌ́ʃən]　　뗑 논의, 토론
　　◈ **discuss** [diskʌ́s]　똥 논의하다, 토론하다

☐☐ **attention** [əténʃən]　　뗑 주의, 주목, 관심

☐☐ **organize** [ɔ́ːrgənàiz]　　똥 조직하다, 준비하다
　　◈ **organization** [ɔ̀ːrgənəzéiʃən]　뗑 조직, 단체

☐☐ **convince** [kənvíns]　　똥 납득시키다, 확신시키다

☐☐ **sacrifice** [sǽkrəfàis]　　뗑 희생; 희생물　똥 희생하다

☐☐ **ancestor** [ǽnsestər]　　뗑 (사람의) 조상, 선조
　　◈ **descendant** [diséndənt]　뗑 자손, 후예

☐☐ **entirely** [intáiərli]　　뿐 전적으로, 완전히, 전부

☐☐ **characteristic** [kæ̀riktərístik]　뻥 특유의　뗑 특성, 특징

☐☐ **capture** [kǽptʃər]　　똥 포로로 잡다, 억류하다　뗑 포획, 체포

☐☐ **grab** [græb]　　똥 붙잡다, 움켜잡다　뗑 붙잡음; 약탈

☐☐ **adapt** [ədǽpt]　　똥 맞추다, 조정하다
　　◈ 혼동 어휘 **adapt** [ədǽpt]　똥 맞추다, 조정하다
　　　　　　　　adopt [ədápt]　똥 입양하다; 채택하다

☐☐ **straight** [streit] 　⒣ 똑바른, 일직선의; 솔직한 　⒨ 똑바로

☐☐ **alternative** [ɔːltə́ːrnətiv] 　⒨ 대안, 선택 가능한 것

☐☐ **demonstrate** [démənstrèit] 　⒱ 설명하다, 입증하다

☐☐ **literature** [lítərətʃər] 　⒨ 문학; 문헌

☐☐ **landscape** [lǽndskèip] 　⒨ 풍경, 경관

☐☐ **environment** [inváiərənmənt] 　⒨ 환경

☐☐ **solution** [səljúːʃən] 　⒨ 해법, 해결책
　⊕**solve** [salv] 　⒱ 해결하다, 풀다

☐☐ **absorb** [əbsɔ́ːrb] 　⒱ 흡수하다, 빨아들이다

☐☐ **population** [pàpjuléiʃən] 　⒨ 인구, 주민

☐☐ **absolutely** [ǽbsəlùːtli] 　⒨ 전적으로, 틀림없이

☐☐ **inspire** [inspáiər] 　⒱ 고무하다, 격려하다
　⊕**inspiration** [inspəréiʃən] 　⒨ 영감, 감화, 자극

☐☐ **permanent** [pə́ːrmənənt] 　⒣ 영구적인, 영속적인, 불변의

☐☐ **obtain** [əbtéin] 　⒱ 얻다, 구하다

☐☐ **accomplish** [əkámpliʃ] 　⒱ 완수하다, 성취하다, 해내다
　⊕**accomplishment** [əkámpliʃmənt] 　⒨ 업적, 성취, 완수

☐☐ **circumstance** [sə́ːrkəmstæns] 　⒨ 환경, 상황, 정황

☐☐ **ancient** [éinʃənt] 　⒣ 고대의, 옛날의

☐☐ **specific** [spisífik] 　⒣ 구체적인, 명확한, 분명한

☐☐ **appearance** [əpíərəns] 　⒨ (겉)모습, 외모
　⊕**appear** [əpíər] 　⒱ 나타나다

☐☐ **destination** [dèstənéiʃən] 　⒨ 목적지, 도착지

☐☐ **spread** [spred] 　⒱ 펼치다, 펴다, 확산되다 　⒨ 확산

☐☐ **definition** [dèfəníʃən] 몡 정의; 해상도
　　⊕ define [difáin] 통 정의하다

☐☐ **reflection** [riflékʃən] 몡 (거울 등에 비친) 상, 모습; 반영
　　⊕ reflect [riflékt] 통 반영하다, 반사하다; (거울 등에) 상을 비추다

☐☐ **critical** [krítikəl] 휑 비판적인, 비난하는
　　⊕ critic [krítik] 몡 비평가, 평론가

☐☐ **technology** [teknálədʒi] 몡 (과학) 기술

☐☐ **independent** [ìndipéndənt] 휑 독립된, 독립적인
　　⊕ 반의어 dependent [dipéndənt] 휑 의존하는, 의지하는

☐☐ **competition** [kàmpətíʃən] 몡 경쟁, 경기, 시합
　　⊕ compete [kəmpíːt] 통 경쟁하다, 겨루다

☐☐ **disappear** [dìsəpíər] 통 사라지다, 없어지다

☐☐ **responsible** [rispánsəbl] 휑 책임이 있는, 담당의
　　⊕ responsibility [rispànsəbíləti] 몡 책임, 책무

☐☐ **creative** [kriːéitiv] 휑 창조적인, 창의적인

☐☐ **generally** [dʒénərəli] 튄 일반적으로, 대체로
　　⊕ general [dʒénərəl] 휑 일반적인, 전반적인

☐☐ **prosperity** [praspérəti] 몡 번영, 번성, 번창

☐☐ **actually** [ǽktʃuəli] 튄 실제로, 정말로

☐☐ **frustrated** [frʌ́streitid] 휑 좌절감을 느끼는, 불만스러워 하는

☐☐ **solar** [sóulər] 휑 태양의, 태양에 의한

☐☐ **meaningless** [míːniŋlis] 휑 의미 없는, 무의미한

☐☐ **electronic** [ilektránik] 휑 전자의, 전자 활동에 의한
　　⊕ electronics [ilektrániks] 몡 전자 공학, 전자 기기

☐☐ **distance** [dístəns] 몡 거리, 간격

☐☐ **opposite** [ápəzit] 휑 다른 편의, 반대쪽의

☐☐ **debate** [dibéit] [명] 토론, 토의, 논의 [동] 논의하다, 토론하다

☐☐ **comfortable** [kʌ́mfərtəbl] [형] 편안한, 쾌적한

☐☐ **argue** [ɑ́:rgju:] [동] 언쟁을 하다, 다투다

☐☐ **ingredient** [ingrí:diənt] [명] 재료, 성분

☐☐ **collect** [kəlékt] [동] 모으다, 수집하다
⊕ collection [kəlékʃən] [명] 수집, 수집물

☐☐ **discuss** [diskʌ́s] [동] 논의하다, 토론하다
⊕ discussion [diskʌ́ʃən] [명] 논의, 토론

☐☐ **attend** [əténd] [동] 참석하다, 출석하다
⊕ attendance [əténdəns] [명] 참석, 출석

☐☐ **pattern** [pǽtərn] [명] 양식, 패턴; 무늬

☐☐ **artificial** [ɑ̀:rtəfíʃəl] [형] 인공의, 인조의

☐☐ **boundary** [báundəri] [명] 경계, 한계

☐☐ **commercial** [kəmə́:rʃəl] [형] 상업의, 영리 위주의 [명] 광고 방송

☐☐ **security** [sikjúəriti] [명] 보안, 경비, 방위

☐☐ **inspiration** [ìnspəréiʃən] [명] 영감, 감화, 자극
⊕ inspire [inspáiər] [동] 고무하다, 격려하다

☐☐ **bother** [bɑ́ðər] [동] 괴롭히다, 귀찮게 굴다

☐☐ **incredible** [inkrédəbl] [형] 믿을 수 없는, 믿기 힘든
⊕ 유의어 unbelievable [ʌ̀nbilí:vəbl] [형] 믿을 수 없는

☐☐ **impression** [impréʃən] [명] 인상, 느낌, 감동

☐☐ **impressive** [imprésiv] [형] 인상적인, 감명 깊은

☐☐ **identify** [aidéntəfài] [동] 신원을 확인하다; 동일시하다
⊕ identification [aidèntifəkéiʃən] [명] 신분 확인, 신분증

☐☐ **treat** [tri:t] [동] 대우하다, 다루다; 대접하다 [명] 대접

☐☐ **enthusiasm** [enθúːziǽzəm] 　　명 열광; 열정, 열의

☐☐ **throughout** [θruːáut] 　　전 도처에

☐☐ **volunteer** [vὰləntíər] 　　명 자원 봉사자 　동 자원하다

☐☐ **strength** [streŋkθ] 　　명 힘, 기운
　　⊕ **strong** [strɔːŋ] 　형 힘센

☐☐ **collection** [kəlékʃən] 　　명 수집품, 소장품, 수집

☐☐ **opinion** [əpínjən] 　　명 의견, 견해

☐☐ **curve** [kəːrv] 　　명 곡선; 만곡(부), 커브

☐☐ **shore** [ʃɔːr] 　　명 해안, 해변, 호숫가

☐☐ **constantly** [kánstəntli] 　　부 끊임없이, 계속
　　⊕ **constant** [kánstənt] 　형 끊임없는, 지속적인

☐☐ **association** [əsòusiéiʃən] 　　명 협회, 조합, 연합

☐☐ **renewable** [rinjúːwəbl] 　　형 (계약이) 갱신 가능한, (에너지가) 재생 가능한
　　⊕ **renew** [rinjúː] 　동 갱신하다, 재개하다

A 다음 영어 단어에 해당하는 우리말 뜻을 쓰시오.

01 maintain ....
02 literature ....
03 distance ....
04 principal ....
05 negative ....
06 opinion ....
07 participate ....
08 collect ....

09 technology ....
10 physical ....
11 discussion ....
12 distribute ....
13 attend ....
14 inspire ....
15 bother ....
16 impression ....

B 다음에 해당하는 영어 단어를 쓰시오.

01 invent의 명사형 ....
02 assume의 명사형 ....
03 combine의 명사형 ....
04 solution의 동사형 ....
05 inspire의 명사형 ....
06 responsible의 명사형 ....

Answer

A 01 유지하다 02 문학 03 거리 04 주요한; 교장 05 부정적인 06 의견 07 참가하다 08 모으다, 수집하다 09 (과학) 기술 10 신체의 11 논의, 토론 12 분배하다 13 참석하다 14 고무하다, 격려하다 15 괴롭히다 16 인상, 느낌

B 01 invention 02 assumption 03 combination 04 solve 05 inspiration 06 responsibility

C 다음 우리말 뜻에 해당하는 영어 단어를 쓰시오.

01 반사하다	....	09 경쟁, 경기	....
02 완수하다	....	10 전적으로, 완전히	....
03 세부 사항	....	11 붙잡다, 움켜잡다	....
04 희생(물); 희생하다	....	12 펼치다, 펴다	....
05 온도, 기온	....	13 정의, 해상도	....
06 전기, 전력	....	14 사라지다	....
07 환경	....	15 확신시키다	....
08 조직하다	....	16 구체적인	....

D 다음 우리말 뜻에 해당하는 영어 단어를 쓰시오.

01 해로운 음식	....	food
02 먼 조상	a remote	
03 성인 인구	the adult	
04 태양계	the .... system	
05 격렬한 토론	a stormy	
06 음반 수집	a record	

Voca 03 출제율 90% 이상 영단어 ❸

☐☐ **generation** [dʒènəréiʃən] 명 세대

☐☐ **normal** [nɔ́ːrməl] 형 보통의, 평범한
   ⊕ 반의어 abnormal [æbnɔ́ːrməl] 형 비정상적인, 변질적인

☐☐ **layer** [léiər] 명 막, 층; 계층 동 층을 이루다

☐☐ **cancer** [kǽnsər] 명 암

☐☐ **expose** [ikspóuz] 동 드러내다, 노출시키다
   ⊕ exposure [ikspóuʒər] 명 노출, 드러남

☐☐ **escape** [iskéip] 동 달아나다, 탈출하다 명 도망, 탈출

☐☐ **variety** [vəráiəti] 명 다양함, 여러 가지, 각양각색
   ⊕ various [véəriəs] 형 다양한, 여러 가지의

☐☐ **decline** [dikláin] 동 감소하다, 축소하다 명 감소, 축소

☐☐ **international** [ìntərnǽʃənəl] 형 국제적인, 국제 관계의

☐☐ **patience** [péiʃəns] 명 참을성, 인내
   ⊕ patient [péiʃənt] 형 참을성 있는, 인내심이 있는

☐☐ **conversation** [kànvərséiʃən] 명 대화, 회화

☐☐ **department** [dipáːrtmənt] 명 부서, 학부, ~부

☐☐ **institution** [ìnstətjúːʃən] 명 기관, 단체, 협회

☐☐ **pursue** [pərsúː] 동 추구하다, 해 나가다
   ⊕ pursuit [pərsúːt] 명 추구, 추적

☐☐ **reveal** [rivíːl] 동 드러내다, 폭로하다

☐☐ **determination** [ditə̀ːrmənéiʃən] 명 결심, 결정; 경향
   ⊕ determine [ditə́ːrmin] 동 결심하다, 결정하다

☐☐ **separate** [sépərèit]	통 분리하다, 떼어놓다
[sépərət]	형 분리된, 독립된

☐☐ **protect** [prətékt] 통 보호하다, 지키다
⊕ **protection** [prətékʃən] 명 보호, 옹호

☐☐ **interaction** [ìntərǽkʃən] 명 상호 작용
⊕ **interactive** [ìntərǽktiv] 형 상호적인, 상호 작용을 하는

☐☐ **local** [lóukəl] 형 지역의, 현지의

☐☐ **resource** [ríːsɔːrs] 명 자원, 재원

☐☐ **passion** [pǽʃən] 명 열정, 격정
⊕ **passionate** [pǽʃənət] 형 열렬한, 정열적인

☐☐ **expand** [ikspǽnd] 통 확장하다, 팽창하다, 확장시키다
⊕ **expansion** [ikspǽnʃən] 명 확장, 확대
⊕ 혼동 어휘 **expand** [ikspǽnd] 통 확장하다
　　　　　 expend [ikspénd] 통 (돈·시간 등을) 쓰다

☐☐ **candidate** [kǽndədèit] 명 후보자, (선거의) 출마자

☐☐ **reputation** [rèpjətéiʃən] 명 평판, 명성

☐☐ **conclusion** [kənklúːʒən] 명 결론, 판단
⊕ **conclude** [kənklúːd] 통 결론짓다

☐☐ **reduce** [ridjúːs] 통 줄이다, 축소하다
⊕ **reduction** [ridʌkʃən] 명 감소, 축소

☐☐ **estimate** [éstəmèit]	통 추정하다, 평가하다
[éstəmət]	명 견적, 추정

☐☐ **demand** [dimǽnd] 명 요구, 요구사항; 수요 통 요구하다

☐☐ **practice** [prǽktis] 명 실행, 실천; 관행 통 실행하다, 실천하다

☐☐ **concentrate** [kánsəntrèit] 통 집중하다, 전념하다
⊕ **concentration** [kànsəntréiʃən] 명 집중, 전념

☐☐ **replace** [ripléis] 동 대체하다, 대신하다
　⊕ replacement [ripléismənt] 명 대체

☐☐ **priority** [prai5(:)rəti] 명 우선 사항

☐☐ **celebrity** [səlébrəti] 명 유명 인사

☐☐ **perform** [pərfɔ́:rm] 동 수행하다, 실시하다
　⊕ performance [pərfɔ́:rməns] 명 실행; 성과

☐☐ **traditional** [trədíʃənəl] 형 전통의, 전통적인
　⊕ tradition [trədíʃən] 명 전통, 관습

☐☐ **audience** [ɔ́:diəns] 명 (연극·음악회·강연 등의) 청중, 관중

☐☐ **particularly** [pərtíkjələrli] 부 특히, 특별히

☐☐ **various** [vέəriəs] 형 여러 가지의, 다양한

☐☐ **surface** [sə́:rfis] 명 표면, 표층

☐☐ **promote** [prəmóut] 동 촉진하다, 홍보하다
　⊕ promotion [prəmóuʃən] 명 촉진, 승진

☐☐ **offer** [ɔ́(:)fər] 동 제안하다, 권하다 명 제안, 신청

☐☐ **generate** [dʒénərèit] 동 발생시키다, 만들어 내다

☐☐ **reasonable** [rí:zənəbl] 형 타당한, 합리적인

☐☐ **prepare** [pripέər] 동 준비하다, 대비하다
　⊕ preparation [prèpəréiʃən] 명 준비, 대비

☐☐ **range** [reindʒ] 명 범위, 한도

☐☐ **protection** [prətékʃən] 명 보호; 후원
　⊕ protect [prətékt] 동 보호하다, 지키다

☐☐ **consumption** [kənsʌ́mpʃən] 명 소비, 소모, 소모량
　⊕ consume [kənsú:m] 동 소비하다, 다 써버리다

☐☐ **sufficient** [səfíʃənt] 형 충분한
　⊕ 반의어 insufficient [ìnsəfíʃənt] 형 불충분한, 부족한

☐☐ **emerge** [imə́ːrdʒ] [동] 나타나다, (물속 등에서) 떠오르다

☐☐ **researcher** [risə́ːrtʃər] [명] 연구원, 조사원
⊕research [risə́ːrtʃ] [동] 연구하다, 조사하다

☐☐ **additional** [ədíʃənəl] [형] 추가의, 부가된

☐☐ **occasion** [əkéiʒən] [명] 때, 기회, 경우

☐☐ **refuse** [rifjúːz] [동] 거절하다, 거부하다
⊕refusal [rifjúːzəl] [명] 거절, 거부

☐☐ **activity** [æktívəti] [명] 활동, 움직임, 활기
⊕active [ǽktiv] [형] 활동적인, 활발한

☐☐ **competitive** [kəmpétətiv] [형] 경쟁을 하는, 경쟁의
⊕competition [kàmpətíʃən] [명] 경쟁, 겨룸

☐☐ **interact** [ìntərǽkt] [동] 상호 작용하다, 교류하다

☐☐ **colleague** [kɑ́liːg] [명] 동료, 동업자

☐☐ **universal** [jùːnəvə́ːrsəl] [형] 일반적인; 전 세계적인

☐☐ **invent** [invént] [동] 발명하다
⊕invention [invénʃən] [명] 발명, 발명품

☐☐ **theory** [θíəri] [명] 이론

☐☐ **concerned** [kənsə́ːrnd] [형] 걱정하는, 관심이 있는

☐☐ **expedition** [èkspədíʃən] [명] 탐험, 원정

☐☐ **account** [əkáunt] [명] 계좌; 설명 [동] 설명하다

☐☐ **declare** [dikléər] [동] 선언하다, 선포하다

☐☐ **convert** [kənvə́ːrt] [동] 전환시키다, 개조하다
[kɑ́nvəːrt] [명] 개종자, 전향자
⊕conversion [kənvə́ːrʒən] [명] 전환, 개종

☐☐ **condition** [kəndíʃən] [명] 상태, 조건

□□ **defeat** [difíːt] [동] 패배시키다, 물리치다 [명] 패배, 실패

□□ **conduct** [kάndʌkt] [명] 행위, 지도, 관리
[kəndʌ́kt] [동] 행동하다, 지도하다

□□ **award** [əwɔ́ːrd] [명] 상, 상품 [동] 수여하다

□□ **symptom** [símptəm] [명] 증상, 징후

□□ **costume** [kάstjuːm] [명] 의상, 복장
⊕ 혼동 어휘 **costume** [kάstjuːm] [명] 의상 / **custom** [kʌ́stəm] [명] 관습

□□ **complete** [kəmplíːt] [형] 완전한, 완성된 [동] 마무리짓다

□□ **chat** [tʃæt] [동] 잡담하다, 수다를 떨다 [명] 잡담

□□ **survive** [sərváiv] [동] 살아남다, 생존하다
⊕ **survival** [sərváivəl] [명] 생존

□□ **capacity** [kəpǽsəti] [명] 용량; 수용력

□□ **attempt** [ətémpt] [명] 시도 [동] 시도하다

□□ **convenience** [kənvíːnjəns] [명] 편의, 편리
⊕ **convenient** [kənvíːnjənt] [형] 편리한, 간편한

□□ **immigrant** [ímigrənt] [명] (다른 나라로 온) 이민자, 이주민
⊕ **emigrant** [émigrənt] [명] (자국에서 타국으로의) 이민자
⊕ **migrant** [máigrənt] [명] 이주자

□□ **ideal** [aidíːəl] [형] 이상적인, 가장 알맞은, 완벽한

□□ **include** [inklúːd] [동] 포함하다

□□ **depict** [dipíkt] [동] 표현하다, 그리다

□□ **attract** [ətrǽkt] [동] 마음을 끌다
⊕ **attractive** [ətrǽktiv] [형] 마음을 끄는, 매력적인

□□ **severe** [sivíər] [형] 극심한, 심각한

□□ **remarkable** [rimάːrkəbl] [형] 놀랄 만한, 주목할 만한

□□ **terribly** [térəbli] [부] 너무, 대단히

□□ **tribe** [traib] [명] 부족, 종족

□□ **instrument** [ínstrəmənt] [명] 기구, 도구, 악기

□□ **decade** [dékeid] [명] 10년

□□ **stare** [stɛər] [동] 빤히 쳐다보다, 응시하다

□□ **passage** [pǽsidʒ] [명] 통로, 복도

□□ **doubt** [daut] [명] 의심, 의혹, 의문 [동] 의심하다

□□ **talent** [tǽlənt] [명] 재능, 장기

□□ **treasure** [tréʒər] [명] 보물

□□ **detect** [ditékt] [동] 발견하다, 감지하다
⊕ **detection** [ditékʃən] [명] 발견, 탐지

□□ **device** [diváis] [명] 장치, 고안, 도구

□□ **invasion** [invéiʒən] [명] 침략, 침입
⊕ **invade** [invéid] [동] 침략하다, 침입하다

□□ **decorate** [dékərèit] [동] 장식하다, 꾸미다

□□ **currently** [kə́:rəntli] [부] 현재, 지금

□□ **reason** [rí:zən] [명] 이유, 원인 [동] 추론하다

Voca 03 초스피드 TEST

A 다음 영어 단어에 해당하는 우리말 뜻을 쓰시오.

01 prepare		09 expose	
02 estimate		10 normal	
03 competitive		11 cancer	
04 generation		12 consumption	
05 decade		13 demand	
06 researcher		14 reputation	
07 sufficient		15 conclusion	
08 protection		16 resource	

B 다음에 해당하는 영어 단어를 쓰시오.

01 **patience**의 형용사형

02 **pursue**의 명사형

03 **determinate**의 명사형

04 **passion**의 형용사형

05 **reduce**의 명사형

06 **attract**의 형용사형

A 01 준비하다 02 평가하다 03 경쟁을 하는 04 세대 05 10년 06 연구원 07 충분한 08 보호; 후원 09 드러 내다, 노출시키다 10 보통의, 평범한 11 암 12 소비 13 요구, 요구사항 14 평판, 명성 15 결론, 판단 16 자원, 재원

B 01 patient 02 pursuit 03 determination 04 passionate 05 reduction 06 attractive

C 다음 우리말 뜻에 해당하는 영어 단어를 쓰시오.

01 표면　　　　　............................

02 제안하다; 제안　............................

03 때, 경우　　　............................

04 추가의　　　　............................

05 촉진하다　　　............................

06 살아남다　　　............................

07 용량, 수용력　　............................

08 시도　　　　　............................

09 상태, 조건　　　............................

10 전통의　　　　　............................

11 전환시키다　　　............................

12 동료　　　　　　............................

13 전 세계적인　　　............................

14 후보자　　　　　............................

15 증상　　　　　　............................

16 달아나다; 도망　　............................

D 다음 우리말 뜻에 해당하는 영어 단어를 쓰시오.

01 교육부　　　　　the Education ....

02 일반적인 관행　　common ....

03 충분한 증거　　　............................ evidence

04 경제 이론　　　　economic ....

05 심각한 기상 조건　............................ weather conditions

06 안전 장치　　　　a safety ....

Voca 04 출제율 90% 이상 영단어 4

□□ **commonly** [kάmənli] [부] 흔히, 보통
⊕ common [kάmən] [형] 흔한, 보통의

□□ **athlete** [ǽθliːt] [명] (운동)선수

□□ **load** [loud] [명] 짐, 화물 [동] 짐을 싣다

□□ **stick** [stik] [명] 막대기, 지팡이 [동] 찌르다; 붙이다

□□ **rush** [rʌʃ] [동] 돌진하다, 서두르다

□□ **ceremony** [sérəmòuni] [명] 의식, 식, 제전

□□ **architect** [άːrkitèkt] [명] 건축가
⊕ architecture [άːrkitèktʃər] [명] 건축, 건축술

□□ **innocent** [ínəsnt] [형] 아무 잘못이 없는, 무죄인, 결백한
⊕ 반의어 guilty [gílti] [형] 유죄의

□□ **argument** [άːrgjəmənt] [명] 논쟁, 언쟁, 말다툼
⊕ argue [άːrgjuː] [동] 논쟁하다, 언쟁하다

□□ **environmental** [invàiərənméntl] [형] 환경의, 자연의

□□ **affection** [əfékʃən] [명] 애착, 보살핌

□□ **surround** [səráund] [동] 둘러싸다, 에워싸다
⊕ surroundings [səráundiŋz] [명] 환경, 상황

□□ **inner** [ínər] [형] 내부의, 안의
⊕ 반의어 outer [áutər] [형] 외부의, 밖의

□□ **miserable** [mízərəbl] [형] 비참한, 불쌍한

□□ **opponent** [əpóunənt] [명] 상대, 적수

□□ **stuff** [stʌf] [명] 물건, 물질 [동] (~을) 채워 넣다

□□ **adopt** [ədάpt] [동] 입양하다; 채택하다

□□ **journey** [dʒə́ːrni] [명] 여행, 여정, 이동

□□ **cheerful** [tʃíərfəl] [형] 발랄한, 쾌활한

□□ **dynasty** [dáinəsti] [명] 왕조, 지배자층

□□ **awkward** [ɔ́ːkwərd] [형] (기분이) 어색한, (솜씨가) 서투른

□□ **fantastic** [fæntǽstik] [형] 환상적인, 멋진

□□ **backpack** [bǽkpæ̀k] [명] 배낭 [동] 배낭을 지고 걷다

□□ **admire** [ædmáiər] [동] 존경하다, 칭찬하다
⊕ admiration [ædməréiʃən] [명] 감탄, 칭찬

□□ **proverb** [prάvəːrb] [명] 속담

□□ **hesitate** [hézətèit] [동] 주저하다, 망설이다
⊕ hesitation [hèzətéiʃən] [명] 주저, 망설임

□□ **beat** [biːt] [동] 이기다; 때리다, 두드리다
[명] 때리기; 맥박, 박자

□□ **tiny** [táini] [형] 아주 작은

□□ **float** [flout] [동] (물에) 뜨다, 떠다니다

□□ **decrease** [diːkríːs] [동] 줄다, 감소하다
[díːkriːs] [명] 감소, 감퇴
⊕ 반의어 increase [inkríːs] [동] 증가하다 [명] 증가

□□ **dramatic** [drəmǽtik] [형] 극적인, 놀라운

□□ **violence** [váiələns] [명] 폭행, 폭력
⊕ violent [váiələnt] [형] 폭력적인, 난폭한

□□ **advance** [ədvǽns] [명] 전진, 발전 [동] 전진시키다, 발전하다

□□ **fault** [fɔːlt] [명] 잘못, 책임

□□ **accident** [ǽksidənt] [명] 사고, 재해

□□ **equal** [íːkwəl]   형 같은, 동등한   명 동등한 것

                                  통 같다, 비등하다

    ⊕equally [íːkwəli]   부 똑같이, 동등하게
    ⊕equality [ikwáləti]   명 평등, 동등

□□ **define** [difáin]   통 정의하다, 명시하다

    ⊕definition [dèfəníʃən]   명 정의

□□ **accept** [æksépt]   통 (기꺼이) 받아들이다

    ⊕acceptance [ækséptəns]   명 수락, 수용

□□ **concept** [kánsept]   명 개념, 생각

□□ **obvious** [ábviəs]   형 분명한, 명백한

□□ **advantage** [ədvǽntidʒ]   명 이점, 장점

    ⊕반의어 disadvantage [dìsədvǽntidʒ]   명 단점

□□ **definitely** [défənitli]   부 분명히, 틀림없이

□□ **earthquake** [ə́ːrθkwèik]   명 지진

□□ **diverse** [divə́ːrs]   형 다양한, 가지각색의

□□ **foundation** [faundéiʃən]   명 토대, 기초

    ⊕found [faund]   통 설립하다, 건설하다

□□ **invitation** [ìnvətéiʃən]   명 초대, 초청, 초대장

    ⊕invite [inváit]   통 초대하다

□□ **emission** [imíʃən]   명 배출, 방출

    ⊕emit [imít]   통 배출하다, 방출하다

□□ **loan** [loun]   명 대출, 융자금   통 빌려주다

□□ **function** [fʌ́ŋkʃən]   명 기능, 역할   통 작용하다

□□ **intention** [inténʃən]   명 의도, 목적

    ⊕intend [inténd]   통 의도하다

□□ **ecological** [èkəládʒikəl]   형 생태계의, 생태학의

| □□ **method** [méθəd] | 몡 방법, 수단 |

| □□ **particular** [pərtíkjələr] | 혱 특정한, 특유의 |

| □□ **effectively** [iféktivli] | 閉 효과적으로 |
| ⊕ **effective** [iféktiv] 혱 효과적인 | |

| □□ **efficient** [ifíʃənt] | 혱 능률적인, 유능한; 효율적인 |
| ⊕ **efficiency** [ifíʃənsi] 몡 능률, 효율, 능력 | |

| □□ **scholarship** [skálərʃip] | 몡 장학금 |

| □□ **development** [divéləpmənt] | 몡 발달, 성장 |
| ⊕ **develop** [divéləp] 통 발달하다, 성장하다 | |

□□ **sensitive** [sénsətiv]	혱 민감한, 세심한
⊕혼동 어휘 **sensitive** [sénsətiv] 혱 민감한, 세심한	
sensible [sénsəbl] 혱 현명한, 분별 있는	

| □□ **motivation** [mòutəvéiʃən] | 몡 자극, 유도 |

| □□ **sense** [sens] | 몡 감각, 의식 |

| □□ **several** [sévərəl] | 혱 몇몇의, 여러 가지의 |

| □□ **construction** [kənstrʌ́kʃən] | 몡 건설, 공사 |

| □□ **contribution** [kàntrəbjú:ʃən] | 몡 기부, 공헌, 기부금 |
| ⊕ **contribute** [kəntríbju:t] 통 공헌하다, 기여하다 | |

| □□ **subject** [sʌ́bdʒikt] | 몡 주제, 문제; 과목 혱 ~될 수 있는 |
| ⊕ **subjective** [səbdʒéktiv] 혱 주관적인 | |

| □□ **profit** [práfit] | 몡 이익, 수익, 이윤 |

| □□ **emergency** [imə́:rdʒənsi] | 몡 비상, 비상사태 |

| □□ **convenient** [kənví:njənt] | 혱 편리한, 간편한 |

| □□ **personality** [pə̀:rsənǽləti] | 몡 성격, 인격 |

| □□ **expect** [ikspékt] | 통 예상하다, 기대하다 |
| ⊕ **expectation** [èkspektéiʃən] 몡 예상, 기대 | |

☐☐ **government** [gʌ́vərnmənt]　　📖 정부, 정권

☐☐ **common** [kámən]　　📖 흔한, 공통의
　　⊕반의어 uncommon [ʌnkámən]　📖 흔하지 않은

☐☐ **purpose** [pə́ːrpəs]　　📖 목적, 목표

☐☐ **direction** [dirékʃən]　　📖 방향, 추세

☐☐ **abandon** [əbǽndən]　　📖 (사람·집·고향 등을) 버리다[떠나다],
　　　　　　　　　　　　　　　　(습관 등을) 그만두다

☐☐ **satisfaction** [sæ̀tisfǽkʃən]　　📖 만족, 만족감
　　⊕반의어 dissatisfaction [dìssætisfǽkʃən]　📖 불만족

☐☐ **recognition** [rèkəgníʃən]　　📖 알아봄, 인식

☐☐ **strategy** [strǽtədʒi]　　📖 계획, 전략

☐☐ **property** [prápərti]　　📖 재산, 소유물

☐☐ **progress** [prágres]　　📖 진전; 진척, 진행

☐☐ **reverse** [rivə́ːrs]　　📖 거꾸로 된, 반대의　📖 반대, 뒤; 실패
　　　　　　　　　　　　　　📖 뒤바꾸다, 반전시키다

☐☐ **pronunciation** [prənʌ̀nsiéiʃən]　　📖 발음
　　⊕pronounce [prənáuns]　📖 발음하다

☐☐ **assistance** [əsístəns]　　📖 도움, 원조, 지원
　　⊕assist [əsíst]　📖 돕다, 도와주다
　　⊕assistant [əsístənt]　📖 조수, 보조자

☐☐ **religion** [rilídʒən]　　📖 종교, 신앙

☐☐ **fair** [fɛər]　　📖 타당한, 온당한

☐☐ **shelter** [ʃéltər]　　📖 보호소, 대피소, 주거지　📖 대피하다

☐☐ **reserve** [rizə́ːrv]　　📖 예약하다; 남겨두다
　　⊕reservation [rèzərvéiʃən]　📖 예약

□□ **reach** [riːtʃ] [동] 도달하다, 도착하다

□□ **gravity** [grǽvəti] [명] 중력, 인력; 진지함

□□ **ruin** [rúːin] [동] 파괴하다, 망치다 [명] 파괴, 파멸

□□ **primary** [práimeri] [형] 주된, 주요한; 기본적인

□□ **pile** [pail] [명] 쌓아 놓은 것, 더미 [동] 쌓다, 쌓아올리다

□□ **respect** [rispékt] [명] 존경, 경의 [동] 존경하다

□□ **contribute** [kəntríbjut] [동] 기부하다, 공헌하다, 기여하다
⊕ contribution [kɑ̀ntrəbjúːʃən] [명] 기부, 공헌

□□ **misunderstanding** [mìsʌndərstǽndiŋ] [명] 오해, 착오
⊕ misunderstand [mìsʌndərstǽnd] [동] 오해하다, 잘못 생각하다

□□ **excessive** [iksésiv] [형] 지나친, 과도한

□□ **self-esteem** [sélfistíːm] [명] 자부심

□□ **speech** [spiːtʃ] [명] 연설, 담화

□□ **shift** [ʃift] [동] 옮기다, 이동하다; 자세를 바꾸다

□□ **extreme** [ikstríːm] [형] 극도의, 극심한 [명] 극단, 극도

□□ **statement** [stéitmənt] [명] 진술, 발표, 서술
⊕ state [steit] [동] 말하다, 진술하다

Voca 04 초스피드 TEST

A 다음 영어 단어에 해당하는 우리말 뜻을 쓰시오.

01 ceremony ....
02 construction ....
03 commonly ....
04 gravity ....
05 concept ....
06 profit ....
07 emergency ....
08 purpose ....

09 hesitate ....
10 intention ....
11 define ....
12 extreme ....
13 admire ....
14 advantage ....
15 progress ....
16 loan ....

B 다음에 해당하는 영어 단어를 쓰시오.

01 argue의 명사형 ....
02 inner의 반의어 ....
03 accept의 명사형 ....
04 subject의 형용사형 ....
05 pronounce의 명사형 ....
06 satisfaction의 반의어 ....

Answer

A 01 의식 02 건설, 공사 03 흔히, 보통 04 중력 05 개념, 생각 06 이익 07 비상, 비상사태 08 목표 09 주저하다, 망설이다 10 의도 11 정의하다 12 극도의 13 존경하다, 칭찬하다 14 이점, 장점 15 진전; 진척 16 대출; 빌려주다

B 01 argument 02 outer 03 acceptance 04 subjective 05 pronunciation 06 dissatisfaction

C 다음 우리말 뜻에 해당하는 영어 단어를 쓰시오.

01 파괴하다   09 전진; 전진시키다

02 도움   10 (운동)선수

03 예약하다   11 왕조

04 방법   12 감소하다

05 기부, 공헌   13 같은, 동등한

06 잘못   14 토대, 기초

07 사고   15 배출, 방출

08 폭행, 폭력   16 상대, 적수

D 다음 우리말 뜻에 해당하는 영어 단어를 쓰시오.

01 환경 오염   contamination

02 비참한 실수   a   failure

03 환상적인 이야기   a   story

04 효율적인 난방 장치   heating equipment

05 감각 기관   the   organs

06 과도한 노동   work

Answer

C 01 ruin 02 assistance 03 reserve 04 method 05 contribution 06 fault 07 accident
08 violence 09 advance 10 athlete 11 dynasty 12 decrease 13 equal 14 foundation 15 emission
16 opponent

D 01 environmental 02 miserable 03 fantastic 04 efficient 05 sense 06 excessive

☐☐ **prejudice** [prédʒədis]　　　몡 편견, 선입견
　　⊕유의어 **bias** [báiəs]　몡 편견

☐☐ **supply** [səplái]　　　통 공급하다　몡 공급, 지급

☐☐ **gender** [dʒéndər]　　　몡 성, 성별

☐☐ **realistic** [rìːəlístik]　　　톙 현실적인, 현실을 직시하는

☐☐ **forecast** [fɔ́ːrkæ̀st]　　　몡 예측, 예보　통 예측하다

☐☐ **objective** [əbdʒéktiv]　　　몡 목적, 목표　톙 객관적인

☐☐ **perspective** [pəːrspéktiv]　　　몡 관점, 시각

☐☐ **politics** [pálətiks]　　　몡 정치, 정치학
　　⊕**politician** [pàlitíʃən]　몡 정치가
　　⊕**political** [pəlítikəl]　톙 정치의, 정치에 관한

☐☐ **presentation** [prèzəntéiʃən]　　　몡 제출; 수여, 증정
　　⊕**present** [prizént]　통 제시하다, 제출하다

☐☐ **reliable** [riláiəbl]　　　톙 믿을 수 있는

☐☐ **acknowledge** [æknálidʒ]　　　통 (사실로) 인정하다

☐☐ **confusion** [kənfjúːʒən]　　　몡 혼란, 혼동; 정신 착란
　　⊕**confuse** [kənfjúːz]　통 혼란시키다, 혼동하다

☐☐ **instruction** [instrʌ́kʃən]　　　몡 가르침, 지시, 설명
　　⊕**instruct** [instrʌ́kt]　통 가르치다, 교육하다

☐☐ **fiber** [fáibər]　　　몡 섬유; 섬유질, 섬유 조직

☐☐ **scan** [skæn]　　　통 훑어보다, 조사하다　몡 스캔, 촬영

☐☐ **magnificent** [mægnífəsənt]　　　톙 웅장한, 감명 깊은, 훌륭한

☐☐ **promotion** [prəmóuʃən]　　　명 승진, 진급
　　⊕ **promote** [prəmóut]　동 촉진하다, 승진하다

☐☐ **attraction** [ətrǽkʃən]　　　명 매력, 끄는 힘
　　⊕ **attract** [ətrǽkt]　동 끌다, 유혹하다

☐☐ **deadline** [dédlàin]　　　명 최종 기한, 마감 시간

☐☐ **compete** [kəmpíːt]　　　동 경쟁하다, 겨루다
　　⊕ **competition** [kàmpətíʃən]　명 경쟁, 경합

☐☐ **lawyer** [lɔ́ːjər]　　　명 변호사

☐☐ **fact** [fækt]　　　명 사실, 일, 사건

☐☐ **portrait** [pɔ́ːrtrit]　　　명 초상화, 인물 사진

☐☐ **impact** [ímpækt]　　　명 영향, 충격
　　　[impǽkt]　　　동 충돌시키다, 영향을 주다

☐☐ **pleasure** [pléʒər]　　　명 기쁨, 즐거움
　　⊕ **please** [pliːz]　동 기쁘게 하다

☐☐ **recall** [rikɔ́ːl]　　　동 기억해 내다, 상기하다　명 회상, 추억

☐☐ **collapse** [kəlǽps]　　　동 붕괴되다, 무너지다　명 붕괴, 함몰, 실패

☐☐ **rural** [rúərəl]　　　형 시골의, 지방의
　　⊕ 반의어 **urban** [ɔ́ːrbən]　형 도시의

☐☐ **origin** [ɔ́ːrədʒin]　　　명 기원, 근원
　　⊕ **original** [ərídʒənəl]　형 최초의, 본래의

☐☐ **silence** [sáiləns]　　　명 고요, 적막, 정적
　　⊕ **silent** [sáilənt]　형 고요한

☐☐ **massive** [mǽsiv]　　　형 크고 무거운, 거대한

☐☐ **fence** [fens]　　　명 울타리　동 울타리를 두르다

☐☐ **encounter** [inkáuntər]　　　동 우연히 만나다; (위험 등에) 직면하다
　　　　　　　　　　　　　　명 마주침

□□ **melt** [melt] [동] 녹다, 녹이다

□□ **constant** [kánstənt] [형] 끊임없는, 변함없는
+ constantly [kánstəntli] [부] 끊임없이, 계속

□□ **gesture** [dʒéstʃər] [명] 몸짓, 제스처 [동] 몸짓을 하다

□□ **moisture** [mɔ́istʃər] [명] 수분, 습기
+ moist [mɔist] [형] 축축한, 습기가 있는

□□ **moment** [móumənt] [명] 잠깐, 잠시

□□ **guideline** [gáidlàin] [명] 가이드라인, 지침

□□ **revenue** [révənjù:] [명] (정부 · 기관의) 수익, 세입

□□ **multicultural** [mʌ̀ltikʌ́ltʃərəl] [형] 다문화의

□□ **financial** [finǽnʃəl] [형] 금융의, 재정의
+ finance [finǽns] [명] 자금, 재정 [동] 자금을 대다

□□ **fix** [fiks] [동] 고정시키다; 수리하다

□□ **statue** [stǽtʃu:] [명] 조각상

□□ **former** [fɔ́:rmər] [형] 전의, 과거의

□□ **numerous** [njú:mərəs] [형] 매우 많은

□□ **committee** [kəmíti] [명] 위원회

□□ **guarantee** [gæ̀rəntí:] [명] 굳은 약속; 보증서 [동] 보장하다, 약속하다

□□ **official** [əfíʃəl] [형] 공무상의, 공식적인 [명] 공무원, 임원

□□ **fascinating** [fǽsənèitiŋ] [형] 매혹적인, 흥미진진한

□□ **harsh** [hɑ:rʃ] [형] 가혹한, 냉혹한

□□ **flexible** [fléksəbl] [형] 유연한, 융통성 있는

□□ **offend** [əfénd] [동] 기분을 상하게 하다

□□ **political** [pəlítikəl] [형] 정치의, 정치에 관한

□□ **obstacle** [ɑ́bstəkəl] [명] 장애(물), 방해

□□ **originate** [ərídʒənèit] [동] 비롯되다, 유래하다

□□ **pack** [pæk] [동] (짐을) 싸다, 꾸리다

□□ **palm** [pɑːm] [명] 손바닥; 야자나무 [동] 손바닥에 감추다

□□ **outstanding** [àutstǽndiŋ] [형] 뛰어난, 걸출한

□□ **organic** [ɔːrgǽnik] [형] 유기농의; 유기적인

□□ **organization** [ɔ̀ːrgənəzéiʃən] [명] 조직, 단체, 기구

□□ **description** [diskrípʃən] [명] 묘사, 서술, 표현
⊕ **describe** [diskráib] [동] 묘사하다, 서술하다

□□ **frequently** [fríːkwəntli] [부] 자주, 흔히
⊕ **frequent** [fríːkwənt] [형] 잦은, 흔한

□□ **disability** [dìsəbíləti] [명] (신체적 · 정신적) 장애
⊕ **disabled** [diséibld] [형] 불구의, 신체장애가 있는

□□ **odd** [ɑd] [형] 이상한, 특이한

□□ **frame** [freim] [명] 뼈대, 체격; 틀; 액자

□□ **weakness** [wíːknis] [명] 약함, 약점
⊕ **weak** [wiːk] [형] 약한, 허약한

□□ **yield** [jiːld] [동] 산출하다, 생산하다 [명] 산출

□□ **fuel** [fjúːəl] [명] 연료

□□ **character** [kǽriktər] [명] 성격, 기질, 특성; (연극 등의) 등장인물

□□ **frozen** [fróuzən] [형] 냉동된, 추위로 언

□□ **determined** [ditə́ːrmind] [형] 단호한

□□ **impress** [imprés] [동] 깊은 인상을 주다, 감명[감동]을 주다
⊕ **impressed** [imprést] [형] 감동 받은
⊕ **impressive** [imprésiv] [형] 감동적인

□□ **immediate** [imíːdiit]　형 즉시의, 당면한; 직접 접해 있는
　　⊕ **immediately** [imíːdiətli] 부 곧, 즉시

□□ **mechanical** [məkǽnikəl]　형 기계로 작동되는

□□ **issue** [íʃuː]　명 주제, 쟁점, 사안　동 발행하다

□□ **memorize** [méməràiz]　동 기억하다, 암기하다
　　⊕ **memory** [méməri] 명 기억, 기억력

□□ **ocean** [óuʃən]　명 대양, 바다

□□ **fossil** [fásl]　명 화석

□□ **drown** [draun]　동 물에 빠져 죽다, 익사시키다

□□ **ultimately** [ʌ́ltəmitli]　부 궁극적으로, 결국

□□ **hesitation** [hèzətéiʃən]　명 주저, 망설임, 우유부단
　　⊕ **hesitate** [hézətèit] 동 주저하다, 망설이다

□□ **contemporary** [kəntémpərèri]　형 동시대의
　　⊕ 혼동 어휘 **contemporary** [kəntémpərèri] 형 동시대의
　　　　　temporary [témpərèri] 형 일시적인

□□ **equipment** [ikwípmənt]　명 장비, 용품

□□ **deny** [dinái]　동 부인하다, 부정하다

□□ **endanger** [indéindʒər]　동 위험에 빠뜨리다, 위태롭게 만들다
　　⊕ **endangered** [indéindʒərd] 형 위험에 빠진, (동물이) 멸종 위기에 처한

□□ **nervous** [nə́ːrvəs]　형 불안해하는, 초조해하는

□□ **conference** [kánfərəns]　명 회의, 학회

□□ **impatient** [impéiʃənt]　형 짜증난, 안달하는
　　⊕ 반의어 **patient** [péiʃənt] 형 참을성 있는

□□ **comfort** [kʌ́mfərt]　명 안락, 편안　동 위로하다
　　⊕ **comfortable** [kʌ́mfərtəbl] 형 편안한

□□ **forehead** [fɔ́(ː)rid]　명 이마

□□ **plot** [plɑt] [명] 구성, 줄거리

□□ **jealous** [dʒéləs] [형] 질투하는, 시기하는

+ jealousy [dʒéləsi] [명] 질투, 시샘

□□ **servant** [sə́ːrvənt] [명] 하인, 종

□□ **slightly** [sláitli] [부] 약간, 조금

□□ **myth** [miθ] [명] (개개의) 신화, 지어낸 이야기
[동] 신화화하다

□□ **excitement** [iksáitmənt] [명] 흥분, 신남

□□ **insult** [insʌ́lt] [동] 모욕하다
[ínsʌlt] [명] 모욕

□□ **sympathy** [símpəθi] [명] 동정, 연민

□□ **freezing** [fríːziŋ] [형] 꽁꽁 얼게 추운

+ freeze [friːz] [동] 얼다, 추워지다

Voca 05 초스피드 TEST

A 다음 영어 단어에 해당하는 우리말 뜻을 쓰시오.

01 gender

02 disability

03 supply

04 odd

05 yield

06 equipment

07 description

08 massive

09 collapse

10 impact

11 rural

12 magnificent

13 constant

14 fix

15 acknowledge

16 reliable

B 다음에 해당하는 영어 단어를 쓰시오.

01 **politics**의 형용사형

02 **instruct**의 명사형

03 **compete**의 명사형

04 **moist**의 명사형

05 **weak**의 명사형

06 **jealous**의 명사형

Answer

Ⓐ 01 성별 02 장애 03 공급하다 04 이상한, 특이한 05 생산하다 06 장비, 용품 07 서술, 묘사 08 거대한 09 붕괴되다; 붕괴, 실패 10 영향, 충격 11 시골의 12 웅장한, 훌륭한 13 끊임없는 14 고정시키다; 수리하다 15 (사실로) 인정하다 16 믿을 수 있는

Ⓑ 01 political 02 instruction 03 competition 04 moisture 05 weakness 06 jealousy

C 다음 우리말 뜻에 해당하는 영어 단어를 쓰시오.

01 회의, 학회		09 금융의, 재정의	
02 동시대의		10 녹다, 녹이다	
03 위험에 빠뜨리다		11 (정부·기관의) 세입	
04 성격, 특성		12 기억해 내다; 회상	
05 편견		13 혼란, 혼동	
06 조직, 단체		14 예측, 예보; 예측하다	
07 자주, 흔히		15 유기농의	
08 기원, 근원		16 화석	

D 다음 우리말 뜻에 해당하는 영어 단어를 쓰시오.

01 현실적인 평가   a _____ assessment

02 공식적인 만찬   an _____ dinner

03 유연한 동작   _____ movement

04 엄청난 장애물   a huge _____

05 당면한 일   _____ work

06 따뜻한 동정   warm _____

Answer

C 01 conference 02 contemporary 03 endanger 04 character 05 prejudice 06 organization
07 frequently 08 origin 09 financial 10 melt 11 revenue 12 recall 13 confusion 14 forecast
15 organic 16 fossil
D 01 realistic 02 official 03 flexible 04 obstacle 05 immediate 06 sympathy

☐☐ **intellectual** [ìntəléktʃuəl] ⓗ 지능의, 지적인 ⓜ 지식인

☐☐ **delight** [diláit] ⓜ 기쁨, 즐거움 ⓥ 기쁘게 하다
　⊕**delighted** [diláitid] ⓗ 기뻐하고 있는

☐☐ **recipe** [résəpìː] ⓜ 조리법, 요리법

☐☐ **display** [displéi] ⓥ 전시하다, 내보이다 ⓜ 진열, 전시

☐☐ **grocery** [gróusəri] ⓜ 식료품 잡화점

☐☐ **noticeable** [nóutisəbl] ⓗ 분명한, 현저한

☐☐ **enormous** [inɔ́ːrməs] ⓗ 막대한, 거대한

☐☐ **discrimination** [diskrìmənéiʃən] ⓜ 차별, 구별
　⊕**discriminate** [diskrímənèit] ⓥ 차별하다, 구별하다

☐☐ **outgoing** [áutgòuiŋ] ⓗ 외향적인, 사교적인

☐☐ **consequence** [kánsəkwèns] ⓜ 결과, 중요성, 결말

☐☐ **explanation** [èksplənéiʃən] ⓜ 해명, 이유; 설명

☐☐ **nutrient** [njúːtriənt] ⓗ 영양이 되는 ⓜ 영양소, 영양분

☐☐ **active** [ǽktiv] ⓗ 활동적인, 적극적인

☐☐ **alternate** [ɔ́ːltərnət] ⓗ 번갈아 하는, 교대의

☐☐ **boring** [bɔ́ːriŋ] ⓗ 재미없는, 지루한
　⊕혼동 어휘 boring [bɔ́ːriŋ] ⓗ (사물이) 지루한
　　　　　　 bored [bɔːrd] ⓗ (사람이) 지루함을 느끼는

☐☐ **barrier** [bǽriər] ⓜ (통행을 막는) 장벽, 장애물

☐☐ **correct** [kərékt] ⓗ 맞는, 정확한 ⓥ 정정하다, 고치다

☐☐ **sacred** [séikrid]　　　　　휑 성스러운, 종교적인

☐☐ **currency** [kə́:rənsi]　　　閔 통화, 유통, 유통 화폐

☐☐ **critic** [krítik]　　　　　閔 비평가, 평론가
　　⊕ **critical** [krítikəl]　휑 비판적인; 중요한

☐☐ **amusement** [əmjú:zmənt]　　閔 재미, 우스움

☐☐ **chase** [tʃeis]　　　　图 뒤쫓다, 추적하다　閔 추적, 추격

☐☐ **taste** [teist]　　　　閔 맛　图 맛보다
　　⊕ **tasty** [téisti]　휑 맛있는

☐☐ **treatment** [trí:tmənt]　　閔 치료, 처치
　　⊕ **treat** [tri:t]　图 치료하다, 대우하다

☐☐ **terrible** [térəbl]　　　　휑 끔찍한, 소름끼치는

☐☐ **vote** [vout]　　　　閔 투표, 표

☐☐ **vocabulary** [voukǽbjəlèri]　　閔 어휘, 단어

☐☐ **vision** [víʒən]　　　　閔 시력, 눈; 시야

☐☐ **virtue** [və́:rtʃu:]　　　閔 선행, 미덕, 장점

☐☐ **assignment** [əsáinmənt]　　閔 과제, 임무
　　⊕ **assign** [əsáin]　图 (일 · 책임 등을) 맡기다, 배정하다

☐☐ **analysis** [ənǽləsis]　　　閔 분석, 분해
　　⊕ **analyze** [ǽnəlàiz]　图 분석하다, 분해하다

☐☐ **behavior** [bihéivjər]　　閔 행동, 태도

☐☐ **conquer** [káŋkər]　　　图 정복하다, 극복하다
　　⊕ **conqueror** [káŋkərər]　閔 정복자, 승리자
　　⊕ **conquest** [kánkwest]　閔 정복, 극복

☐☐ **conservation** [kànsə:rvéiʃən]　閔 보호, 보존, 유지

☐☐ **bottom** [bátəm]　　　閔 바닥, 아래

□□ **brilliant** [bríljənt]   혱 훌륭한, 멋진

□□ **eruption** [irʌ́pʃən]   몡 (화산의) 폭발, 분화
    ⊕erupt [irʌ́pt]   통 (화산 등이) 분출하다, 폭발하다

□□ **beneficial** [bènəfíʃəl]   혱 유익한, 이로운

□□ **career** [kəríər]   몡 직업; 직장 생활

□□ **branch** [bræntʃ]   몡 나뭇가지

□□ **appear** [əpíər]   통 ~인 것 같다; 나타나다

□□ **courageous** [kəréidʒəs]   혱 용감한, 용기 있는
    ⊕courage [kə́:ridʒ]   몡 용기, 용감함

□□ **indeed** [indí:d]   뷰 정말, 확실히

□□ **sustainable** [səstéinəbl]   혱 지속 가능한, 유지할 수 있는
    ⊕sustain [səstéin]   통 유지하다, 지속하다

□□ **aggressive** [əgrésiv]   혱 공격적인

□□ **carriage** [kǽridʒ]   몡 (기차의) 객차

□□ **likewise** [láikwàiz]   뷰 마찬가지로, 게다가

□□ **exposure** [ikspóuʒər]   몡 노출, 폭로

□□ **wisdom** [wízdəm]   몡 지혜, 슬기, 현명함

□□ **marriage** [mǽridʒ]   몡 결혼 생활, 결혼

□□ **architecture** [ɑ́:rkitèktʃər]   몡 건축학, 건축술

□□ **education** [èdʒukéiʃən]   몡 교육, 훈련
    ⊕educate [édʒukèit]   통 교육하다, 가르치다
    ⊕educated [édʒukèitid]   혱 교양 있는, 교육 받은

□□ **afford** [əfɔ́:rd]   통 (금전적 · 시간적) 여유가 되다

□□ **assistant** [əsístənt]   몡 조수, 보조원

□□ **efficiency** [ifíʃənsi]   몡 능률, 효율

☐☐ **challenge** [tʃǽlindʒ]   명 도전 동 도전하다

☐☐ **describe** [diskráib]   동 묘사하다, 표현하다
    ✪ **description** [diskrípʃən] 명 묘사

☐☐ **distinguish** [distíŋgwiʃ]   동 구별하다, 특징짓다

☐☐ **effort** [éfərt]   명 수고, 노력

☐☐ **empty** [émpti]   형 비어 있는, 빈 동 비다, 비우다

☐☐ **important** [impɔ́ːrtənt]   형 중요한, 중대한
    ✪ **importance** [impɔ́ːrtəns] 명 중요성

☐☐ **especially** [ispéʃəli]   부 특히

☐☐ **disadvantage** [dìsədvǽntidʒ]   명 불리한 점, 약점

☐☐ **examine** [igzǽmin]   동 조사하다, 검사하다

☐☐ **economic** [ìːkənámik]   형 경제의
    ✪ **economy** [ikánəmi] 명 경제
    ✪ 혼동 어휘 **economic** [ìːkənámik] 형 경제의, 경제학의
              economical [ìːkənámikəl] 형 경제적인, 알뜰한

☐☐ **excellent** [éksələnt]   형 훌륭한, 탁월한

☐☐ **failure** [féiljər]   명 실패; 실패자
    ✪ **fail** [feil] 동 실패하다; (시험 등에) 떨어지다

☐☐ **broadcast** [brɔ́ːdkæst]   동 방송하다 명 방송

☐☐ **command** [kəmǽnd]   명 명령, 지휘; 지식 동 명령하다, 지휘하다

☐☐ **universe** [júːnəvə̀ːrs]   명 우주

☐☐ **continue** [kəntínjuː]   동 계속되다, 이어지다
    ✪ **continuous** [kəntínjuəs] 형 끊임없는, 연속적인
    ✪ **continuously** [kəntínjuəsli] 부 계속하여, 끊임없이

☐☐ **annual** [ǽnjuəl]   형 매년의, 연례의

☐☐ **creativity** [krìːeitívəti]   명 창조성, 독창성

☐☐ **budget** [bʌ́dʒit] 몡 예산 통 예산을 짜다

☐☐ **broaden** [brɔ́:dn] 통 넓어지다, 퍼지다

☐☐ **criticism** [krítisìzəm] 몡 비판, 비난
⊕**criticize** [krítəsàiz] 통 비판하다, 비난하다

☐☐ **breath** [breθ] 몡 숨, 호흡

☐☐ **achievement** [ətʃíːvmənt] 몡 업적, 성취한 것
⊕**achieve** [ətʃíːv] 통 달성하다, 성취하다

☐☐ **acceptable** [ækséptəbl] 혱 용인되는, 받아들여지는

☐☐ **apply** [əplái] 통 신청하다, 지원하다
⊕**application** [æpləkéiʃən] 몡 신청, 지원

☐☐ **hide** [haid] 통 숨다, 숨기다 몡 은신처; 가죽

☐☐ **gather** [gǽðər] 통 모으다, 수집하다; (사람들이) 모이다

☐☐ **gradually** [grǽdʒuəli] 뷔 서서히

☐☐ **goods** [gudz] 몡 상품, 제품

☐☐ **accidentally** [æksədéntəli] 뷔 우연히, 뜻하지 않게, 잘못하여

☐☐ **accompany** [əkʌ́mpəni] 통 동반하다, 동행하다

☐☐ **belief** [bilíːf] 몡 신념, 확신
⊕**believe** [bilíːv] 통 믿다

☐☐ **relationship** [riléiʃənʃìp] 몡 관계, 연관성

☐☐ **announce** [ənáuns] 통 발표하다, 알리다
⊕**announcement** [ənáunsmənt] 몡 발표, 공표
⊕**announcer** [ənáunsər] 몡 (방송의) 아나운서

☐☐ **analyze** [ǽnəlàiz] 통 분석하다, 분해하다

☐☐ **acquire** [əkwáiər] 통 (노력 · 능력으로) 습득하다, 얻다

☐☐ **admission** [ædmíʃən] 몡 가입, 입장, 입학

☐☐ **advertisement** [ædvərtáizmənt] [명] 광고(=ad)

☐☐ **ahead** [əhéd] [부] 앞으로, 앞에

☐☐ **aim** [eim] [명] 목적, 목표 [동] 겨누다, 목표로 하다

☐☐ **intelligent** [intélədʒənt] [형] 총명한, 똑똑한

⊕ intelligence [intélədʒəns] [명] 지능, 지력

☐☐ **operation** [àpəréiʃən] [명] 작업, 운영; 수술

⊕ operate [ápərèit] [동] 운영하다; 수술을 하다

☐☐ **manufacture** [mæ̀njəfǽktʃər] [동] 제조하다, 생산하다 [명] 제조, 제품, 제조업

☐☐ **trouble** [trʌ́bl] [명] 문제, 어려움

Voca 06 초스피드 TEST

A 다음 영어 단어에 해당하는 우리말 뜻을 쓰시오.

01 intellectual ....

02 distinguish ....

03 explanation ....

04 education ....

05 correct ....

06 vocabulary ....

07 sustainable ....

08 universe ....

09 efficiency ....

10 gather ....

11 failure ....

12 important ....

13 challenge ....

14 broadcast ....

15 outgoing ....

16 consequence ....

B 다음에 해당하는 영어 단어를 쓰시오.

01 delight의 형용사형 ....

02 taste의 형용사형 ....

03 courage의 형용사형 ....

04 describe의 명사형 ....

05 apply의 명사형 ....

06 intelligent의 명사형 ....

C 다음 우리말 뜻에 해당하는 영어 단어를 쓰시오.

01 발표하다, 알리다 .... 09 선행, 미덕 ....

02 공격적인 .... 10 차별 ....

03 습득하다, 얻다 .... 11 영양이 되는 ....

04 유익한, 이로운 .... 12 전시하다 ....

05 신념, 확신 .... 13 투표, 표 ....

06 창조성 .... 14 보호, 보존 ....

07 업적 .... 15 조리법 ....

08 수고, 노력 .... 16 성스러운 ....

D 다음 우리말 뜻에 해당하는 영어 단어를 쓰시오.

01 통화 시장 .... market

02 끔찍한 실수 .... mistake

03 화산의 분화 volcanic ....

04 조수로 일하다 serve as an ....

05 국가 예산 national ....

06 작은 수술 a minor ....

Answer

C 01 announce 02 aggressive 03 acquire 04 beneficial 05 belief 06 creativity
07 achievement 08 effort 09 virtue 10 discrimination 11 nutrient 12 display 13 vote
14 conservation 15 recipe 16 sacred
D 01 currency 02 terrible 03 eruption 04 assistant 05 budget 06 operation

Voca 07 출제율 90% 이상 영단어 7

□□ **previous** [príːviəs] [형] 이전의, 먼젓번의

□□ **intend** [inténd] [동] 의도하다, 작정하다
⊕ intention [inténʃən] [명] 의도, 의향

□□ **recent** [ríːsnt] [형] 최근의, 근래의
⊕ recently [ríːsntli] [부] 최근에, 요즘은

□□ **frustrate** [frʌ́streit] [동] 좌절감을 주다, 불만스럽게 만들다

□□ **tradition** [trədíʃən] [명] 전통, 관습
⊕ traditional [trədíʃənəl] [형] 전통적인

□□ **pride** [praid] [명] 자랑스러움, 자부심

□□ **garbage** [gɑ́ːrbidʒ] [명] 쓰레기

□□ **generous** [dʒénərəs] [형] 인심 좋은, 후한, 관대한

□□ **option** [ɑ́pʃən] [명] 선택, 선택권

□□ **principle** [prínsəpl] [명] 원리, 원칙

□□ **rare** [rɛər] [형] 드문, 진귀한

□□ **suffer** [sʌ́fər] [동] 겪다, 고통 받다

□□ **upset** [ʌ̀psét] [동] 속상하게 만들다
[ʌ́pset] [형] 화난, 기분 나쁜

□□ **region** [ríːdʒən] [명] 지방, 지역

□□ **precious** [préʃəs] [형] 귀중한, 값비싼

□□ **survey** [səːrvéi] [동] 조사하다, 검사하다
[sə́ːrvei] [명] (설문) 조사

□□ **install** [instɔ́:l] [동] 설치하다, 장착하다

□□ **ignore** [ignɔ́:r] [동] 무시하다, 간과하다
⊕ ignorance [ígnərəns] [명] 무지, 무식

□□ **trick** [trik] [명] 속임수; 장난

□□ **imaginary** [imǽdʒənèri] [형] 상상의, 가상적인
⊕ 혼동 어휘 imaginary [imǽdʒənèri] [형] 상상의
imaginative [imǽdʒənətiv] [형] 상상력이 풍부한

□□ **prove** [pru:v] [동] 입증하다, 증명하다
⊕ proof [pru:f] [명] 증거, 증명

□□ **amazing** [əméiziŋ] [형] 놀라운, 기가 막힌

□□ **create** [kriéit] [동] 창조하다, 만들어내다

□□ **annually** [ǽnjuəli] [부] 일 년에 한 번

□□ **procedure** [prəsí:dʒər] [명] 절차, 방법

□□ **selection** [silékʃən] [명] 선발, 선정, 선택
⊕ select [silékt] [동] 선발하다, 선택하다

□□ **courage** [kə́:ridʒ] [명] 용기, 용감함
⊕ courageous [kəréidʒəs] [형] 용감한, 용기 있는

□□ **crash** [kræʃ] [명] 충돌, 사고 [동] 충돌하다, 부딪치다

□□ **crowd** [kraud] [명] 사람들, 군중, 무리

□□ **avoid** [əvɔ́id] [동] 방지하다, 막다
⊕ avoidance [əvɔ́idəns] [명] 회피, 방지

□□ **research** [risə́:rtʃ] [명] 연구, (연구) 조사 [동] 조사하다, 연구하다

□□ **moderate** [mɑ́dərət] [형] 보통의, 중간의

□□ **cheat** [tʃi:t] [동] 속이다, 사기 치다 [명] 사기꾼; 속임수

□□ **climate** [kláimit] [명] 기후; 풍조

□□ **apologize** [əpάlədʒàiz] [동] 사과하다, 사죄하다
⊕ **apology** [əpάlədʒi] [명] 사과, 사죄

□□ **retain** [ritéin] [동] (계속) 유지하다, 보유하다

□□ **distinct** [distíŋkt] [형] 뚜렷한, 분명한

□□ **contract** [kάntrækt] [명] 계약, 계약서
[kəntrǽkt] [동] (근육을) 긴장시키다, 수축하다

□□ **emphasis** [émfəsis] [명] 강조, 중점, 역점
⊕ **emphasize** [émfəsàiz] [동] 강조하다, 역설하다

□□ **investigation** [invèstəgéiʃən] [명] 조사, 수사
⊕ **investigate** [invéstəgèit] [동] 조사하다, 수사하다

□□ **psychologist** [saikάlədʒist] [명] 심리학자
⊕ **psychology** [saikάlədʒi] [명] 심리학

□□ **wonder** [wʌ́ndər] [동] 궁금하다, 궁금해 하다

□□ **huge** [hjuːdʒ] [형] 거대한, 막대한, 엄청난

□□ **remove** [rimúːv] [동] 제거하다, 치우다
⊕ **removal** [rimúːvəl] [명] 제거, 철거

□□ **globalization** [glòubəlizéiʃən] [명] 세계화

□□ **limit** [límit] [명] 한계, 한도 [동] 한정하다

□□ **identification** [aidèntəfikéiʃən] [명] 신원 확인; 식별; 동일화
⊕ **identify** [aidéntəfài] [동] 신원을 확인하다, 동일시하다

□□ **suffering** [sʌ́fəriŋ] [명] 고통, 괴로움

□□ **routine** [ruːtíːn] [명] 일상, 일과, 판에 박힌 일

□□ **intense** [inténs] [형] 극심한, 강렬한
⊕ **intensity** [inténsəti] [명] 강도, 세기

□□ **length** [leŋkθ] [명] 길이

☐☐ **wildlife** [wáildlàif]　　　명 야생 동물

☐☐ **judge** [dʒʌdʒ]　　　명 판사　동 판단하다, 재판하다
　　✤혼동 어휘 judge [dʒʌdʒ] 명 판사 / judgment [dʒʌdʒmənt] 명 판단

☐☐ **charity** [tʃǽrəti]　　　명 자선, 자선 단체

☐☐ **internationally** [ìntərnǽʃənəli]　　　부 국제적으로
　　✤international [ìntərnǽʃənəl] 형 국제적인

☐☐ **relieve** [rilí:v]　　　동 (고통 등을) 없애 주다, 완화시키다

☐☐ **learn** [ləːrn]　　　동 배우다, 학습하다

☐☐ **rarely** [rɛ́ərli]　　　부 드물게, 좀처럼 ～하지 않는

☐☐ **suspect** [səspékt]　　　동 의심하다, 수상히 여기다
　　　　　　　[sʌ́spekt]　　　명 용의자

☐☐ **mention** [ménʃən]　　　동 말하다, 언급하다　명 언급, 진술

☐☐ **scene** [siːn]　　　명 현장, 장면; 무대

☐☐ **location** [loukéiʃən]　　　명 장소, 곳, 위치

☐☐ **secure** [sikjúər]　　　형 안심하는
　　✤security [sikjúərəti] 명 안전, 보안

☐☐ **necessary** [nésəsèri]　　　형 필요한, 필수의

☐☐ **despite** [dispáit]　　　전 ～에도 불구하고

☐☐ **register** [rédʒistər]　　　동 등록하다, 기재하다　명 기록, 등록

☐☐ **original** [ərídʒənəl]　　　형 원래의, 원시의; 독창적인　명 원본, 원작

☐☐ **theme** [θiːm]　　　명 주제, 테마

☐☐ **criticize** [krítisàiz]　　　동 비판하다, 비난하다
　　✤critic [krítik] 명 비평가, 평론가

☐☐ **participant** [pɑːrtísəpənt]　　　명 참가자, 참여자

☐☐ **flavor** [fléivər]	명 맛; 조미료, 양념	
☐☐ **donate** [dóuneit]	통 기부하다, 기증하다	
⊕ donation [dounéiʃən] 명 기부		
☐☐ **enemy** [énəmi]	명 적, 원수	
☐☐ **permission** [pərmíʃən]	명 허락, 허가	
⊕ permit [pərmít] 통 허락하다, 허가하다		
☐☐ **initial** [iníʃəl]	형 처음의, 초기의	
☐☐ **serve** [sə:rv]	통 (식당에서 음식 등을) 제공하다; 근무하다	
☐☐ **polar** [póulər]	형 북극[남극]의, 극지방의	
☐☐ **policy** [páləsi]	명 정책, 방침	
☐☐ **conflict** [kánflikt]	명 분쟁, 갈등	
[kənflíkt]	통 충돌하다, 다투다	
☐☐ **possess** [pəzés]	통 소유하다, 보유하다	
⊕ possession [pəzéʃən] 명 소유, 소유물		
☐☐ **occupy** [ákjupài]	통 (공간·지역·시간을) 차지하다; (직업에) 종사하다	
⊕ occupation [àkjupéiʃən] 명 직업; 점유		
☐☐ **site** [sait]	명 장소, (건축) 용지, 부지	
☐☐ **imaginative** [imædʒənətiv]	형 창의적인, 상상력이 풍부한	
☐☐ **continent** [kántənənt]	명 대륙	
☐☐ **variation** [vɛ̀əriéiʃən]	명 변화, 차이	
☐☐ **Antarctic** [æntá:rktik]	명 남극 지역	
⊕ Arctic [á:rktik] 명 북극 지역		
☐☐ **desire** [dizáiər]	명 욕구, 갈망; 바람 통 바라다, 원하다	
☐☐ **safety** [séifti]	명 안전, 안전성	

☐☐ **technique** [tekní:k]	몡 기법, 기술
☐☐ **rational** [rǽʃənəl]	혱 (행동 · 생각 등이) 합리적인
☐☐ **fit** [fit]	동 적합하다, 꼭 맞다 혱 알맞은, 적합한
☐☐ **vehicle** [ví:ikəl]	몡 차량, 탈것, 운송 수단
☐☐ **custom** [kʌ́stəm]	몡 관습, 풍습
☐☐ **delivery** [dilívəri]	몡 배달; 구조; 분만

⊕ **deliver** [dilívər] 동 배달하다, 전달하다

☐☐ **route** [ru:t]	몡 길, 경로
☐☐ **spot** [spɑt]	몡 (작은) 점, 반점; 장소
☐☐ **refer** [rifə́:r]	동 언급하다, 조회하다

⊕ **referene** [réfərəns] 몡 언급, 참고

☐☐ **precise** [prisáis]	혱 정확한, 정밀한
☐☐ **arrest** [ərést]	동 체포하다 몡 체포
☐☐ **steady** [stédi]	혱 꾸준한, 지속적인, 안정된

A 다음 영어 단어에 해당하는 우리말 뜻을 쓰시오.

01 prove		09 criticize	
02 apologize		10 custom	
03 routine		11 variation	
04 previous		12 arrest	
05 recent		13 crowd	
06 charity		14 location	
07 judge		15 wildlife	
08 precise		16 suffer	

B 다음에 해당하는 영어 단어를 쓰시오.

01 intend의 명사형

02 avoid의 명사형

03 remove의 명사형

04 secure의 명사형

05 permission의 동사형

06 deliver의 명사형

C 다음 우리말 뜻에 해당하는 영어 단어를 쓰시오.

01 무시하다 ....

02 수사, 조사 ....

03 전통, 관습 ....

04 선택, 선택권 ....

05 드문 ....

06 참가자 ....

07 신원 확인, 동일화 ....

08 합리적인 ....

09 분쟁, 갈등 ....

10 정책, 방침 ....

11 지방, 지역 ....

12 등록; 등록하다 ....

13 대륙 ....

14 차지하다; (직업에) 종사하다 ....

15 기부하다 ....

16 설치하다 ....

D 다음 우리말 뜻에 해당하는 영어 단어를 쓰시오.

01 시장 조사   market ....

02 신청 순서   application ....

03 극심한 압박   .... pressure

04 살인 용의자   a murder ....

05 첫글자   an .... letter

06 무면허 차량   an unlicensed ....

Answer

C 01 ignore 02 investigation 03 tradition 04 option 05 rare 06 participant 07 identification 08 rational 09 conflict 10 policy 11 region 12 register 13 continent 14 occupy 15 donate 16 install

D 01 survey 02 procedure 03 intense 04 suspect 05 initial 06 vehicle

☐☐ **urgent** [ə́:rdʒənt]　　　혱 긴급한, 시급한

☐☐ **victim** [víktim]　　　몡 피해자, 희생자

☐☐ **species** [spíːʃi(ː)z]　　　몡 〈생물〉 종(種), 종류

☐☐ **confuse** [kənfjúːz]　　　동 (사람을) 혼란시키다, 당황스럽게 하다

☐☐ **preparation** [prèpəréiʃən]　　　몡 준비, 대비
　　⊕**prepare** [pripέər] 동 준비하다, 대비히다

☐☐ **race** [reis]　　　몡 경주, 경쟁; 인종

☐☐ **emit** [imít]　　　동 내뿜다, 방출하다
　　⊕**emission** [imíʃən] 몡 방출, 배출

☐☐ **suitable** [súːtəbl]　　　혱 적합한, 적절한, 알맞은

☐☐ **household** [háushòuld]　　　몡 가정, 세대, 가구

☐☐ **appliance** [əpláiəns]　　　몡 (가정용) 기기

☐☐ **tear** [tɛər]　　　몡 눈물, 울음 동 찢다, 뜯다

☐☐ **weight** [weit]　　　몡 무게, 체중
　　⊕**weigh** [wei] 동 무게가 나가다

☐☐ **satellite** [sǽtəlàit]　　　몡 인공위성, 위성

☐☐ **instantly** [ínstəntli]　　　부 즉각, 즉시
　　⊕**instant** [ínstənt] 혱 즉각적인 몡 순간

☐☐ **suggest** [səgdʒést]　　　동 제안하다, 제의하다
　　⊕**suggestion** [səgdʒéstʃən] 몡 제안

☐☐ **definite** [défənit]　　　혱 확실한, 확고한

☐☐ **deserve** [dizə́ːrv]　　　동 ~을 받을 만하다

☐☐ **harvest** [háːrvist]   몡 수확, 추수 동 수확하다

☐☐ **task** [tæsk]   몡 일, 과업, 과제

☐☐ **era** [íərə]   몡 시대, 연대

☐☐ **proportion** [prəpɔ́ːrʃən]   몡 부분, 비율

☐☐ **fulfill** [fulfíl]   동 수행하다, 실행하다; 완료하다
   ⊕ fulfillment [fulfílmənt] 몡 수행, 완수

☐☐ **incredibly** [inkrédəbli]   뮈 믿을 수 없을 정도로, 엄청나게
   ⊕ incredible [inkrédəbl] 혱 믿을 수 없는, 엄청난

☐☐ **judgment** [dʒʌ́dʒmənt]   몡 판단, 감정, 평가
   ⊕ judge [dʒʌdʒ] 동 판단하다 몡 판사

☐☐ **optimism** [ɑ́ptəmìzəm]   몡 낙관론, 낙관주의
   ⊕ 반의어 pessimism [pésəmìzm] 몡 비관론, 비관주의

☐☐ **spectacular** [spektǽkjələr]   혱 화려한, 장관을 이루는
   ⊕ spectacle [spéktəkl] 몡 장관, 구경거리

☐☐ **recycle** [riːsaikəl]   동 (폐품을) 재활용하다, 재생하다

☐☐ **sparkle** [spáːrkəl]   동 반짝이다, 빛나다

☐☐ **peak** [piːk]   몡 절정, 정점, 최고조

☐☐ **possibility** [pɑ̀səbíləti]   몡 가능성, 가망
   ⊕ possible [pásəbl] 혱 가능한, 할 수 있는

☐☐ **resident** [rézidənt]   몡 (특정 지역) 거주자, 주민 혱 거주하고 있는

☐☐ **senior** [síːnjər]   혱 연상인, 고위의 몡 연장자, 선배

☐☐ **strongly** [strɔ́(ː)ŋli]   뮈 튼튼하게, 강하게

☐☐ **term** [təːrm]   몡 용어, 말

☐☐ **tough** [tʌf]   혱 힘든, 어려운

☐☐ **wage** [weidʒ]   몡 임금, 급료

☐☐ **ultimate** [ʌ́ltəmit]　　圐 궁극적인, 최종적인, 최후의

☐☐ **therefore** [ðɛ́ərfɔ̀ːr]　　児 그러므로, 그러니

☐☐ **seed** [siːd]　　圐 씨, 씨앗, 종자　통 씨를 뿌리다

☐☐ **meaning** [míːniŋ]　　圐 뜻, 의미
　　⊕mean [miːn]　통 의미하다

☐☐ **operator** [ápərèitər]　　圐 (기계 등의) 조작자; 운영자

☐☐ **stress** [stres]　　圐 스트레스; 강조, 압박

☐☐ **illegal** [ilíːgəl]　　圐 불법적인
　　⊕반의어 legal [líːgəl]　圐 합법적인

☐☐ **necessarily** [nèsəsérəli]　　児 어쩔 수 없이, 필연적으로

☐☐ **eliminate** [ilímənèit]　　통 없애다, 제거하다

☐☐ **connection** [kənékʃən]　　圐 연결, 관계, 관련성
　　⊕connect [kənékt]　통 연결하다

☐☐ **functional** [fʌ́ŋkʃənəl]　　圐 기능 위주의, 실용적인
　　⊕function [fʌ́ŋkʃən]　圐 기능, 역할　통 작용하다

☐☐ **sorrow** [sárou]　　圐 (큰) 슬픔, 비애

☐☐ **difference** [dífərəns]　　圐 차이, 다름
　　⊕different [dífərənt]　圐 다른, 차이가 나는

☐☐ **rapidly** [rǽpidli]　　児 빨리, 신속히

☐☐ **invest** [invést]　　통 투자하다
　　⊕investment [invéstmənt]　圐 투자

☐☐ **capital** [kǽpitl]　　圐 수도; 대문자; 자본

☐☐ **construct** [kənstrʌ́kt]　　통 건설하다, 만들다
　　　　　　[kánstrʌkt]　　圐 건축물
　　⊕construction [kənstrʌ́kʃən]　圐 건설, 건축

☐☐ **perceive** [pərsíːv]	동 감지하다, 인지하다	

⊕ **perception** [pərsépʃən] 명 자각, 인식

☐☐ **unusual** [ʌnjúːʒuəl]　　동 흔치 않은, 특이한

⊕반의어 **usual** [júːʒuəl] 형 흔한, 평범한

☐☐ **landfill** [lǽndfìl]　　명 쓰레기 매립지

☐☐ **structure** [strʌ́ktʃər]　　명 구조; 건축물　동 구성하다

☐☐ **automatically** [ɔ̀ːtəmǽtikəli]　　부 자동적으로, 기계적으로, 무의식적으로

⊕ **automatic** [ɔ̀ːtəmǽtik] 형 자동의, 기계에 의한

☐☐ **favor** [féivər]　　명 호의, 친절　동 호의를 베풀다

☐☐ **crucial** [krúːʃəl]　　형 중대한, 결정적인

☐☐ **contrast** [kántræst]　　명 대조, 차이
　　　　　　　[kəntrǽst]　　동 대조하다

☐☐ **beauty** [bjúːti]　　명 아름다움, 미

☐☐ **curiosity** [kjùəriásəti]　　명 호기심

⊕ **curious** [kjúəriəs] 형 호기심이 강한, 궁금한

☐☐ **fortune** [fɔ́ːrtʃən]　　명 운, 행운; 재산

☐☐ **fear** [fiər]　　명 공포, 두려움, 무서움

☐☐ **approximately** [əpráksəmitli]　　부 대략, 대체로

☐☐ **fragile** [frǽdʒəl]　　형 부서지기 쉬운, 약한

☐☐ **fitness** [fítnis]　　명 신체 단련, (신체적인) 건강

☐☐ **charm** [tʃɑːrm]　　명 매력

☐☐ **polite** [pəláit]　　형 예의 바른, 공손한

☐☐ **square** [skwɛər]　　명 정사각형　형 정사각형 모양의

☐☐ **lonely** [lóunli]　　형 외로운, 쓸쓸한

☐☐ **context** [kántekst]	몡 문맥, 맥락, 전후 사정
☐☐ **preservation** [prèzərvéiʃən]	몡 보존, 보호, 유지
⊕**preserve** [prizə́:rv] 동 보호하다, 보존하다	
☐☐ **lazy** [léizi]	혱 게으른, 나태한
☐☐ **author** [ɔ́:θər]	몡 작가, 저자
☐☐ **critically** [krítikəli]	븟 비판적으로, 혹평하여
☐☐ **punish** [pʌ́niʃ]	동 처벌하다, 벌주다
☐☐ **primarily** [praimérəli]	븟 주로
⊕**primary** [práimeri] 혱 주요한, 주된	
☐☐ **distract** [distrǽkt]	동 산만하게 하다, (주의를) 딴 데로 돌리다
☐☐ **application** [æ̀plikéiʃən]	몡 지원, 신청, 지원[신청]서
⊕**apply** [əplái] 동 신청하다, 지원하다	
☐☐ **emotion** [imóuʃən]	몡 감정; 정서
☐☐ **symbol** [símbəl]	몡 상징, 상징물
⊕**symbolize** [símbəlàiz] 동 상징하다	
☐☐ **enroll** [inróul]	동 등록하다, 입학시키다
☐☐ **replacement** [ripléismənt]	몡 교체, 대체
⊕**replace** [ripléis] 동 교체하다, 대체하다	
☐☐ **due** [dju:]	혱 ~로 인한, ~ 때문에
☐☐ **mentally** [méntəli]	븟 정신적으로, 마음속으로
⊕**mental** [méntl] 혱 마음의, 정신의	
☐☐ **patient** [péiʃənt]	몡 환자 혱 참을성 있는
☐☐ **practically** [prǽktikəli]	븟 사실상, 거의
☐☐ **ensure** [inʃúər]	동 반드시 ~하게 하다, 보장하다
☐☐ **glance** [glæns]	동 흘끗 보다, 대충 훑어보다

☐☐ **compensate** [kámpənsèit]	용 보상하다, 보충하다
⊕ compensation [kàmpənséiʃən]	명 보상, 배상

☐☐ **fate** [feit]   명 운명, 죽음

☐☐ **relatively** [rélətivli]   부 비교적, 상대적으로

☐☐ **composition** [kàmpəzíʃən]   명 구성, 조립; 작곡
⊕ compose [kəmpóuz] 동 구성하다; 작곡하다

☐☐ **humid** [hjú:mid]   형 습한, 눅눅한

☐☐ **instant** [ínstənt]   형 즉각적인 명 순간

☐☐ **underground** [ʌ́ndərgràund]   형 지하의

☐☐ **elementary** [èləméntəri]   형 초보의, 초급의

☐☐ **gathering** [gǽðəriŋ]   명 (특정 목적을 위한) 모임
⊕ gather [gǽðər] 동 모이다

A 다음 영어 단어에 해당하는 우리말 뜻을 쓰시오.

01 connection ....

02 invest ....

03 urgent ....

04 capital ....

05 perceive ....

06 emit ....

07 eliminate ....

08 gathering ....

09 application ....

10 context ....

11 symbol ....

12 patient ....

13 satellite ....

14 optimism ....

15 fulfill ....

16 primarily ....

B 다음에 해당하는 영어 단어를 쓰시오.

01 prepare의 명사형 ....

02 suggest의 명사형 ....

03 legal의 반대어 ....

04 function의 형용사형 ....

05 usual의 반대어 ....

06 curiosity의 형용사형 ....

Answer

A 01 연결, 관련성 02 투자하다 03 긴급한 04 수도; 대문자; 자본 05 감지하다 06 내뿜다 07 없애다 08 모임 09 지원, 신청 10 문맥, 맥락 11 상징 12 환자; 참을성 있는 13 인공위성, 위성 14 낙관론 15 수행하다 16 주로

B 01 preparation 02 suggestion 03 illegal 04 functional 05 unusual 06 curious

C 다음 우리말 뜻에 해당하는 영어 단어를 쓰시오.

01 차이 ....

02 〈생물〉 종(種) ....

03 재활용하다 ....

04 피해자, 희생자 ....

05 구성, 조립 ....

06 판단, 평가 ....

07 부분, 비율 ....

08 시대 ....

09 건설하다 ....

10 일, 과업 ....

11 보상하다 ....

12 수확; 수확하다 ....

13 처벌하다 ....

14 가능성, 가망 ....

15 중대한, 결정적인 ....

16 등록하다 ....

D 다음 우리말 뜻에 해당하는 영어 단어를 쓰시오.

01 편리한 기기   a convenient ....

02 어려운 어린 시절   a .... childhood

03 파라미드 구조   a pyramid ....

04 부탁 하나해도 될까요?   Will you do me a .... ?

05 허약한 건강   .... health

06 지하 차고   an .... garage

Voca 09 출제율 90% 이상 영단어 ❾

☐☐ **lack** [læk]   몡 부족, 결핍 통 결핍되다, 모자라다

☐☐ **masterpiece** [mǽstərpìːs]   몡 걸작, 명작; 일품

☐☐ **representative** [rèprizéntətiv]   몡 대표, 대표자
     ⊕ **represent** [rèprizént] 통 대표하다

☐☐ **solid** [sálid]   혱 단단한; 고체의, 고형의

☐☐ **inspector** [inspéktər]   몡 조사관, 감독관
     ⊕ **inspect** [inspékt] 통 조사하다, 검사하다

☐☐ **urge** [əːrdʒ]   통 재촉하다, 권하다 몡 충동, 열망

☐☐ **justify** [dʒʌ́stəfài]   통 정당화하다
     ⊕ **justification** [dʒʌ̀stəfikéiʃən] 몡 정당화

☐☐ **overwhelming** [òuvərhwélmiŋ]   혱 압도적인, 너무도 강력한

☐☐ **lean** [liːn]   통 기울이다, 기대다, 의지하다 몡 기울기, 경향

☐☐ **negatively** [négətivli]   뷔 부정적으로; 소극적으로

☐☐ **reservoir** [rézərvwɑ̀ːr]   몡 저수지, 급수장

☐☐ **priceless** [práislis]   혱 값을 매길 수 없는, 대단히 귀중한

☐☐ **rough** [rʌf]   혱 (표면이) 거칠거칠한; 거친, 난폭한

☐☐ **perception** [pərsépʃən]   몡 지각, 자각
     ⊕ **perceive** [pərsíːv] 통 인지하다, 감지하다

☐☐ **vulnerable** [vʌ́lnərəbl]   혱 취약한, 연약한

☐☐ **volcanic** [vɑlkǽnik]   혱 화산의, 화산 작용에 의해 만들어진
     ⊕ **volcano** [vɑlkéinou] 몡 화산

☐☐ **substitute** [sʌ́bstitjùːt]   몡 대리인, 대리, 대체물 통 대체하다

□□ **telescope** [téləskòup] [명] 망원경

□□ **standardize** [stǽndərdàiz] [동] 표준화하다, 규격화하다
⊕ standard [stǽndərd] [명] 기준, 표준

□□ **mystery** [místəri] [명] 수수께끼, 미스터리
⊕ mysterious [mistíəriəs] [형] 신비의, 불가사의한

□□ **overall** [óuvərɔ̀:l] [형] 종합적인, 전체의

□□ **persuasion** [pərswéiʒən] [명] 설득, 신념
⊕ persuade [pərswéid] [동] 설득하다, 설득시키다

□□ **recyclable** [ri:sáikləbl] [형] 재활용할 수 있는
⊕ recycle [ri:sáikl] [동] (폐품을) 재활용하다, 재생하다

□□ **border** [bɔ́:rdər] [명] 국경, 경계

□□ **northern** [nɔ́:rðərn] [형] 북쪽에 위치한; 북향의

□□ **wander** [wɑ́ndər] [동] 거닐다, 돌아다니다, 헤매다

□□ **seemingly** [sí:miŋli] [부] 외견상으로, 겉보기에는

□□ **narrow** [nǽrou] [형] 좁은
⊕ 반의어 wide [waid] [형] 넓은

□□ **fertilizer** [fə́:rtəlàizər] [명] 비료

□□ **proper** [prɑ́pər] [형] 적절한, 제대로 된

□□ **folk** [fouk] [명] (일반적인) 사람들

□□ **steam** [sti:m] [명] 김, 증기 [동] 증기를 내다

□□ **swing** [swiŋ] [동] 흔들리다, 흔들다 [명] 그네

□□ **throat** [θrout] [명] 목구멍, 목

□□ **curious** [kjúəriəs] [형] 궁금한, 호기심이 많은
⊕ curiosity [kjùəriɑ́səti] [명] 호기심

□□ **temple** [témpəl] [명] 신전, 사원

☐☐ **revolution** [rèvəlúːʃən] 　명 혁명; 큰 변혁

☐☐ **philosopher** [filásəfər] 　명 철학자
　　⊕ philosophy [filásəfi] 명 철학

☐☐ **outcome** [áutkʌm] 　명 결과, 성과

☐☐ **attach** [ətǽtʃ] 　동 붙이다, 첨부하다
　　⊕ 반의어 detach [ditǽtʃ] 동 떼어내다, 분리하다

☐☐ **natural** [nǽtʃərəl] 　형 자연의, 천연의

☐☐ **appeal** [əpíːl] 　명 간청, 호소; 매력 동 간청하다, 호소하다

☐☐ **terms** [təːrmz] 　명 (합의 · 계약 등의) 조건

☐☐ **straw** [strɔː] 　명 짚, 밀짚; 빨대

☐☐ **horizontal** [hɔ̀ːrəzántl] 　형 수평선의, 가로의
　　⊕ vertical [və́ːrtikəl] 형 수직의, 세로의

☐☐ **complex** [kəmpléks] 　형 복잡한, 복합의
　　　　　　 [kámpleks] 　명 복합체, 종합 빌딩

☐☐ **feast** [fiːst] 　명 연회, 잔치 동 대접하다

☐☐ **instead** [instéd] 　부 대신에

☐☐ **backward** [bǽkwərd] 　형 뒤의 부 뒤로

☐☐ **humorous** [hjúːmərəs] 　형 재미있는, 유머러스한

☐☐ **democracy** [dimákrəsi] 　명 민주주의
　　⊕ democratic [dèməkrǽtik] 형 민주주의의

☐☐ **ultraviolet** [ʌ̀ltrəváiəlit] 　형 자외선의
　　⊕ infrared [ìnfrəréd] 형 적외선의

☐☐ **substantial** [səbstǽnʃəl] 　형 상당한, 충분한; 본질적인

☐☐ **ability** [əbíləti] 　명 (~을) 할 수 있음, 능력

☐☐ **meaningful** [míːniŋfəl] 　형 의미 있는, 중요한

☐☐ **authority** [əθɔ́ːrəti]　　　명 지휘권, 권한, 권위

☐☐ **devote** [divóut]　　　동 바치다, 헌신하다

☐☐ **starve** [stɑːrv]　　　동 굶주리다, 굶어 죽다; 굶기다
　　⊕**starvation** [stɑːrvéiʃən] 명 기아, 아사, 결핍

☐☐ **suit** [suːt]　　　명 정장　동 어울리다

☐☐ **vendor** [véndər]　　　명 행상인, 노점상

☐☐ **appointment** [əpɔ́intmənt]　　　명 약속

☐☐ **religious** [rilídʒəs]　　　형 종교의
　　⊕**religion** [rilídʒən] 명 종교

☐☐ **division** [divíʒən]　　　명 분할, 분배; 나눗셈

☐☐ **feed** [fiːd]　　　동 밥을 먹이다; 먹이를 주다

☐☐ **trap** [træp]　　　명 덫, 올가미

☐☐ **clap** [klæp]　　　동 박수를 치다　명 박수

☐☐ **attractive** [ətræktiv]　　　형 매력적인, 매혹적인
　　⊕**attract** [ətrækt] 동 마음을 끌다
　　⊕**attraction** [ətrǽkʃən] 명 매력, 끄는 힘

☐☐ **monthly** [mʌ́nθli]　　　형 한 달에 한 번의, 매월의　부 한 달에 한 번

☐☐ **geographical** [dʒìːəgrǽfikəl]　　　형 지리학의, 지리적인
　　⊕**geography** [dʒiágrəfi] 명 지리학; 지형, 지세

☐☐ **component** [kəmpóunənt]　　　명 성분, 구성 요소, 부품

☐☐ **dilemma** [dilémə]　　　명 딜레마, 진퇴양난

☐☐ **entertainment** [èntərtéinmənt]　　　명 대접, 즐거움, 오락

☐☐ **avenue** [ǽvənjùː]　　　명 (도시의) 거리, —가

☐☐ **romantic** [roumǽntik]　　　형 로맨틱한, 연애의

☐☐ **handle** [hǽndl]　　　동 다루다, 다스리다, 처리하다

☐☐ **bar** [bɑːr]   몡 술집, 바

☐☐ **irrelevant** [iréləvənt]   혱 무관한, 상관없는
     ⊕반의어 **relevant** [réləvənt]   혱 관계가 있는

☐☐ **lyric** [lírik]   몡 서정시 혱 서정적인

☐☐ **mineral** [mínərəl]   몡 광물질; 무기물, 미네랄

☐☐ **ritual** [rítʃuəl]   몡 (종교상의) 의식

☐☐ **historic** [histɔ́(ː)rik]   혱 역사적으로 중요한, 역사적인
     ⊕ **history** [hístəri]   몡 역사

☐☐ **boil** [bɔil]   통 끓다, 끓이다

☐☐ **identity** [aidéntəti]   몡 신원, 주체성; 동일함

☐☐ **captive** [kǽptiv]   혱 사로잡힌, 억류된 몡 포로
     ⊕ **capture** [kǽptʃər]   통 포획하다 몡 포획

☐☐ **poet** [póuit]   몡 시인
     ⊕ **poetry** [póuitri]   몡 시

☐☐ **compassion** [kəmpǽʃən]   몡 연민, 동정심
     ⊕ **compassionate** [kəmpǽʃənət]   혱 동정심 많은, 가엾게 여기는
             [kəmpǽʃənèit]   통 동정하다, 가엾게 여기다

☐☐ **homeless** [hóumlis]   혱 노숙자의

☐☐ **pirate** [páiərət]   몡 해적

☐☐ **handkerchief** [hǽŋkərtʃif]   몡 손수건

☐☐ **carbon** [kɑ́ːrbən]   몡 탄소

☐☐ **found** [faund]   통 설립하다, 건설하다
     ⊕ **foundation** [faundéiʃən]   몡 기초, 토대

☐☐ **phrase** [freiz]   몡 구, 어구
     ⊕혼동 어휘 **phrase** [freiz]   몡 구, 어구
             phase [feiz]   몡 단계, 국면

□□ **rebuild** [ri:bíld] [동] 다시 세우다, 재건하다

□□ **defy** [difái] [동] 반항하다, 거역하다

□□ **sewage** [sú:idʒ] [명] 하수, 오물

□□ **decompose** [dì:kəmpóuz] [동] 분해하다, 분석하다

⊕ **decomposition** [dì:kampəzíʃən] [명] 분해, 해체

□□ **cathedral** [kəθí:drəl] [명] 대성당

□□ **pedestrian** [pədéstriən] [명] 보행자

⊕ **motorist** [móutərist] [명] 자동차 운전자

□□ **flip** [flip] [동] 홱 뒤집다, 홱 뒤집히다

□□ **multiply** [mʌ́ltəplài] [동] 증가시키다, 곱하다

⊕ **multiple** [mʌ́ltəpəl] [형] 배수의, 다수의 [명] 배수

Voca 09 초스피드 TEST

Ⓐ 다음 영어 단어에 해당하는 우리말 뜻을 쓰시오.

01 devote	....	09 substitute	....
02 solid	....	10 priceless	....
03 democracy	....	11 terms	....
04 revolution	....	12 representative	....
05 irrelevant	....	13 perception	....
06 persuasion	....	14 wander	....
07 vulnerable	....	15 reservoir	....
08 inspector	....	16 outcome	....

Ⓑ 다음에 해당하는 영어 단어를 쓰시오.

01 **mystery**의 형용사형 ....

02 **recycle**의 형용사형 ....

03 **religion**의 형용사형 ....

04 **attract**의 명사형 ....

05 **geography**의 형용사형 ....

06 **decompose**의 명사형 ....

Answer

Ⓐ 01 바치다, 헌신하다 02 단단한; 고체의 03 민주주의 04 혁명 05 상관없는 06 설득, 신념 07 취약한 08 감독관 09 대리인; 대체하다 10 값을 매길 수 없는 11 조건 12 대표 13 지각 14 돌아다니다 15 저수지 16 결과, 성과

Ⓑ 01 mysterious 02 recyclable 03 religious 04 attraction 05 geographical 06 decomposition

C 다음 우리말 뜻에 해당하는 영어 단어를 쓰시오.

01 부족, 결핍	....	09 복잡한, 복합의	....
02 철학자	....	10 화산의	....
03 표준화하다	....	11 정당화하다	....
04 재건하다	....	12 자외선의	....
05 역사적인	....	13 대성당	....
06 자연의, 천연의	....	14 연민, 동정심	....
07 설립하다, 건설하다	....	15 (종교상의) 의식	....
08 수평선의	....	16 노숙자의	....

D 다음 우리말 뜻에 해당하는 영어 단어를 쓰시오.

01 인후염 sore ....

02 잔칫날 .... day

03 타고난 능력 natural ....

04 죄수의 딜레마 prisoner's ....

05 뉴욕 5번가 New York fifth ....

06 이산화탄소 .... dioxide

Answer

C 01 lack 02 philosopher 03 standardize 04 rebuild 05 historic 06 natural 07 found 08 horizontal 09 complex 10 volcanic 11 justify 12 ultraviolet 13 cathedral 14 compassion 15 ritual 16 homeless

D 01 throat 02 feast 03 ability 04 dilemma 05 avenue 06 carbon

Voca 10 출제율 90% 이상 영단어 ⑩

□□ **deliberately** [dilíbəritli] [부] 고의로, 의도적으로

□□ **promptly** [prάmptli] [부] 지체 없이, 신속히
⊕ **prompt** [prampt] [형] 신속한, 즉각적인

□□ **dye** [dai] [동] 염색하다 [명] 물감, 연료

□□ **stroll** [stroul] [동] 거닐다, 산책하다

□□ **marvel** [mάːrvəl] [명] 놀라운 일, 경이
⊕ **marvelous** [mάːrvələs] [형] 놀라운, 훌륭한

□□ **ferment** [fə́ːrment] [명] 효소, 발효
[fərmént] [동] 발효되다, 발효시키다

□□ **evaluate** [ivǽljuèit] [동] 평가하다, 감정하다
⊕ **evaluation** [ivæljuéiʃən] [명] 평가, 사정

□□ **energetic** [ènərdʒétik] [형] 활기찬, 힘이 넘치는

□□ **disagree** [dìsəgríː] [동] 동의하지 않다
⊕ 반의어 **agree** [əgríː] [동] 동의하다

□□ **exact** [igzǽkt] [형] 정확한, 정밀한

□□ **manage** [mǽnidʒ] [동] 간신히 해내다

□□ **pat** [pæt] [동] 쓰다듬다, 토닥거리다

□□ **paragraph** [pǽrəgræ̀f] [명] 단락, 절

□□ **blame** [bleim] [동] ~을 탓하다 [명] 비난, 책임

□□ **blanket** [blǽŋkit] [명] 담요

□□ **evolve** [ivάlv] [동] 발달하다, 진화시키다
⊕ **evolution** [èvəlúːʃən] [명] 진화, 진전

□□ **compare** [kəmpέər] [동] 비교하다, 필적하다
⊕ comparison [kəmpǽrisn] [명] 비교

□□ **dwindle** [dwíndl] [동] (점점) 줄어들다, 쇠퇴하다

□□ **theft** [θeft] [명] 도둑질, 절도
⊕ 유의어 robbery [rábəri] [명] 강도질

□□ **shallow** [ʃǽlou] [형] 얕은; 깊이가 없는

□□ **truth** [tru:θ] [명] 사실, 진실
⊕ true [tru:] [형] 진실한

□□ **grave** [greiv] [명] 무덤, 묘, 산소 [형] 엄숙한; 중대한

□□ **dignity** [dígnəti] [명] 위엄, 품위

□□ **concrete** [kánkri:t] [형] 콘크리트로 된; 구체적인 [명] 콘크리트

□□ **heritage** [héritidʒ] [명] 유산, 전통, 전통문화
⊕ inherit [inhérit] [동] 물려받다

□□ **detective** [ditéktiv] [명] 형사, 수사관
⊕ detect [ditékt] [동] 탐지하다, 발견하다

□□ **field** [fi:ld] [명] 들판, 밭; (동물) 사육장

□□ **emperor** [émpərər] [명] 황제

□□ **grant** [grænt] [동] 승인하다, 허락하다 [명] 허가, 인가

□□ **legend** [lédʒənd] [명] 전설

□□ **typical** [típikəl] [형] 전형적인, 대표적인

□□ **murder** [mə́:rdər] [명] 살인(죄), 살해 [동] 살해하다
⊕ murderer [mə́:rdərər] [명] 살인자

□□ **neighboring** [néibəriŋ] [형] 이웃의; 인접한

□□ **dough** [dou] [명] 밀가루 반죽

□□ **pot** [pɑt] [명] 냄비, 솥

☐☐ **liquid** [líkwid]   몡 액체 톙 액체의
   ⊕ **solid** [sálid]   몡 고체 톙 고체의

☐☐ **dozen** [dʌ́zn]   몡 12개짜리 한 묶음, 다스

☐☐ **masculine** [mǽskjəlin]   톙 남자 같은, 사내다운
   ⊕ 반의어 **feminine** [fémənin]   톙 여성의, 여성 같은

☐☐ **terrify** [térəfài]   동 무섭게 하다, 겁먹게 하다
   ⊕ **terror** [térər]   몡 두려움, 공포

☐☐ **dangerous** [déindʒərəs]   톙 위험한
   ⊕ **danger** [déindʒər]   몡 위험

☐☐ **hometown** [hóumtàun]   몡 고향

☐☐ **extra** [ékstrə]   톙 추가의, 여분의

☐☐ **thrill** [θril]   몡 황홀감, 흥분, 설렘

☐☐ **greet** [gri:t]   동 맞다, 환영하다

☐☐ **neat** [ni:t]   톙 정돈된, 단정한, 말쑥한

☐☐ **noodle** [nú:dl]   몡 국수

☐☐ **memorial** [məmɔ́:riəl]   몡 기념비, 기념물 톙 기념의

☐☐ **plain** [plein]   톙 분명한, 쉬운; 평범한

☐☐ **trash** [træʃ]   몡 쓰레기

☐☐ **adjust** [ədʒʌ́st]   동 조정하다, 조절하다
   ⊕ **adjustable** [ədʒʌ́stəbl]   톙 조절 가능한

☐☐ **unforgettable** [ʌ̀nfərgétəbl]   톙 잊지 못할, 잊을 수 없는
   ⊕ 반의어 **forgettable** [fərgétəbl]   톙 잊기 쉬운

☐☐ **bamboo** [bæmbú:]   몡 대나무

☐☐ **cattle** [kǽtl]   몡 (집합적으로) 소

☐☐ **inform** [infɔ́:rm]   동 알리다, 통지하다

☐☐ **jewelry** [dʒúːəlri] 　　　　명 보석류, 장신구

☐☐ **quality** [kwáləti] 　　　　명 질(質), 품질; 특성, 특징
　　✚ **quantity** [kwántəti] 명 양, 수량

☐☐ **weave** [wiːv] 　　　　동 짜다, 엮다

☐☐ **soak** [souk] 　　　　동 젖다, 담그다

☐☐ **value** [vǽljuː] 　　　　명 가치, 가격
　　✚ **valuable** [vǽljuəbl] 형 귀중한, 가치 있는

☐☐ **cast** [kæst] 　　　　동 (시선·미소 등을) 던지다, 배역을 맡기다
　　　　　　　　　　　　명 깁스

☐☐ **advertise** [ǽdvərtàiz] 　　　　동 광고하다
　　✚ **advertisement** [ædvərtáizmənt] 명 광고(=ad)

☐☐ **admit** [ædmít] 　　　　동 인정하다, 시인하다

☐☐ **citizen** [sítəzən] 　　　　명 시민, 국민, 주민
　　✚ **citizenship** [sítəzənʃip] 명 시민권, 시민의 신분

☐☐ **consequent** [kánsəkwènt] 　　　　형 결과로 일어나는, 당연한

☐☐ **degree** [digríː] 　　　　명 (각도의) 도; 정도; 학위

☐☐ **matter** [mǽtər] 　　　　명 문제, 일, 사안

☐☐ **consume** [kənsúːm] 　　　　동 소비하다, 소모하다
　　✚ **consumption** [kənsʌ́mpʃən] 명 소비, 소모, 소모량

☐☐ **address** [ədrés] 　　　　동 주소를 쓰다; 연설하다
　　　　　　　　[ǽdres] 　　　　명 주소; 연설

☐☐ **carbon dioxide** 　　　　명 이산화탄소
　　[káːrbən daiáksaid]

☐☐ **contain** [kəntéin] 　　　　동 포함하다, 담고 있다
　　✚ **container** [kəntéinər] 명 그릇

☐☐ **belong** [bilɔ́(ː)ŋ] 　　　　동 속하다

☐☐ **ownership** [óunərʃìp]　　㡔 소유(권)

☐☐ **broad** [brɔːd]　　㡔 (폭이) 넓은

☐☐ **cause** [kɔːz]　　㡔 원인　㡧 ~을 야기하다

☐☐ **humidity** [hjuːmídəti]　　㡔 습도, 습기
　　⊕**humid** [hjúːmid]　㡔 습한, 눅눅한

☐☐ **glacier** [gléiʃər]　　㡔 빙하

☐☐ **decision** [disíʒən]　　㡔 결정, 판단
　　⊕**decide** [disáid]　㡧 결정하다

☐☐ **develop** [divéləp]　　㡧 발달시키다, 성장하다
　　⊕**development** [divéləpmənt]　㡔 발달, 성장

☐☐ **happen** [hǽpən]　　㡧 발생하다, 벌어지다

☐☐ **difficulty** [dífikʌ̀lti]　　㡔 어려움, 곤경, 장애
　　⊕**difficult** [dífikʌ̀lt]　㡔 어려운, 힘든

☐☐ **disease** [dizíːz]　　㡔 질병, 병, 질환

☐☐ **superficial** [sùːpərfíʃəl]　　㡔 깊이 없는, 얄팍한

☐☐ **frustration** [frʌstréiʃən]　　㡔 불만, 좌절감
　　⊕**frustrate** [frʌ́streit]　㡧 좌절시키다

☐☐ **evaluation** [ivæ̀ljuèiʃən]　　㡔 평가, 사정
　　⊕**evaluate** [ivǽljuèit]　㡧 평가하다

☐☐ **fertility** [fəːrtíləti]　　㡔 비옥함; 생식력
　　⊕**fertile** [fə́ːrtl]　㡔 비옥한, 기름진

☐☐ **ground** [graund]　　㡔 땅바닥, 지면

☐☐ **hardship** [háːrdʃip]　　㡔 어려움, 곤란, 고난

☐☐ **whereas** [hwέəræ̀z]　　㡭 ~임에 비하여, ~인데도

☐☐ **hire** [háiər]　　㡧 고용하다; 빌리다, 세내다

☐☐ **arrival** [əráivəl]	명 도착	
⊕ **arrive** [əráiv] 동 도착하다		

☐☐ **increase** [inkríːs]	동 증가하다, 인상되다, 늘리다
[ínkriːs]	명 증가, 증진

☐☐ **industry** [índəstri]　명 산업, 공업, 제조업
　⊕ **industrial** [indʌ́striəl]　형 산업의

☐☐ **insight** [ínsàit]　명 통찰, 통찰력

☐☐ **despair** [dispέər]　명 절망, 실망　동 절망하다

☐☐ **laboratory** [lǽbərətɔ̀ːri]　명 실험소, 연구실(=lab)

☐☐ **means** [miːnz]　명 수단, 방법, 방도

☐☐ **national** [nǽʃənəl]　형 국가의, 전국적인; 전 국민의

☐☐ **patent** [pǽtənt]　명 특허, 특허권　형 특허의

☐☐ **establishment** [istǽbliʃmənt]　명 설립, 기관, 시설
　⊕ **establish** [istǽbliʃ]　동 설립하다, 제정하다

Voca 10 초스피드 TEST

A 다음 영어 단어에 해당하는 우리말 뜻을 쓰시오.

01 evaluate

02 value

03 inform

04 quality

05 national

06 evolve

07 detective

08 superficial

09 ferment

10 dwindle

11 dignity

12 establishment

13 plain

14 typical

15 theft

16 citizen

B 다음에 해당하는 영어 단어를 쓰시오.

01 marvel의 형용사형

02 agree의 반대어

03 compare의 명사형

04 masculine의 반의어

05 danger의 형용사형

06 frustrate의 명사형

A 01 평가하다 02 가치, 가격 03 알리다 04 품질, 특성 05 국가의 06 발달하다 07 형사 08 깊이 없는, 얄팍한 09 발효되다; 효소 10 줄어들다 11 위엄, 품위 12 설립, 시설 13 분명한, 쉬운 14 전형적인 15 도둑질 16 시민, 국민

B 01 marvelous 02 disagree 03 comparison 04 feminine 05 dangerous 06 frustration

C 다음 우리말 뜻에 해당하는 영어 단어를 쓰시오.

01 습도, 습기	09 고용하다
02 비옥함, 생식력	10 질병
03 쓰다듬다	11 도착
04 특허, 특허권	12 소비하다
05 단락, 절	13 기념비, 기념물
06 결정, 판단	14 조정하다
07 통찰, 통찰력	15 인정하다
08 산업	16 증가하다; 증가

D 다음 우리말 뜻에 해당하는 영어 단어를 쓰시오.

01 문화 유산　　　cultural ....

02 추가 시간　　　............................... time

03 역사학 학위　　a .... in History

04 공동 소유권　　collective ....

05 원인과 결과　　............................... and effect

06 해양 연구소　　a marine ....

Answer

C 01 humidity 02 fertility 03 pat 04 patent 05 paragraph 06 decision 07 insight 08 industry
09 hire 10 disease 11 arrival 12 consume 13 memorial 14 adjust 15 admit 16 increase
D 01 heritage 02 extra 03 degree 04 ownership 05 cause 06 laboratory

★

영단어 암기 Tip2 **– 주기적인 반복 학습하기**

인간의 뇌는 보고 들은 수많은 정보를 반복하지 않으면 대부분 까먹게 되어 있다. 영단어 암기도 마찬가지이다. 반복 학습을 해야 오래 기억할 수 있다. 한 번 암기했더라도 1주일, 10일 단위로 계획을 세워 꼭 주기적인 반복 학습을 한다.

Part 02

2순위 필수 어휘

(출제율 80% 이상 영단어)

☐☐ **abroad** [əbrɔ́ːd]　　　　　　🌵 해외에, 해외로
　　◆혼동 어휘 abroad [əbrɔ́ːd] 🌵 해외에 / aboard [əbɔ́ːrd] 🗣 탑승한

☐☐ **background** [bǽkgràund]　　　🗣 배경, 경력

☐☐ **visual** [víʒuəl]　　　　　　　🗣 시각의, (눈으로) 보는
　　◆ vision [víʒən] 🗣 시력, 시각

☐☐ **whole** [houl]　　　　　　　　🗣 전체의, 모든 🗣 전체

☐☐ **facility** [fəsíləti]　　　　　　🗣 설비, 시설, 기관

☐☐ **medical** [médikəl]　　　　　　🗣 의학의, 의료의

☐☐ **conclude** [kənklúːd]　　　　　🗣 결정하다, 끝내다
　　◆ conclusion [kənklúːʒən] 🗣 결론, 판단

☐☐ **schedule** [skédʒu(ː)l]　　　　　🗣 일정, 스케줄

☐☐ **president** [prézidənt]　　　　　🗣 대통령, 사장
　　◆ presidential [prèzədénʃəl] 🗣 대통령의

☐☐ **skill** [skil]　　　　　　　　　🗣 기량, 기술

☐☐ **actually** [ǽktʃuəli]　　　　　🌵 실제로, 정말로

☐☐ **position** [pəzíʃən]　　　　　　🗣 위치, 입장, 지위

☐☐ **insist** [insíst]　　　　　　　　🗣 고집하다, 주장하다

☐☐ **advanced** [ədvǽnst]　　　　　🗣 선진의, 고급의, 진보적인
　　◆ advance [ædvǽns] 🗣 진전되다, 발전하다

☐☐ **confused** [kənfjúːzd]　　　　　🗣 혼란스러워 하는
　　◆혼동 어휘 confused [kənfjúːzd] 🗣 (사람이) 혼란스러워 하는
　　　　　 confusing [kənfjúːziŋ] 🗣 (사물이) 당황하게 하는, 혼란스러운

☐☐ **illness** [ílnis] 　　　　명 병, 아픔
　　　⊕ 유의어 disease [dizíːz] 　명 병, 질병

☐☐ **order** [ɔ́ːrdər] 　　　　명 순서, ~순(順) 통 주문하다; 명령하다

☐☐ **spend** [spend] 　　　　통 (돈을) 쓰다, 지출하다

☐☐ **behave** [bihéiv] 　　　　통 행동하다, 처신하다
　　　⊕ behavior [bihéivjər] 　명 행동

☐☐ **bored** [bɔːrd] 　　　　형 지루한, 따분한

☐☐ **burden** [bə́ːrdn] 　　　　명 부담, 짐 통 부담을 지우다

☐☐ **surgery** [sə́ːrdʒəri] 　　　　명 수술; 외과

☐☐ **century** [séntʃuri] 　　　　명 100년, 세기

☐☐ **public** [pʌ́blik] 　　　　형 공공의, 공립의, 대중의
　　　　　　　　　　　　　　명 대중, 일반 사람들

☐☐ **restore** [ristɔ́ːr] 　　　　통 회복시키다, 복구하다; 되돌려주다

☐☐ **support** [səpɔ́ːrt] 　　　　통 지지하다, 원조하다 명 부양, 후원자
　　　⊕ supportive [səpɔ́ːrtiv] 　형 지원하는, 도와주는, 힘을 주는

☐☐ **general** [dʒénərəl] 　　　　형 일반적인, 보편적인

☐☐ **flight** [flait] 　　　　명 (비행기) 여행, 비행

☐☐ **crisis** [kráisis] 　　　　명 위기, 중대한 국면

☐☐ **honor** [ánər] 　　　　명 명예, 영예

☐☐ **examination** [igzæmənéiʃən] 　　명 조사, 검사, 시험
　　　⊕ examine [igzǽmin] 　통 조사하다, 시험하다

☐☐ **data** [déitə] 　　　　명 자료, 정보, 데이터

☐☐ **disturb** [distə́ːrb] 　　　　통 방해하다, 어지럽히다
　　　⊕ disturbance [distə́ːrbəns] 　명 방해, 소란

☐☐ **darkness** [dáːrknis] 　　　　명 어둠, 암흑, 캄캄함

☐☐ **educational** [èdʒukéiʃənəl]　　⬥ 교육의, 교육적인
　　⊕ **education** [èdʒukéiʃən]　⬥ 교육

☐☐ **fever** [fíːvər]　　　　　　　⬥ (병으로 인한) 열, 고열

☐☐ **connect** [kənékt]　　　　　⬥ 연결하다, 이어지다, 연결되다
　　⊕ **connection** [kənékʃən]　⬥ 연결, 관계

☐☐ **contest** [kántest]　　　　　⬥ 대회, 시합

☐☐ **efficiently** [ifíʃəntli]　　　⬥ 능률적으로, 유효하게

☐☐ **endangered** [indéindʒərd]　⬥ 위험에 처한; (동식물이) 멸종 위기에 처한

☐☐ **error** [érər]　　　　　　　　⬥ 실수, 오류

☐☐ **explode** [iksplóud]　　　　⬥ 폭발하다, 폭파시키다
　　⊕ **explosion** [iksplóuʒən]　⬥ 폭발

☐☐ **deal** [diːl]　　　　　　　　⬥ 다루다, 처리하다; 거래하다
　　　　　　　　　　　　　　　　⬥ 거래, 계약, 처리

☐☐ **miss** [mis]　　　　　　　　⬥ 놓치다, 빗나가다　⬥ 실수, 실패

☐☐ **disappointed** [disəpɔ́intid]　⬥ 실망한, 낙담한
　　⊕ **disappoint** [dìsəpɔ́int]　⬥ 실망하다

☐☐ **fierce** [fiərs]　　　　　　　⬥ 사나운, 험악한

☐☐ **warn** [wɔːrn]　　　　　　　⬥ 경고하다, 주의를 주다
　　⊕ **warning** [wɔ́ːrniŋ]　⬥ 경고, 주의

☐☐ **shortage** [ʃɔ́ːrtidʒ]　　　　⬥ 부족

☐☐ **flood** [flʌd]　　　　　　　⬥ 홍수, 범람
　　　　　　　　　　　　　　　　⬥ 물에 잠기다, 물에 잠기게 하다

☐☐ **hardworking** [háːrdwə̀ːrkiŋ]　⬥ 근면한, 열심히 일하는

☐☐ **participation** [paːrtìsəpéiʃən]　⬥ 참가, 참여
　　⊕ **participate** [paːrtísəpèit]　⬥ 참가하다, 참여하다

☐☐ **rate** [reit]   명 비율; 요금; 속도 동 평가하다

☐☐ **serious** [síəriəs]   형 심각한, 진지한

☐☐ **operate** [ápərèit]   동 움직이다, 작동하다; 수술하다
    ⊕ **operation** [àpəréiʃən] 명 작동, 운영; 수술

☐☐ **result** [rizʌlt]   명 결과, 결실 동 생기다, 일어나다

☐☐ **anniversary** [æ̀nəvə́:rsəri]   명 기념일

☐☐ **poverty** [pávərti]   명 가난, 빈곤

☐☐ **embarrassed** [imbǽrəst]   형 쑥스러운, 어색한, 당황스러운

☐☐ **vacation** [veikéiʃən]   명 방학, 휴가

☐☐ **illustration** [ìləstréiʃən]   명 설명, 실례; 삽화

☐☐ **capability** [kèipəbíləti]   명 능력, 역량

☐☐ **instance** [ínstəns]   명 사례, 경우

☐☐ **deliver** [dilívər]   동 배달하다; 구하다; (아이를) 낳다

☐☐ **invite** [inváit]   동 초대하다
    ⊕ **invitation** [ìnvitéiʃən] 명 초대

☐☐ **negotiate** [nigóuʃièit]   동 협상하다, 교섭하다
    ⊕ **negotiation** [nigòuʃiéiʃən] 명 협상, 교섭

☐☐ **obey** [oubéi]   동 복종하다, 준수하다, 따르다
    ⊕ **obedience** [oubí:diəns] 명 복종, 순종

☐☐ **overcome** [òuvərkʌ́m]   동 극복하다, 이기다

☐☐ **attack** [ətǽk]   명 공격, 습격 동 공격하다, 습격하다

☐☐ **present** [préznt]   형 현재의, 현(現) ~ 명 선물
    [prizént]   동 출석하다; 선물하다

☐☐ **instruct** [instrʌ́kt]   동 가르치다, 교육하다, 지시하다
    ⊕ **instruction** [instrʌ́kʃən] 명 교육

□□ **qualify** [kwáləfài] [동] 자격을 얻다, 자격증을 취득하다

□□ **react** [riːǽkt] [동] 반응하다, 반응을 보이다

⊕ **reaction** [riǽkʃən] [명] 반응, 반작용

□□ **relax** [rilǽks] [동] 쉬다, 긴장을 늦추다

□□ **require** [rikwáiər] [동] 요구하다, 필요로 하다

□□ **muscle** [mʌ́sl] [명] 근육

□□ **satisfactory** [sæ̀tisfǽktəri] [형] (사건 · 사물이) 만족스러운, 충분한

□□ **seem** [siːm] [동] ~처럼 보이다, ~인 것 같다

□□ **select** [silékt] [동] 선발하다, 선택하다

⊕ **selection** [silékʃən] [명] 선발, 선정, 선택

□□ **passenger** [pǽsəndʒər] [명] 승객

□□ **theater** [θí(ː)ətər] [명] 극장

□□ **unexpected** [ʌ̀nikspéktid] [형] 예상 밖의, 뜻밖의

□□ **yearly** [jíərli] [형] 연 1회의, 매년의

⊕ **monthly** [mʌ́nθli] [형] 월 1회의, 매달의 / **daily** [déili] [형] 매일의

□□ **work** [wəːrk] [동] 일하다, 작업하다 [명] 일, 직업, 공부; 작품

□□ **well-known** [wélnóun] [형] 유명한, 잘 알려진

⊕ 유의어 **famous** [féiməs] [형] 유명한

□□ **vary** [vɛ́əri] [동] 다양하다, 다르다

□□ **tend** [tend] [동] ~하는 경향이 있다

□□ **trend** [trend] [명] 동향, 추세

□□ **sweat** [swet] [명] 땀 [동] 땀을 흘리다

⊕ **sweaty** [swéti] [형] 땀 투성이의; 노력을 요하는

□□ **conscious** [kánʃəs] [형] 의식하는, 자각하는

⊕ 반의어 **unconscious** [ʌnkánʃəs] [형] 모르는, 무의식의

□□ **substance** [sʌ́bstəns] [명] 물질

□□ **roommate** [rú(:)mmèit] [명] 한 방 친구, 동거인

□□ **challenging** [tʃǽlindʒiŋ] [형] 도전적인, 도전 의식을 북돋우는
⊕ **challenge** [tʃǽlindʒ] [명] 도전 [동] 도전하다

□□ **reward** [riwɔ́ːrd] [명] 보상 [동] 보상하다

□□ **reply** [riplái] [동] 대답하다, 응답하다; 답장을 보내다
[명] 대답, 응답, 답장

□□ **psychological** [sàikəlάdʒikəl] [형] 심리학의, 정신의
⊕ **psychology** [saikάlədʒi] [명] 심리학

□□ **arrange** [əréindʒ] [동] 마련하다, 처리하다

□□ **battle** [bǽtl] [명] 전투

□□ **accurate** [ǽkjurət] [형] 정확한, 정밀한
⊕ **accurately** [ǽkjurətli] [부] 정확히, 정밀하게
⊕ **accuracy** [ǽkjurəsi] [명] 정확, 정확도

□□ **artist** [άːrtist] [명] 화가, 예술가, 아티스트

□□ **diagnose** [dáiəgnòus] [동] 진단하다, 규명하다
⊕ **diagnosis** [dàiəgnóusis] [명] 진단

Voca 11 초스피드 TEST

Ⓐ 다음 영어 단어에 해당하는 우리말 뜻을 쓰시오.

01 arrange		09 burden	
02 psychological		10 shortage	
03 accurate		11 support	
04 reward		12 surgery	
05 public		13 endangered	
06 anniversary		14 error	
07 restore		15 explode	
08 examination		16 order	

Ⓑ 다음에 해당하는 영어 단어를 쓰시오.

01 conclude의 명사형

02 behave의 명사형

03 obey의 명사형

04 negotiate의 명사형

05 conscious의 반대어

06 diagnose의 명사형

Ⓐ 01 마련하다, 처리하다 02 심리학의, 정신의 03 정확한 04 보상; 보상하다 05 공공의; 대중 06 기념일 07 회복시키다 08 조사, 시험 09 부담, 짐 10 부족 11 지지하다; 후원자 12 수술; 외과 13 위험에 처한 14 실수, 오류 15 폭발하다 16 순서; 주문하다

Ⓑ 01 conclusion 02 behavior 03 obedience 04 negotiation 05 unconscious 06 diagnosis

C 다음 우리말 뜻에 해당하는 영어 단어를 쓰시오.

01 홍수, 범람 .... 09 능력 ....

02 방해하다 .... 10 교육의 ....

03 일반적인 .... 11 방학, 휴가 ....

04 배경, 경력 .... 12 연결하다 ....

05 근면한 .... 13 사례, 경우 ....

06 참가, 참여 .... 14 자격을 얻다 ....

07 비율, 평가하다 .... 15 작동하다 ....

08 가난, 빈곤 .... 16 전투 ....

D 다음 우리말 뜻에 해당하는 영어 단어를 쓰시오.

01 의료 센터 .... center

02 사회적 위치 social ....

03 심각한 부작용 .... side effects

04 최종 결과 the end ....

05 영화관 a movie ....

06 땀방울 beads of ....

Voca 12 출제율 80% 이상 영단어 ❷

□□ **praise** [preiz] [명] 칭찬, 찬사 [동] 칭찬하다

□□ **advice** [ədváis] [명] 충고, 조언
⊕ advise [ədváiz] [동] 충고하다, 조언하다

□□ **absolute** [ǽbsəlù:t] [형] 완전한, 완벽한 [명] 절대적인 것
⊕ absolutely [æbsəlú:tli] [부] 완전히, 절대적으로

□□ **adventure** [ædvéntʃər] [명] 모험, 모험심

□□ **image** [ímidʒ] [명] 이미지, 인상

□□ **rule** [ru:l] [명] 규칙, 규정; 지배 [동] 지배하다

□□ **anxiety** [æŋzáiəti] [명] 불안, 염려
⊕ anxious [ǽŋkʃəs] [형] 불안한, 걱정하는

□□ **applicant** [ǽplikənt] [명] 지원자, 신청자
⊕ apply [əplái] [동] 지원하다, 신청하다

□□ **similar** [símələr] [형] 비슷한, 닮은

□□ **finally** [fáinəli] [부] 마침내; 끝으로, 최후로

□□ **average** [ǽvəridʒ] [명] 평균 [형] 평균의, 평범한

□□ **medium** [mí:diəm] [형] 중간의 [명] 중간; 매체, 수단

□□ **cultural** [kʌ́ltʃərəl] [형] 문화의, 문화적인
⊕ culture [kʌ́ltʃər] [명] 문화

□□ **mistake** [mistéik] [명] 실수, 잘못 [동] 실수하다

□□ **economy** [ikɑ́nəmi] [명] 경제; 절약
⊕ economics [ì:kənɑ́miks] [명] 경제학

□□ **fortunate** [fɔ́:rtʃənit] [형] 운 좋은, 다행한

□□ **harm** [hɑːrm] [명] 해, 피해, 손해

□□ **political** [pálitikəl] [형] 정치와 관련된, 정치적인
⊕ politics [pálətiks] [명] 정치학

□□ **shape** [ʃeip] [명] 모양, 형태; 몸매 [동] 형성하다

□□ **raise** [reiz] [동] 들어올리다; 모금하다; 기르다
[명] 올리기, 인상, 상승

□□ **request** [rikwést] [명] 요청, 신청 [동] 요청하다

□□ **mathematics** [mæ̀θəmǽtiks] [명] 수학(=math)

□□ **festival** [féstəvəl] [명] 축제, 기념제

□□ **scary** [skɛ́əri] [형] 무서운, 겁나는

□□ **element** [éləmənt] [명] 요소, 성분

□□ **lifestyle** [láifstàil] [명] 생활 방식

□□ **category** [kǽtəgɔ̀ːri] [명] 범주; 부문

□□ **pleasant** [plézənt] [형] 쾌적한, 즐거운

□□ **remain** [riméin] [동] 남아 있다, 머무르다
⊕ remainder [riméindər] [명] 나머지, 잔여

□□ **strict** [strikt] [형] 엄격한, 엄한

□□ **social** [sóuʃəl] [형] 사회의, 사회적인
⊕ society [səsáiəti] [명] 사회

□□ **sight** [sait] [명] 시력

□□ **unfortunately** [ʌnfɔ́ːrtʃənitli] [부] 불행하게도, 유감스럽게도

□□ **totally** [tóutəli] [부] 완전히, 전적으로
⊕ 유의어 completely [kəmplíːtli] [부] 완전히 / entirely [intáiərli] [부] 전부

□□ **aware** [əwɛ́ər] [형] 알고 있는, 의식하는
⊕ awareness [əwɛ́ərnis] [명] 의식, 자각

□□ **borrow** [bɔ́(:)rou] [동] 빌리다, 차용하다

⊕ 반의어 **lend** [lend] [동] 빌려주다

□□ **certainly** [sə́:rtnli] [부] 틀림없이, 분명히

□□ **depth** [depθ] [명] 깊이, 깊음

⊕ **deep** [di:p] [형] 깊은

□□ **extend** [iksténd] [동] 연장하다, 늘이다

⊕ **extension** [iksténʃən] [명] 연장, 확장

□□ **exist** [igzíst] [동] 존재하다, 현존하다

⊕ **existence** [igzístəns] [명] 존재, 실재, 현존

□□ **grateful** [gréitfəl] [형] 고마워하는, 감사하는

□□ **neighborhood** [néibərhùd] [명] 근처, 이웃

□□ **optimistic** [àptəmístik] [형] 낙관적인, 낙관하는

⊕ 반의어 **pessimistic** [pèsəmístik] [형] 비관적인

□□ **personal** [pə́:rsənəl] [형] 개인의, 개인적인

⊕ **person** [pə́:rsn] [명] 개인, 사람

□□ **habit** [hǽbit] [명] 버릇, 습관

⊕ **habitual** [həbítʃuəl] [형] 습관적인, 상습적인

□□ **employee** [implɔ́ii:] [명] 종업원, 직원

⊕ **employer** [implɔ́iər] [명] 고용주

□□ **freedom** [frí:dəm] [명] 자유

□□ **gym** [dʒim] [명] 체육관

□□ **helpful** [hélpfəl] [형] 도움이 되는

□□ **physically** [fízikəli] [부] 신체적으로, 육체적으로

⊕ **physical** [fízikəl] [형] 신체적인

□□ **prefer** [prifə́:r] [동] 더 좋아하다, 선호하다

⊕ **preference** [préfərəns] [명] 선호

☐☐ **review** [rivjúː] 　　　　명 평론, 검토, 복습
　　　　　　　　　　　　　　　동 평론하다, 검토하다, 복습하다

☐☐ **rude** [ruːd] 　　　　　　형 무례한, 버릇없는

☐☐ **satisfy** [sǽtisfài] 　　　동 만족시키다

☐☐ **scale** [skeil] 　　　　　명 규모, 범위; 저울

☐☐ **differ** [dífər] 　　　　　동 다르다

☐☐ **faint** [feint] 　　　　　　형 희미한, 약한

☐☐ **genius** [dʒíːnjəs] 　　　명 천재, 천재성

☐☐ **injury** [índʒəri] 　　　　명 부상, 상해

☐☐ **proof** [pruːf] 　　　　　명 증거, 증명
　　⊕ prove [pruːv] 　동 입증하다, 증명하다

☐☐ **quarter** [kwɔ́ːrtər] 　　명 4분의 1; 1분기

☐☐ **reduction** [ridʌ́kʃən] 　명 축소, 삭감, 감소
　　⊕ reduce [ridjúːs] 　동 줄이다, 축소하다

☐☐ **probably** [prábəbli] 　　부 아마, 대개는

☐☐ **stomachache** [stʌ́məkèik] 　명 위통, 복통

☐☐ **tendency** [téndənsi] 　　명 성향, 기질; 경향

☐☐ **teenager** [tíːnèidʒər] 　명 십대(나이가 13~19세인 사람)

☐☐ **spirit** [spírit] 　　　　　명 정신, 영혼

☐☐ **wonderful** [wʌ́ndərfəl] 　형 아주 멋진, 훌륭한

☐☐ **whisper** [hwíspər] 　　동 속삭이다, 귓속말을 하다 　명 속삭임

☐☐ **conductor** [kəndʌ́ktər] 　명 지도자, 관리자, 지휘자

☐☐ **directly** [diréktli] 　　　부 곧장, 똑바로
　　⊕ direct [dirékt] 　형 직접적인 　동 향하다; 감독하다

□□ **interrupt** [ìntərʌ́pt] [동] 방해하다, 중단시키다
⊕ interruption [ìntərʌ́pʃən] [명] 방해, 중단

□□ **military** [mílitèri] [형] 군사의, 무력의

□□ **assure** [əʃúər] [동] 장담하다, 확언하다
⊕ assurance [əʃúərəns] [명] 보증, 확신, 자신

□□ **pollute** [pəlúːt] [동] 오염시키다, 더럽히다
⊕ pollution [pəlúːʃən] [명] 오염, 공해

□□ **return** [ritə́ːrn] [동] 돌아오다, 복귀하다 [명] 귀환, 반환

□□ **store** [stɔːr] [명] 가게 [동] 저장하다

□□ **weekly** [wíːkli] [형] 매주의, 주 1회의, 주간의

□□ **hike** [haik] [명] 하이킹, (장거리) 도보 여행

□□ **mature** [mətjúər] [형] 성숙한; (과일이) 잘 익은
[동] (과일을) 잘 익히다
⊕ 반의어 immature [ìmətʃúər] [형] 미숙한

□□ **version** [və́ːrʒən] [명] (이전의 것과 약간 다른) –판(版), 버전

□□ **classify** [klǽsəfài] [동] 분류하다, 구분하다

□□ **naive** [nɑːíːv] [형] 순진한, 잘 속아 넘어가는

□□ **orbit** [ɔ́ːrbit] [명] 궤도 [동] 궤도를 그리며 돌다

□□ **prison** [prízn] [명] 교도소, 감옥

□□ **refund** [ríːfʌnd] [명] 환불
[rifʌ́nd] [동] 환불하다

□□ **donation** [dounéiʃən] [명] 기부, 기증
⊕ donate [dóuneit] [동] 기부하다, 기증하다

□□ **insect** [ínsekt] [명] 곤충

□□ **neutral** [njúːtrəl] [형] 중립적인 [명] 중립

☐☐ **organ** [ɔ́ːrgən]	몡 (인체의) 장기; (정치) 기관

☐☐ **popularity** [pὰpjəlǽrəti]　　몡 인기, 대중성
　⊕ **popular** [pápjulər]　혱 인기 있는

☐☐ **quietly** [kwáiətli]　　閉 조용히; 평온하게

☐☐ **tease** [tiːz]　　图 놀리다, 장난하다

☐☐ **significantly** [signífikəntli]　　閉 상당히, 크게

☐☐ **trade** [treid]　　몡 거래, 교역, 무역　图 교역하다

☐☐ **confirm** [kənfɔ́ːrm]　　图 확인하다, 확증하다, 승인하다
　⊕ **confirmation** [kὰnfərméiʃən]　몡 확인, 확증, 승인

☐☐ **mass** [mæs]　　몡 덩어리, 모임, 집단　혱 대중의, 대규모의

☐☐ **threaten** [θrétn]　　图 협박하다, 위협하다
　⊕ **threat** [θret]　몡 협박, 위협

☐☐ **status** [stéitəs]　　몡 지위, 신분, 자격

☐☐ **skip** [skip]　　图 깡충깡충 뛰다, 줄넘기하다; 거르다, 빼먹다

Voca 12 초스피드 TEST

Ⓐ 다음 영어 단어에 해당하는 우리말 뜻을 쓰시오.

01 differ		09 optimistic	
02 reduction		10 applicant	
03 mature		11 medium	
04 classify		12 political	
05 anxiety		13 raise	
06 absolute		14 social	
07 praise		15 aware	
08 harm		16 depth	

Ⓑ 다음에 해당하는 영어 단어를 쓰시오.

01 culture의 형용사형

02 borrow의 반의어

03 extend의 명사형

04 prefer의 명사형

05 interrupt의 명사형

06 popular의 명사형

Ⓐ 01 다르다 02 축소, 감소 03 성숙한; 잘 익은 04 분류하다 05 불안, 염려 06 완전한 07 칭찬; 칭찬하다
08 피해, 손해 09 낙관적인 10 지원자 11 중간의; 매체, 수단 12 정치적인 13 들어올리다; 인상 14 사회의
15 알고 있는, 의식하는 16 깊이

Ⓑ 01 cultural 02 lend 03 extension 04 preference 05 interruption 06 popularity

C 다음 우리말 뜻에 해당하는 영어 단어를 쓰시오.

01 부상 ....

02 무례한, 버릇없는 ....

03 만족시키다 ....

04 환불; 환불하다 ....

05 증거, 증명 ....

06 기부, 기증 ....

07 교도소, 감옥 ....

08 엄격한, 엄한 ....

09 조언, 충고 ....

10 존재하다 ....

11 지위, 신분, 자격 ....

12 궤도 ....

13 이미지, 인상 ....

14 평균; 평균의 ....

15 경제, 절약 ....

16 시력 ....

D 다음 우리말 뜻에 해당하는 영어 단어를 쓰시오.

01 구조를 요청하다 .... / .... for rescue

02 특별한 범주 a special ....

03 외국인 종업원 a foreign ....

04 영화 평론 a movie ....

05 군사적 충돌 a .... collision

06 장기를 이식하다 transplant an ....

Answer

C 01 injury 02 rude 03 satisfy 04 refund 05 proof 06 donation 07 prison 08 strict
09 advice 10 exist 11 status 12 orbit 13 image 14 average 15 economy 16 sight
D 01 request 02 category 03 employee 04 review 05 military 06 organ

Voca 13 출제율 80% 이상 영단어 ❸

☐☐ **rewarding** [riwɔ́ːrdiŋ] [형] 보람 있는, 가치가 있는

☐☐ **electrical** [iléktrikəl] [형] 전기의; 전기를 이용하는

☐☐ **investigate** [invéstəgèit] [동] 수사하다, 조사하다, 살피다
⊕ investigation [invèstəgéiʃən] [명] 조사, 연구

☐☐ **recommendation** [rèkəməndéiʃən] [명] 추천, 권고
⊕ recommend [rèkəménd] [동] 추천하다, 권하다

☐☐ **relief** [rilíːf] [명] 안도, 안심
⊕ relieve [rilíːv] [동] 안심시키다, 완화시키다

☐☐ **survivor** [sərváivər] [명] 생존자, 살아남은 사람
⊕ survive [sərváiv] [동] 살아남다

☐☐ **retired** [ritáiərd] [형] 은퇴한, 퇴직한
⊕ retire [ritáiər] [동] 은퇴하다, 퇴직하다

☐☐ **officially** [əfíʃəli] [부] 공식적으로
⊕ official [əfíʃəl] [형] 공무상의, 공식적인 [명] 공무원, 임원

☐☐ **soil** [sɔil] [명] 토양, 흙

☐☐ **abstract** [æbstrǽkt] [형] 추상적인
⊕ 반의어 concrete [kάnkriːt] [형] 실재적인, 구체적인

☐☐ **evident** [évidənt] [형] 분명한, 눈에 띄는

☐☐ **oxygen** [άksidʒən] [명] 산소

☐☐ **panic** [pǽnik] [명] 극심한 공포, 공황

☐☐ **reform** [riːfɔ́ːrm] [동] 개혁하다, 개선하다 [명] 개혁, 개선

☐☐ **scholar** [skάlər] [명] 학자

□□ **advertising** [ǽdvərtàiziŋ] 　　명 광고(하기); 광고업
　　⊕ advertise [ǽdvərtàiz] 　통 광고하다

□□ **spoil** [spɔil] 　　　　　　통 망치다, 못쓰게 만들다

□□ **stable** [stéibl] 　　　　　명 안정적인, 변치 않은 명 마구간

□□ **amazed** [əméizd] 　　　　명 놀란

□□ **ambitious** [æmbíʃəs] 　　명 (사람이) 야심 있는
　　⊕ ambition [æmbíʃən] 　명 야심, 야망

□□ **supportive** [səpɔ́rtiv] 　　명 지원하는, 도와주는, 힘을 주는
　　⊕ support [səpɔ́rt] 　통 지지하다, 원조하다 명 부양, 후원자

□□ **tasty** [téisti] 　　　　　　명 맛있는
　　⊕ taste [teist] 　명 맛, 풍미 통 맛을 느끼다

□□ **temper** [témpər] 　　　　명 성질, 성미, 화

□□ **tourist** [túərist] 　　　　명 관광객
　　⊕ tourism [túərizm] 　명 여행 (산업)

□□ **unlock** [ʌnlák] 　　　　　통 (열쇠로) 열다
　　⊕ 반의어 lock [lak] 　통 잠그다 명 자물쇠

□□ **upstairs** [ʌ́pstɛ́ərz] 　　　부 위층으로, 2층으로; 위층에, 2층에

□□ **welfare** [wélfɛ̀ər] 　　　　명 복지, 행복

□□ **ban** [bæn] 　　　　　　　통 금지하다 명 금지

□□ **barely** [béərli] 　　　　　부 간신히, 가까스로

□□ **apparent** [əpǽrənt] 　　　명 분명한, 명백한

□□ **assemble** [əsémbl] 　　　통 모으다, 조립하다, 모이다
　　⊕ assembly [əsémbli] 　명 집회; 조립

□□ **blend** [blend] 　　　　　　통 섞다, 혼합하다

□□ **bless** [bles] 　　　　　　　통 축복하다

☐☐ **blossom** [blásəm]　　　명 꽃　동 꽃을 피우다

☐☐ **calculate** [kǽlkjulèit]　　　동 계산하다, 산출하다
　　⊕ calculation [kælkjuléiʃən]　명 계산, 산출

☐☐ **calm** [kɑːm]　　　형 침착한, 차분한　동 진정시키다

☐☐ **chief** [tʃiːf]　　　형 주된; (계급 · 직급상) 최고위자인
　　　　　　　　　　　명 (단체의) 최고위자

☐☐ **clue** [kluː]　　　명 실마리, 단서

☐☐ **comment** [kámənt]　　　명 논평, 언급　동 논평하다, 견해를 밝히다

☐☐ **container** [kəntéinər]　　　명 그릇, 용기

☐☐ **decoration** [dèkəréiʃən]　　　명 장식, 장식품; 훈장
　　⊕ decorate [dékərèit]　동 장식하다

☐☐ **democratic** [dèməkrǽtik]　　　형 민주주의의, 민주적인
　　⊕ democracy [dimákrəsi]　명 민주주의

☐☐ **desirable** [dizáiərəbl]　　　형 바람직한, 가치 있는
　　⊕ desire [dizáiər]　동 바라다　명 욕망

☐☐ **desperate** [déspərit]　　　형 필사적인, 절망적인

☐☐ **direct** [dirékt]　　　형 직접적인　동 향하다; 감독하다
　　⊕ directly [diréktli]　부 곧장
　　⊕ director [diréktər]　명 감독

☐☐ **dull** [dʌl]　　　형 따분한, 재미없는

☐☐ **economical** [ì:kənámikəl]　　　형 경제적인, 실속 있는
　　⊕ 혼동 어휘 economical [ì:kənámikəl]　형 경제적인, 알뜰한
　　　　　　economic [ì:kənámik]　형 경제의, 경제학의

☐☐ **ease** [iːz]　　　명 쉬움, 편안함
　　　　　　　　　동 편하게 하다, (고통 등을) 덜어주다
　　⊕ easy [íːzi]　형 쉬운, 편안한

☐☐ **residence** [rézidəns]　　　몡 주택, 거주지

☐☐ **employment** [implɔ́imənt]　　몡 고용, 일자리, 직장
　　⊕ 반의어 unemployment [ʌ̀nimplɔ́imənt]　몡 실업, 실직 상태

☐☐ **entry** [éntri]　　　　　　몡 입장, 등장

☐☐ **previously** [príːviəsli]　　　뫈 미리, 사전에

☐☐ **exhaust** [igzɔ́ːst]　　　　몡 배기가스　통 다 써버리다, 고갈시키다

☐☐ **accomplishment**　　　　몡 업적, 공적
　　[əkámpliʃmənt]
　　⊕ accomplish [əkámpliʃ]　통 완수하다, 성취하다, 해내다

☐☐ **exhausted** [igzɔ́ːstid]　　　혱 기진맥진한, 진이 다 빠진
　　⊕ exhaust [igzɔ́ːst]　통 다 써버리다, 고갈시키다

☐☐ **agreement** [əgríːmənt]　　몡 협정, 합의
　　⊕ agree [əgríː]　통 동의하다, 합의하다

☐☐ **fascinate** [fǽsənèit]　　　통 마음을 사로잡다, 매혹하다

☐☐ **regularly** [régjulərli]　　　뫈 규칙적으로, 정기적으로
　　⊕ regular [régjulər]　혱 규칙적인, 정기의

☐☐ **female** [fíːmeil]　　　　혱 여성인, 여자의　몡 여자

☐☐ **firm** [fəːrm]　　　　　몡 회사　혱 단단한, 견고한

☐☐ **fluent** [flúːənt]　　　　혱 (외국어 실력이) 유창한, 능숙한

☐☐ **movement** [múːvmənt]　　몡 (신체의) 움직임; (정치적·사회적) 운동

☐☐ **friendship** [fréndʃip]　　　몡 교우 관계, 우정

☐☐ **annoy** [ənɔ́i]　　　　　통 괴롭히다, 귀찮게 하다

☐☐ **scientific** [sàiəntífik]　　　혱 과학의

☐☐ **grasp** [græsp]　　　　통 꽉 잡다; 이해하다, 파악하다
　　　　　　　　　　　　몡 꽉 쥐기, 포옹; 이해

☐☐ **habitat** [hǽbətæ̀t]	몡 서식지
☐☐ **message** [mésidʒ]	몡 전갈, 메시지, 성명
☐☐ **relative** [rélətiv]	혱 비교의, 상대적인 몡 친척
☐☐ **hunger** [hʌ́ŋgər]	몡 굶주림, 기아
☐☐ **identical** [aidéntikəl]	혱 동일한, 똑같은
☐☐ **fundamental** [fʌ̀ndəméntl]	혱 근본적인, 본질적인
☐☐ **incident** [ínsədənt]	몡 일, 사건
☐☐ **purchase** [pə́ːrtʃəs]	몡 구입, 구매 통 사다, 구입하다
☐☐ **indicate** [índikèit]	통 나타내다, 가리키다
⊕ indication [ìndikéiʃən] 몡 암시, 조짐	
☐☐ **widespread** [wáidspréd]	혱 광범위한, 널리 퍼진
☐☐ **introduction** [ìntrədʌ́kʃən]	몡 도입, 소개
⊕ introduce [ìntrədjúːs] 통 소개하다, 도입하다	
☐☐ **relaxed** [rilǽkst]	혱 느긋한, 여유 있는
☐☐ **force** [fɔːrs]	몡 힘, 폭력; 설득력, 영향력 통 강요하다
☐☐ **invisible** [invízəbl]	혱 보이지 않는, 볼 수 없는
☐☐ **leadership** [líːdərʃìp]	몡 지도자, 대표직
☐☐ **genuine** [dʒénjuin]	혱 진짜의, 진품의
☐☐ **locate** [loukéit]	통 위치를 나타내다, 위치시키다
⊕ location [loukéiʃən] 몡 위치, 장소	
☐☐ **magician** [mədʒíʃən]	몡 마술사
☐☐ **souvenir** [sùːvəníər]	몡 기념품, 선물
☐☐ **membership** [mémbərʃìp]	몡 회원, 회원 자격
☐☐ **workout** [wə́ːrkàut]	몡 운동

☐☐ **metabolism** [mətǽbəlìzəm]	몡 신진대사, 대사		
☐☐ **tremendous** [triméndəs]	톙 엄청난		
☐☐ **hug** [hʌg]	통 껴안다, 포옹하다		
☐☐ **throughout** [θruːáut]	젠 도처에		
☐☐ **license** [láisəns]	통 허가하다, 면허를 주다 몡 허가, 면허증		
☐☐ **misfortune** [misfɔ́ːrtʃən]	몡 불운, 불행		
☐☐ **nod** [nɑd]	통 (고개를) 끄덕이다 몡 끄덕임, 승낙		
☐☐ **vertical** [və́ːrtikəl]	톙 수직의, 세로의		
⊕ horizontal [hɔ̀ːrəzántl] 톙 수평의, 가로의			
☐☐ **normally** [nɔ́ːrməli]	톔 보통, 정상적으로		
⊕ normal [nɔ́ːrməl] 톙 보통의, 정상의			
☐☐ **obviously** [ábviəsli]	톔 확실히, 분명히		
⊕ obvious [ábviəs] 톙 분명한, 확실한			
☐☐ **otherwise** [ʌ́ðərwàiz]	톔 그렇지 않으면		
☐☐ **outside** [àutsáid]	몡 겉면, 바깥쪽 톙 외부의		
☐☐ **trait** [treit]	몡 (성격상의) 특성		

Voca 13 초스피드 TEST

A 다음 영어 단어에 해당하는 우리말 뜻을 쓰시오.

01 apparent		09 female	
02 stable		10 economical	
03 calculate		11 evident	
04 democratic		12 comment	
05 relative		13 trait	
06 fundamental		14 vertical	
07 incident		15 misfortune	
08 introduction		16 souvenir	

B 다음에 해당하는 영어 단어를 쓰시오.

01 **investigate**의 명사형

02 **lock**의 반의어

03 **assemble**의 명사형

04 **decorate**의 명사형

05 **employment**의 반의어

06 **indicate**의 명사형

Ⓐ 01 분명한, 명백한 02 안정적인 03 계산하다 04 민주주의의 05 비교의 06 근본적인 07 일, 사건 08 도입, 소개 09 여성인 10 경제적인 11 분명한, 눈에 띄는 12 논평; 논평하다 13 (성격상의) 특성 14 수직의 15 불운, 불행 16 기념품
Ⓑ 01 investigation 02 unlock 03 assembly 04 decoration 05 unemployment 06 indication

C 다음 우리말 뜻에 해당하는 영어 단어를 쓰시오.

01 공식적으로		09 꽉 잡다, 이해하다	
02 보람 있는		10 추천, 권고	
03 실마리, 단서		11 굶주림	
04 보이지 않는		12 추상적인	
05 동일한, 똑같은		13 개혁하다	
06 구입; 사다		14 은퇴한	
07 위치를 나타내다		15 흙	
08 생존자		16 산소	

D 다음 우리말 뜻에 해당하는 영어 단어를 쓰시오.

01 야심찬 목표   an .... goal

02 신의 축복이 있기를!   God .... you!

03 절망적인 상황   a .... situation

04 배기가스 규제   .... control

05 평화 운동   the peace ....

06 운전면허   a driver's ....

Answer

C 01 officially 02 rewarding 03 clue 04 invisible 05 identical 06 purchase 07 locate 08 survivor 09 grasp 10 recommendation 11 hunger 12 abstract 13 reform 14 retired 15 soil 16 oxygen

D 01 ambitious 02 bless 03 desperate 04 exhaust 05 movement 06 license

Voca 14 출제율 80% 이상 영단어 ④

☐☐ **envy** [énvi]   몡 부러움, 질투   동 부러워하다
    ⊕**envious** [énviəs]   혱 부러운, 샘나는

☐☐ **proposal** [prəpóuzəl]   몡 제안, 제의
    ⊕**propose** [prəpóuz]   동 제안하다

☐☐ **publish** [pʌ́bliʃ]   동 출판하다, 발행하다
    ⊕**publication** [pʌ̀bləkéiʃən]   몡 출판, 발행; 출판물

☐☐ **acceptance** [ækséptəns]   몡 받아들임, 수락
    ⊕**accept** [æksépt]   동 받아들이다, 수락하다

☐☐ **imply** [implái]   동 암시하다, 내포하다
    ⊕**implication** [ìmplikéiʃən]   몡 함축, 암시

☐☐ **puzzled** [pʌ́zld]   혱 어리둥절해하는, 얼떨떨한

☐☐ **refreshment** [rifréʃmənt]   몡 휴식; (여행 등에서 제공되는) 다과

☐☐ **homeroom** [hóumrù(:)m]   몡 홈룸(학급 전원이 모이는 학교 생활 지도 교실)

☐☐ **refugee** [rèfjudʒí:]   몡 난민, 망명자

☐☐ **consult** [kənsʌ́lt]   동 상담하다, 의논하다

☐☐ **regardless** [rigáːrdlis]   閉 관계없이, 상관없이

☐☐ **emotional** [imóuʃənəl]   혱 정서의, 감정의
    ⊕**emotion** [imóuʃən]   몡 감정, 정서

☐☐ **pretend** [priténd]   동 ~인 척하다, 가식적으로 행동하다

☐☐ **bargain** [báːrgən]   몡 특가품, 합의, 흥정

☐☐ **chemistry** [kémistri]   몡 화학

reality [riǽləti] 몡 현실, 실제, 진실
　⊕ **real** [ríːəl] 톙 사실의, 실제의

fantasy [fǽntəsi] 몡 공상, 상상

deceive [disíːv] 튕 속이다, 기만하다
　⊕ **deceit** [disíːt] 몡 속임수, 사기

reject [ridʒékt] 튕 거부하다, 거절하다
　⊕ **rejection** [ridʒékʃən] 몡 거절, 각하

fixed [fikst] 톙 고정된, 불변의, 확고한
　⊕ **fix** [fiks] 튕 고정시키다, 고치다

intent [intént] 몡 의향, 의도
　⊕ **intend** [inténd] 튕 의도하다, 작정하다

disappointment 몡 실망, 낙심
[dìsəpɔ́intmənt]

remind [rimáind] 튕 상기시키다, 생각나게 하다

encouragement 몡 격려, 장려
[inkə́ːridʒmənt]

logical [ládʒikəl] 톙 타당한, 논리적인
　⊕ **logic** [ládʒik] 몡 논리, 논리학

astronomer [əstránəmər] 몡 천문학자
　⊕ **astronomy** [əstránəmi] 몡 천문학
　⊕ 혼동 어휘 **astronomer** [əstránəmər] 몡 천문학자
　　　　　　 astronaut [ǽstrənɔ̀ːt] 몡 우주 비행사

bakery [béikəri] 몡 빵집, 제과점

respectful [rispéktfəl] 톙 존경심을 보이는, 공손한
　⊕ **respect** [rispékt] 튕 존경하다 몡 존경

row [rou] 몡 줄, 열; 노 젓기 튕 줄 세우다; 노를 젓다

scatter [skǽtər] 튕 뿌리다, 분산시키다

☐☐ **exceed** [iksíːd] 　 동 넘다, 초과하다, 초월하다

☐☐ **circulation** [sə̀ːrkjuléiʃən] 　 명 순환, 유통, 발행

☐☐ **photographer** [fətágrəfər] 　 명 사진작가, 사진사

☐☐ **sensible** [sénsəbl] 　 형 분별 있는, 합리적인

☐☐ **funeral** [fjúːnərəl] 　 명 장례식

☐☐ **territory** [térətɔ̀ːri] 　 명 지역, 영토

☐☐ **distribution** [dìstrəbjúːʃən] 　 명 분배, 분포, 배급
　⊕**distribute** [distríbjuːt] 　 동 분배하다, 분포하다

☐☐ **election** [ilékʃən] 　 명 선거
　⊕**elect** [ilékt] 　 동 선거하다, 선출하다

☐☐ **marvelous** [máːrvələs] 　 형 놀라운, 신기한

☐☐ **thick** [θik] 　 형 두꺼운, 두툼한

☐☐ **civilization** [sìvəlizéiʃən] 　 명 문명, 문명국

☐☐ **notify** [nóutəfài] 　 동 통고하다, 통지하다
　⊕**notification** [nòutəfikéiʃən] 　 명 통지, 알림

☐☐ **ethical** [éθikəl] 　 형 윤리적인, 도덕에 관계된

☐☐ **translate** [trænsléit] 　 동 번역하다, 통역하다
　⊕**translation** [trænsléiʃən] 　 명 번역, 통역
　⊕**translator** [trænsléitər] 　 명 통역가

☐☐ **equality** [i(ː)kwáləti] 　 명 평등, 균등

☐☐ **unable** [ʌnéibl] 　 형 ~할 수 없는, ~하지 못하는

☐☐ **abundant** [əbʌ́ndənt] 　 형 풍부한, 남아 돌아가는

☐☐ **exception** [iksépʃən] 　 명 예외, 제외

☐☐ **merchant** [mə́ːrtʃənt] 　 명 상인, 무역상 　형 무역의, 상인의

☐☐ **compliment** [kámpləmənt] 　 명 칭찬, 찬사

☐☐ **deposit** [dipázit] 　　명 퇴적물; 예금; 보증금　통 (은행에) 예금하다

☐☐ **wasteful** [wéistfəl] 　　형 낭비하는, 낭비적인
　⊕ waste [weist] 통 낭비하다　명 낭비

☐☐ **wrap** [ræp] 　　통 (포장지 등으로) 싸다, 포장하다

☐☐ **yell** [jel] 　　통 소리 지르다, 외치다　명 외침 소리, 비명

☐☐ **engine** [éndʒən] 　　명 엔진

☐☐ **adulthood** [ədʌ́lthùd] 　　명 성인(임), 성년

☐☐ **pour** [pɔːr] 　　통 붓다, 따르다

☐☐ **accurately** [ǽkjurətli] 　　부 정확히(=exactly), 정밀하게
　⊕ accurate [ǽkjurət] 형 정확한

☐☐ **assumption** [əsʌ́mpʃən] 　　명 추정, 상정
　⊕ assume [əsúːm] 통 가정하다, 추정하다

☐☐ **confusing** [kənfjúːziŋ] 　　형 당황하게 하는, 혼란스러운

☐☐ **acquisition** [ækwəzíʃən] 　　명 습득, 획득
　⊕ acquire [əkwáiər] 통 (노력 · 능력으로) 습득하다, 얻다

☐☐ **wrinkle** [ríŋkəl] 　　명 (특히 얼굴의) 주름　통 ~에 주름을 잡다

☐☐ **countless** [káuntlis] 　　형 무수한, 셀 수 없이 많은

☐☐ **vapor** [véipər] 　　명 증기　통 증발시키다

☐☐ **endless** [éndlis] 　　형 무한한, 한없는

☐☐ **commit** [kəmít] 　　통 저지르다, 범하다

☐☐ **defensive** [difénsiv] 　　형 방어적인, 수비의
　⊕ 반의어 offensive [əfénsiv] 형 공격적인

☐☐ **descend** [disénd] 　　통 내려오다, 내려가다

☐☐ **echo** [ékou] 　　명 (소리의) 울림, 메아리, 반향
　　　　　　　　　　통 메아리치다, 울려퍼지다

□□ **equip** [ikwíp] [동] 장비를 갖추다, 채비를 하다
⊕equipment [ikwípmənt] [명] 장비, 설비

□□ **fold** [fould] [동] 접다, 포개다

□□ **accelerate** [æksélərèit] [동] 촉진하다, 가속하다
⊕accelerator [əksélərèitər] [명] (자동차) 가속 장치; 촉진제

□□ **amaze** [əméiz] [동] 놀라게 하다
⊕amazing [əméiziŋ] [형] 놀라운

□□ **brand-new** [brǽndnjúː] [형] 아주 새로운, 신품의

□□ **bacteria** [bæktíəriə] [명] 박테리아, 세균

□□ **dig** [dig] [동] (구멍 등을) 파다

□□ **diplomat** [dípləmæt] [명] 외교관

□□ **embarrass** [imbǽrəs] [동] 당황스럽게 만들다

□□ **apart** [əpάːrt] [부] (거리 · 공간 · 시간상으로) 떨어져

□□ **daily** [déili] [형] 매일의, 일상적인

□□ **apparently** [əpǽrəntli] [부] 듣자 하니, 보기에

□□ **fountain** [fáuntin] [명] 분수

□□ **awareness** [əwɛ́ərnis] [명] 의식, 자각
⊕aware [əwɛ́ər] [형] 알고 있는, 의식하는

□□ **germ** [dʒəːrm] [명] 세균, 미생물

□□ **weaken** [wíːkən] [동] 약화시키다, 약화되다
⊕weak [wiːk] [형] 약한

□□ **sculpture** [skʌ́lptʃər] [명] 조각품

□□ **tolerate** [tάlərèit] [동] 용인하다, 참다

□□ **threat** [θret] [명] 협박, 위협

□□ **backyard** [bǽckjάːrd] [명] 뒷마당

☐☐ **exhaustion** [igzɔ́:stʃən]   명 탈진, 기진맥진
　　⊕ exhause [igzɔ́:si] 동 다 써버리다, 고갈시키다
　　⊕ exhausted [igzɔ́:stid] 형 기진맥진한, 진이 다 빠진

☐☐ **anxious** [ǽŋkʃəs]   형 걱정하는, 불안한
　　⊕ anxiety [æŋzáiəti] 명 불안, 걱정

☐☐ **awful** [ɔ́:fəl]   형 끔찍한, 지독한

☐☐ **disorder** [disɔ́:rdər]   명 엉망, 장애

☐☐ **astronaut** [ǽstrənɔ̀:t]   명 우주 비행사

☐☐ **bitter** [bítər]   형 (맛이) 쓴; 비통한

☐☐ **fund** [fʌnd]   명 기금, 자금

☐☐ **demanding** [dimǽndiŋ]   형 부담이 큰, 힘든
　　⊕ demand [dimǽnd] 동 요구하다

☐☐ **block** [blɑk]   명 큰 덩어리, (건축용) 블록 동 막다, 방해하다

☐☐ **considerable** [kənsídərəbl]   형 상당한, 많은

☐☐ **seal** [si:l]   동 봉인하다, 밀봉하다 명 도장, 봉인

A 다음 영어 단어에 해당하는 우리말 뜻을 쓰시오.

01 regardless		09 fixed	
02 acceptance		10 deceive	
03 refugee		11 reject	
04 ethical		12 consult	
05 scatter		13 bitter	
06 funeral		14 logical	
07 circulation		15 astronomer	
08 emotional		16 translate	

B 다음에 해당하는 영어 단어를 쓰시오.

01 envy의 형용사형

02 intend의 명사형

03 respect의 형용사형

04 waste의 형용사형

05 acquisition의 동사형

06 defensive의 반의어

Answer

A 01 관계없이 02 수락 03 난민, 망명자 04 윤리적인 05 뿌리다 06 장례식 07 순환, 유통 08 정서의 09 고정된 10 속이다 11 거부하다 12 상담하다 13 (맛이) 쓴 14 타당한, 논리적인 15 천문학자 16 번역하다, 통역하다

B 01 envious 02 intent 03 respectful 04 wasteful 05 acquire 06 offensive

C 다음 우리말 뜻에 해당하는 영어 단어를 쓰시오.

01 지역, 영토 ....

02 출판하다 ....

03 암시하다 ....

04 제안, 제의 ....

05 넘다, 초과하다 ....

06 분배, 배급 ....

07 칭찬; 칭찬하다 ....

08 퇴적물; 예금 ....

09 기금, 자금 ....

10 문명, 문명국 ....

11 예외 ....

12 통지하다 ....

13 장애 ....

14 우주 비행사 ....

15 조각품 ....

16 주름 ....

D 다음 우리말 뜻에 해당하는 영어 단어를 쓰시오.

01 화학을 전공하다　　major in ....

02 앞줄에　　in the front ....

03 조세 평등의 원칙　　............................ of tax burden principle

04 살인을 저지르다　　............................ a murder

05 성장을 촉진하다　　............................ growth

06 심각한 위협　　a serious ....

Voca 15 출제율 80% 이상 영단어 ⑤

☐☐ **bond** [bɑnd] 　명 유대, 끈; 계약 　동 접착하다; 계약하다

☐☐ **bubble** [bʌ́bəl] 　명 거품

☐☐ **overwhelm** [òuvərhwélm] 　동 (격한 감정이) 휩싸다, 압도하다
　⊕ **overwhelming** [òuvərhwélmiŋ] 　형 압도적인, 굉장한

☐☐ **bump** [bʌmp] 　동 부딪치다, 충돌하다 　명 충돌

☐☐ **hopeful** [hóupfəl] 　형 희망에 찬, 기대하는

☐☐ **experiment** [ikspérəmənt] 　명 실험, 시험
　　　　　　　　[ekspérəmènt] 　동 실험하다, 시험하다

☐☐ **messy** [mési] 　형 지저분한, 엉망인

☐☐ **hormone** [hɔ́:rmoun] 　명 호르몬

☐☐ **chop** [tʃɑp] 　동 잘게 자르다, 다지다, (장작 같은 것을) 패다

☐☐ **code** [koud] 　명 암호, 부호

☐☐ **coincidence** [kouínsədəns] 　명 우연의 일치

☐☐ **peer** [piər] 　명 또래, 동료, 친구 　동 응시하다

☐☐ **expansion** [ikspǽnʃən] 　명 확대, 확장, 팽창
　⊕ **expand** [ikspǽnd] 　동 확장하다, 확대하다

☐☐ **necessity** [nisésəti] 　명 필요(성)

☐☐ **negotiation** [nigòuʃiéiʃən] 　명 협상, 교섭

☐☐ **freshman** [fréʃmən] 　명 신입생

☐☐ **consistent** [kənsístənt] 　형 한결같은, 일관된
　⊕ **consistency** [kənsístənsi] 　명 일관성, 한결같음

☐☐ **database** [déitəbeis]	몡 데이터베이스	

☐☐ **conserve** [kənsə́:rv]   동 보존하다, 아끼다
✛ **conservation** [kànsərvéiʃən]   몡 보존, 보호

☐☐ **counsel** [káunsəl]   몡 상담, 조언   동 권하다, 충고하다

☐☐ **attain** [ətéin]   동 이루다, 획득하다

☐☐ **cooperate** [kouápərèit]   동 협력하다, 협동하다
✛ **cooperation** [kouàpəréiʃən]   몡 협력, 협동

☐☐ **crew** [kru:]   몡 승무원

☐☐ **passionate** [pǽʃənət]   혱 열렬한, 정열적인
✛ **passion** [pǽʃən]   몡 열정

☐☐ **cuisine** [kwizí:n]   몡 요리법

☐☐ **cultivate** [kʌ́ltəvèit]   동 (땅을) 경작하다, 일구다

☐☐ **disposable** [dispóuzəbl]   혱 일회용의; 간단히 처분할 수 있는

☐☐ **elderly** [éldərli]   혱 연세가 드신

☐☐ **enable** [inéibl]   동 ~을 할 수 있게 하다

☐☐ **resolve** [rizálv]   동 해결하다; 결심하다
✛ **resolution** [rèzəlú:ʃən]   몡 해결; 결심

☐☐ **sector** [séktər]   몡 (산업) 영역, 분야

☐☐ **intensive** [inténsiv]   혱 집중적인, 강렬한

☐☐ **seize** [si:z]   동 잡다, 움켜잡다; 파악하다

☐☐ **enhance** [inhǽns]   동 높이다, 향상시키다

☐☐ **glow** [glou]   동 빛나다, 타다 몡 불빛, 흥분, 정열

☐☐ **notion** [nóuʃən]   몡 개념, 관념, 생각

☐☐ **possession** [pəzéʃən]   몡 소유, 소지, 보유
✛ **possess** [pəzés]   동 소유하다

☐☐ **equivalent** [ikwívələnt]	혱 동등한, 맞먹는

☐☐ **equivalent** [ikwívələnt]   혱 동등한, 맞먹는

☐☐ **long-term** [lɔ́ŋtə̀ːrm]   혱 장기적인

☐☐ **humanity** [hjuːmǽnəti]   몡 인류, 인간

☐☐ **exploration** [èkspləréiʃən]   몡 탐험, 조사, 연구
   ⊕ **explore** [iksplɔ́ːr]   동 탐험하다

☐☐ **extent** [ikstént]   몡 넓이, 범위, 정도, 한도

☐☐ **bunch** [bʌntʃ]   몡 다발, 송이, 묶음

☐☐ **institute** [ínstətjùːt]   몡 기관, 협회   동 설치하다, 실시하다

☐☐ **fabric** [fǽbrik]   몡 직물, 천

☐☐ **immune** [imjúːn]   혱 (질병에) 면역성이 있는

☐☐ **scream** [skriːm]   동 비명을 지르다   몡 비명, 절규

☐☐ **launch** [lɔːntʃ]   동 시작하다, 착수하다   몡 개시; 발매, 발표

☐☐ **politician** [pàlitíʃən]   몡 정치인, 정치가
   ⊕ **politics** [pálətiks]   몡 정치학

☐☐ **extensive** [iksténsiv]   혱 광대한, 광범위한

☐☐ **fade** [feid]   동 (색깔이) 바래다, 바래게 만들다

☐☐ **farmland** [fáːrmlæ̀nd]   몡 농지, 경지

☐☐ **innovative** [ínəvèitiv]   혱 획기적인, 혁신적인
   ⊕ **innovation** [ìnəvéiʃən]   몡 혁신, 기술 혁신

☐☐ **cafeteria** [kæ̀fitíəriə]   몡 카페테리아(셀프 서비스식 식당), 구내 식당

☐☐ **minister** [mínistər]   몡 장관, 각료

☐☐ **frighten** [fráitn]   동 겁먹게 만들다, 놀라게 하다

☐☐ **phenomenon** [finámənàn]   몡 현상(pl. phenomena)

☐☐ **reservation** [rèzərvéiʃən]   몡 예약(=booking)

□□ **stimulate** [stímjulèit] [동] 자극하다, 격려하다
⊕ stimulation [stìmjuléiʃən] [명] 자극

□□ **ghost** [goust] [명] 유령, 귀신

□□ **hinder** [híndər] [동] 방해하다, 훼방 놓다
⊕ hindrance [híndrəns] [명] 방해, 장애, 장애물

□□ **moreover** [mɔːróuvər] [부] 게다가, 더욱이

□□ **host** [houst] [명] (손님을 초대하는 남자) 주인
⊕ hostess [hóustis] [명] (손님을 초대하는 여자) 주인

□□ **tap** [tæp] [동] (가볍게) 톡톡 두드리다

□□ **crush** [krʌʃ] [동] 눌러부수다, 으깨다

□□ **impulse** [ímpʌls] [명] 충동, 자극, 충격

□□ **proceed** [prousíːd] [동] 진행하다, 진행되다

□□ **requirement** [rikwáiərmənt] [명] 필요한 것, 필요, 요건

□□ **moral** [mɔ́ːrəl] [형] 도덕과 관련된, 도덕상의

□□ **inferior** [infíəriər] [형] 열등한, 하위의
⊕ 반의어 superior [səpíəriər] [형] 우수한, 상위의

□□ **eventual** [ivéntʃuəl] [형] 궁극적인, 최종적인

□□ **invade** [invéid] [동] 침입하다, 쳐들어가다
⊕ invasion [invéiʒən] [명] 침략

□□ **isolation** [àisəléiʃən] [명] 고립, 분리, 격리

□□ **prohibit** [prouhíbit] [동] (법으로) 금하다, 금지하다
⊕ prohibition [pròuibíʃən] [명] 금지

□□ **featured** [fíːtʃərd] [형] 특색으로 한; 주연의

□□ **stomach** [stʌ́mək] [명] 위, 배
⊕ stomachache [stʌ́məkeik] [명] 위통, 복통

□□ **leather** [léðər]	명 가죽
□□ **leftover** [léftòuvər]	명 남은 음식
□□ **economics** [ì:kənámiks]	명 경제학
□□ **liberate** [líbərèit]	동 해방시키다, 자유롭게 하다
□□ **wondering** [wʌ́ndəriŋ]	형 이상히 여기는, 놀란
□□ **lie** [lai]	동 누워 있다, 눕다; 거짓말하다
□□ **loose** [lu:s]	형 헐거워진, 풀린; 해방된
	동 풀어놓다, 자유롭게 하다
□□ **privacy** [práivəsi]	명 혼자 있는 상태, 사생활
⊕ **private** [práivət] 형 사적인, 개인적인	
□□ **microscope** [máikrouskòup]	명 현미경
□□ **cooperation** [kouàpəréiʃən]	명 협력, 협동
⊕ **cooperate** [kouápərèit] 동 협력하다, 협동하다	
□□ **horn** [hɔ:rn]	명 뿔, 경적
□□ **mysterious** [mistíəriəs]	형 불가사의한, 이해하기 힘든
□□ **suitcase** [sú:tkèis]	명 여행 가방
□□ **diabetes** [dàiəbí:tis]	명 당뇨병
□□ **tame** [teim]	형 (동물이) 길들여진
□□ **resist** [rizíst]	동 저항하다, 반대하다
⊕ **resistance** [rizístəns] 명 저항, 반대	
□□ **nationwide** [néiʃənwàid]	형 전국적인
□□ **nearby** [nìərbái]	형 인근의, 가까운 곳의 부 가까이에
□□ **poetry** [póuitri]	명 (집합적으로) 시, 시가
□□ **snowstorm** [snóustɔ̀:rm]	명 눈보라

☐☐ **project** [prɑ́dʒekt]	몡 계획, 기획, 프로젝트	
[prədʒékt]	용 기획하다	

☐☐ **mortal** [mɔ́:rtl] — 몡 (언젠가는) 반드시 죽는, 죽음의
　⊕반의어 **immortal** [imɔ́:rtl] — 몡 죽지 않는, 불사의

☐☐ **pronounce** [prənáuns] — 용 발음하다
　⊕ **pronunciation** [prənʌnsiéiʃən] — 몡 발음

☐☐ **witness** [wítnis] — 몡 목격자 용 목격하다

☐☐ **childish** [tʃáildiʃ] — 몡 어린애 같은

☐☐ **racism** [réisizəm] — 몡 인종 차별, 인종 차별 주의

☐☐ **positively** [pɑ́zətivli] — 뷘 긍정적으로; 분명히

☐☐ **resemble** [rizémbl] — 용 닮다, 비슷하다
　⊕ **resemblance** [rizémbləns] — 몡 유사, 닮음

☐☐ **strengthen** [stréŋkθən] — 용 강화되다, 강화하다

☐☐ **oblige** [əbláidʒ] — 용 의무적으로 ~하게 하다

☐☐ **stir** [stə:r] — 용 젓다, 섞다

☐☐ **oppose** [əpóuz] — 용 반대하다, 저지하다

☐☐ **withstand** [wiðstǽnd] — 용 견뎌내다, 이겨내다

☐☐ **thrive** [θraiv] — 용 번창하다; 잘 자라다

Voca 15 초스피드 TEST

A 다음 영어 단어에 해당하는 우리말 뜻을 쓰시오.

01 seize ....

02 phenomenon ....

03 attain ....

04 invade ....

05 project ....

06 positively ....

07 coincidence ....

08 notion ....

09 resemble ....

10 bond ....

11 overwhelm ....

12 glow ....

13 thrive ....

14 strengthen ....

15 inferior ....

16 resist ....

B 다음에 해당하는 영어 단어를 쓰시오.

01 **conserve**의 명사형 ....

02 **resolve**의 명사형 ....

03 **innovative**의 명사형 ....

04 **privacy**의 형용사형 ....

05 **cooperate**의 명사형 ....

06 **resemble**의 명사형 ....

Answer

A 01 잡다 02 현상 03 이루다, 획득하다 04 침입하다 05 계획; 기획하다 06 긍정적으로; 분명히 07 우연의 일치 08 개념, 관념 09 닮다 10 유대, 계약 11 압도하다 12 빛나다; 불빛 13 번창하다 14 강화되다 15 열등한 16 저항하다

B 01 conservation 02 resolution 03 innovation 04 private 05 cooperation 06 resemblance

C 다음 우리말 뜻에 해당하는 영어 단어를 쓰시오.

01 일회용의		09 금지하다	
02 충동, 자극		10 확대, 팽창	
03 필요한 것, 필요		11 고립, 분리	
04 방해하다		12 도덕성의	
05 또래, 동료		13 필요(성)	
06 예약		14 목격하다	
07 부딪치다, 충돌		15 실험; 실험하다	
08 자극하다		16 경제학	

D 다음 우리말 뜻에 해당하는 영어 단어를 쓰시오.

01 지저분한 거실　　　a ＿＿＿＿＿ living room

02 퓨전 요리　　　　　fusion ＿＿＿＿＿

03 포도 한 송이　　　　a ＿＿＿＿＿ of grapes

04 끔찍한 비명　　　　 a terrible ＿＿＿＿＿

05 주인과 손님　　　　＿＿＿＿＿ and guest

06 인종 차별의 희생자　a victim of ＿＿＿＿＿

Answer

C 01 disposable 02 impulse 03 requirement 04 hinder 05 peer 06 reservation 07 bump
08 stimulate 09 prohibit 10 expansion 11 isolation 12 moral 13 necessity 14 witness
15 experiment 16 economics

D 01 messy 02 cuisine 03 bunch 04 scream 05 host 06 racism

Voca 16 출제율 80% 이상 영단어 6

□□ **marine** [məríːn] [형] 바다의, 해양의

□□ **state** [steit] [명] 상태; 국가 [동] 언급하다, 진술하다

□□ **offensive** [əfénsiv] [형] 모욕적인, 불쾌한

□□ **purify** [pjúərəfài] [동] 정화하다, 정제하다
⊕ **pure** [pjuər] [형] 순수한, 깨끗한

□□ **elegant** [éləgənt] [형] 우아한

□□ **talented** [tǽləntid] [형] 재능이 있는, 유능한
⊕ **talent** [tǽlənt] [명] 재능
⊕ 유의어 **gifted** [gíftid] [형] 재능이 있는, 재능을 타고난

□□ **ethnic** [éθnik] [형] 민족의, 종족의

□□ **posture** [pástʃər] [명] 자세, 포즈, 상황

□□ **overestimate** [òuvəréstimeit] [동] 과대평가하다
[òuvəréstimət] [명] 과대평가
⊕ 반의어 **underestimate** [ʌ̀ndəréstəmeit] [동] 과소평가하다
[ʌ̀nderéstəmət] [명] 과소평가

□□ **intersection** [ìntərsékʃən] [명] 교차로, 교차 지점

□□ **opposition** [àpəzíʃən] [명] 반대, 대립
⊕ **oppose** [əpóuz] [동] 반대하다

□□ **suppose** [səpóuz] [동] 생각하다, 추정하다

□□ **overhear** [òuvərhíər] [동] 우연히 듣다, 엿듣다
⊕ 유의어 **eavesdrop** [íːvzdràp] [동] 엿듣다

□□ **session** [séʃən] [명] (특정한 활동을 위한) 시간, 기간

☐☐ **overtime** [óuvərtàim]	몡 초과 근무, 잔업

☐☐ **overtime** [óuvərtàim]   몡 초과 근무, 잔업

☐☐ **overweight** [óuvərwèit]   혱 과체중의, 비만의

☐☐ **owe** [ou]   동 빚지다, 신세지다

☐☐ **outline** [áutlàin]   몡 윤곽, 개요   동 개요를 서술하다

☐☐ **particle** [páːrtikl]   몡 (아주 작은) 입자, 조각

☐☐ **priest** [priːst]   몡 (가톨릭의) 사제, 신부

☐☐ **desertification** [dizə̀ːrtəfikéiʃən] 몡 사막화
    ⊕ desert [dézərt] 몡 사막

☐☐ **profession** [prəféʃən]   몡 직업, 직종
    ⊕ professional [prəféʃənl] 혱 직업의

☐☐ **dismiss** [dismís]   동 묵살하다, 해고하다
    ⊕ dismissal [dismísəl] 몡 해산, 해고

☐☐ **peaceful** [píːsfəl]   혱 평화적인, 비폭력적인
    ⊕ peace [piːs] 몡 평화

☐☐ **worldwide** [wə́ːrldwáid]   혱 전 세계적인

☐☐ **pest** [pest]   몡 해충, 유해 동물

☐☐ **college** [kálidʒ]   몡 칼리지, 단과 대학

☐☐ **sore** [sɔːr]   혱 아픈   몡 상처

☐☐ **sticky** [stíki]   혱 끈적거리는, 끈적끈적한

☐☐ **corporation** [kɔ̀ːrpəréiʃən]   몡 기업, 회사

☐☐ **literally** [lítərəli]   뷔 문자 그대로, 과장 없이

☐☐ **ridiculous** [ridíkjuləs]   혱 웃기는, 터무니없는

☐☐ **leak** [liːk]   동 새다, 새게 하다   몡 누출, 누설

☐☐ **refreshing** [rifréʃiŋ]   혱 신선한
    ⊕ refresh [rifréʃ] 동 상쾌하게 하다

☐☐ **submarine** [sʌ́bmərìːn]	몡 잠수함
☐☐ **trail** [treil]	몡 (길게 나 있는) 자국, 흔적; 오솔길
	통 추적하다
☐☐ **plunge** [plʌndʒ]	통 감소하다, 급락하다; 뛰어들다
☐☐ **ray** [rei]	몡 광선, 빛
☐☐ **presence** [prézəns]	몡 존재, 참석
⊕**present** [préznt] 혱 참석한, 출석한	
☐☐ **refine** [rifáin]	통 정제하다, 다듬다
☐☐ **resistance** [rizístəns]	몡 저항, 반대
⊕**resist** [rizíst] 통 저항하다, 반대하다	
☐☐ **unexpectedly** [ʌ̀nikspéktədli]	閈 뜻밖에, 갑자기
☐☐ **parallel** [pǽrəlèl]	혱 평행한 몡 평행선
☐☐ **revise** [riváiz]	통 변경하다, 수정하다
⊕**revision** [rivíʒən] 몡 개정, 수정	
☐☐ **startle** [stáːrtl]	통 깜짝 놀라게 하다
⊕**startling** [stáːrtliŋ] 혱 깜짝 놀라게 하는, 놀랄 만한	
☐☐ **combat** [kámbæt]	몡 전투, 싸움
☐☐ **plenty** [plénti]	혱 많은, 풍부한 몡 많음, 풍부
☐☐ **commerce** [káməːrs]	몡 무역; 상업
☐☐ **self-confidence** [sélfkánfədəns]	몡 자신(自信)
☐☐ **carve** [kɑːrv]	통 조각하다, 깎아서 만들다
☐☐ **sensation** [senséiʃən]	몡 감동, 느낌
⊕**sensational** [senséiʃənl] 혱 선정적인	
☐☐ **insecticide** [inséktəsàid]	몡 살충제
☐☐ **tone** [toun]	몡 어조, 말투

☐☐ **physician** [fizíʃən]　　　명 의사; 내과 의사
　　⊕ **surgeon** [sə́:rdʒən]　명 외과 의사

☐☐ **repeatedly** [ripí:tidli]　　　부 되풀이하여, 여러 차례

☐☐ **sequence** [sí:kwəns]　　　명 연속, 순서, 배열

☐☐ **correction** [kərékʃən]　　　명 정정, 수정
　　⊕ **correct** [kərékt]　동 수정하다

☐☐ **slope** [sloup]　　　명 경사지, 비탈　동 경사지게 하다

☐☐ **physics** [fíziks]　　　명 물리학

☐☐ **toss** [tɔːs]　　　동 (가볍게) 던지다, 흔들리다

☐☐ **smash** [smæʃ]　　　동 박살내다, 박살나다

☐☐ **actor** [ǽktər]　　　명 (남자) 배우
　　⊕ **actress** [ǽktris]　명 여배우

☐☐ **remote** [rimóut]　　　형 외진, 외딴

☐☐ **smooth** [smuːð]　　　형 매끄러운; (수면이) 잔잔한
　　　　　　　　　　　　　동 매끄럽게 하다

☐☐ **recharge** [riːtʃɑ́:rdʒ]　　　동 충전하다, 충전되다

☐☐ **inevitably** [inévitəbli]　　　부 필연적으로, 불가피하게

☐☐ **soar** [sɔːr]　　　동 (가치·물가 등이) 급등하다, 치솟다

☐☐ **phase** [feiz]　　　명 단계, 시기, 국면

☐☐ **pessimistic** [pèsəmístik]　　　형 비관적인, 비관주의적인
　　⊕ **pessimism** [pésəmìzm]　명 비관론

☐☐ **foreigner** [fɔ́:rənər]　　　명 외국인
　　⊕ **foreign** [fɔ́:rən]　형 외국의

☐☐ **stream** [striːm]　　　명 개울, 시내

☐☐ **apartment** [əpá:rtmənt]　　　명 아파트

☐☐ **plastic** [plǽstik]   몡 플라스틱

☐☐ **strike** [straik]   동 (세게) 치다, 부딪치다

☐☐ **sunlight** [sʌ́nlàit]   몡 햇빛, 햇살, 일광

☐☐ **unlucky** [ʌnlʌ́ki]   혱 불행한; 운이 나쁜

☐☐ **suspend** [səspénd]   동 중단하다, 매달다
    ⊕**suspension** [səspénʃən] 몡 정지, 보류

☐☐ **predator** [prédətər]   몡 포식자, 포식 동물

☐☐ **symbolic** [simbɑ́lik]   혱 상징적인, 상징하는
    ⊕**symbol** [símbəl] 몡 상징
    ⊕**symbolize** [símbəlàiz] 동 상징하다

☐☐ **throne** [θroun]   몡 왕좌, 옥좌

☐☐ **pray** [prei]   동 기도하다, 빌다
    ⊕**prayer** [prɛər] 몡 기도, 청원문

☐☐ **toxic** [tɑ́ksik]   혱 유독성의
    ⊕**toxin** [tɑ́ksin] 몡 독소, 독성 물질

☐☐ **trace** [treis]   동 추적하다, (추적하여) 찾아내다
                       몡 자취, 흔적

☐☐ **powder** [páudər]   몡 가루, 분말 동 가루를 내다

☐☐ **transform** [trænsfɔ́ːrm]   동 변형시키다
    ⊕**transformation** [trænsfɔːrméiʃən] 몡 변형, 변화

☐☐ **undergo** [ʌ̀ndərgóu]   동 경험하다, 겪다

☐☐ **vivid** [vívid]   혱 생생한, 발달한

☐☐ **sensory** [sénsəri]   혱 감각의, 지각의
    ⊕**sensor** [sénsər] 몡 감지 장치

☐☐ **erase** [iréis]   동 지우다, 없애다

☐☐ **dirt** [dəːrt] 　　　　　　　명 먼지, 때
　　⊕ **dirty** [dɔ́ːrti] 형 더러운

☐☐ **vow** [vau] 　　　　　　　명 맹세, 서약 　동 맹세하다

☐☐ **wallet** [wɑ́lit] 　　　　　　명 지갑

☐☐ **wind** [waind] 　　　　　　동 (도로 · 강 등이) 구불구불하다
　　⊕ **winding** [wáindiŋ] 형 굽이친

☐☐ **respectively** [rispéktivli] 　부 각자, 각각
　　⊕ **respective** [rispéktiv] 형 각자의, 각각의

☐☐ **pro** [prou] 　　　　　　　명 프로 (선수)
　　⊕ **amateur** [ǽmətʃùər] 명 아마추어

☐☐ **shine** [ʃain] 　　　　　　동 빛나다, 반짝이다

☐☐ **swallow** [swɑ́lou] 　　　　동 (음식 등을) 삼키다 　명 제비

☐☐ **formal** [fɔ́ːrməl] 　　　　　형 격식을 차린, 정중한
　　⊕ 반의어 **informal** [infɔ́ːrməl] 형 격식에 얽매이지 않는

☐☐ **trillion** [tríljən] 　　　　　명 1조

☐☐ **oriental** [ɔ̀ːriéntl] 　　　　형 동양의, 동양인의
　　⊕ **orient** [ɔ́ːriənt] 명 동양

A 다음 영어 단어에 해당하는 우리말 뜻을 쓰시오.

01 correction ....

02 owe ....

03 revise ....

04 ethnic ....

05 slope ....

06 commerce ....

07 self-confidence ....

08 outline ....

09 sensory ....

10 session ....

11 trace ....

12 particle ....

13 transform ....

14 undergo ....

15 state ....

16 pessimistic ....

B 다음에 해당하는 영어 단어를 쓰시오.

01 overestimate의 반대어 ....

02 dismiss의 명사형 ....

03 peace의 형용사형 ....

04 resist의 명사형 ....

05 symbol의 형용사형 ....

06 formal의 반의어 ....

Answer

A 01 정정, 수정 02 빚지다 03 변경하다, 수정하다 04 민족의 05 경사지 06 무역; 상업 07 자신(自信) 08 윤곽, 개요 09 감각의 10 시간, 기간 11 추적하다; 자취, 흔적 12 (아주 작은) 입자 13 변형시키다 14 경험하다 15 상태; 국가; 언급하다 16 비관적인

B 01 underestimate 02 dismissal 03 peaceful 04 resistance 05 symbolic 06 informal

C 다음 우리말 뜻에 해당하는 영어 단어를 쓰시오.

01 격식을 차린   09 평행한, 평행선

02 포식자   10 해충

03 상징적인   11 (길게 난) 자국

04 중단하다, 매달다   12 전 세계적인

05 1조   13 새다; 누출, 누설

06 동양의, 동양인의   14 감소하다, 급락하다

07 살충제   15 충전하다

08 내과 의사   16 급등하다, 치솟다

D 다음 우리말 뜻에 해당하는 영어 단어를 쓰시오.

01 우아한 가구   **furniture**

02 가장 오래된 직업   **the oldest**

03 끈적거리는 액체   **fluid**

04 석유를 정제하다   **oil**

05 외딴 가옥   **a**   **house**

06 프로와 아마추어   **pro and**

Answer

C 01 formal   02 predator   03 symbolic   04 suspend   05 trillion   06 oriental   07 insecticide
08 physician   09 parallel   10 pest   11 trail   12 worldwide   13 leak   14 plunge   15 recharge   16 soar
D 01 elegant   02 profession   03 sticky   04 refine   05 remote   06 amateur

Voca 17 출제율 80% 이상 영단어 ❼

☐☐ **tragic** [trǽdʒik]   휑 비극적인
    ✛ **tragedy** [trǽdʒədi] 몡 비극

☐☐ **absurd** [əbsə́ːrd]   휑 우스꽝스러운, 터무니없는

☐☐ **architectural** [ɑ̀ːrkətéktʃərəl]   휑 건축학의
    ✛ **architecture** [ɑ́ːrkitèktʃər] 몡 건축, 건축물

☐☐ **forward** [fɔ́ːrwərd]   위 (위치가) 앞으로
    ✛ 반의어 **backward** [bǽkwərd] 위 뒤로

☐☐ **alter** [ɔ́ːltər]   통 변하다, 바꾸다, 고치다

☐☐ **crack** [kræk]   통 갈라지다, 금이 가다 몡 균열, 결점

☐☐ **adequate** [ǽdikwət]   휑 충분한, 적절한
    ✛ 반의어 **inadequate** [inǽdikwət] 휑 불충분한, 부적당한

☐☐ **counselor** [káunsələr]   몡 상담역, 고문, 의논 상대자

☐☐ **evil** [íːvəl]   휑 사악한, 악랄한

☐☐ **vacuum** [vǽkjuəm]   몡 진공 휑 진공의 통 진공청소기로 청소하다

☐☐ **density** [dénsəti]   몡 밀도, 농도
    ✛ **dense** [dens] 휑 밀집한, 빽빽한

☐☐ **biological** [bàiəládʒikəl]   휑 생물학의
    ✛ **biology** [baiálədʒi] 몡 생물학

☐☐ **spacecraft** [spéiskræ̀ft]   몡 우주선

☐☐ **acute** [əkjúːt]   휑 격심한, 극심한; (병이) 급성의

☐☐ **twist** [twist]   통 휘다, 구부리다

☐☐ **appetite** [ǽpitàit]   몡 식욕

☐☐	**arouse** [əráuz]	동 (잠을) 깨우다, (주의를) 환기하다

☐☐ **crawl** [krɔːl]   동 기다, 천천히 가다

☐☐ **elaborate** [ilǽbərət]   형 정교한; 정성을 들인
               [ilǽbərèit]   동 정성들여 만들다, 다듬다

☐☐ **solitude** [sálitjùːd]   명 고독, 외로움

☐☐ **comprise** [kəmpráiz]   동 포함하다, 구성되다

☐☐ **dishonesty** [disάnisti]   명 부정직, 부정 행위, 사기
     ⊕ 반의어 **honesty** [άnisti]   명 정직

☐☐ **assembly** [əsémbli]   명 의회, 입법 기관

☐☐ **bid** [bid]   동 (특히 경매에서) 값을 부르다; 명령하다

☐☐ **founder** [fáundər]   명 창립자, 설립자

☐☐ **intentional** [inténʃənəl]   형 의도적인, 고의로 한
     ⊕ **intention** [inténʃən]   명 의도

☐☐ **eyesight** [áisàit]   명 시력, 시야

☐☐ **mentor** [méntər]   명 멘토, 스승, 선배

☐☐ **frightening** [fráitniŋ]   형 무서운, 끔찍한

☐☐ **lively** [láivli]   형 활기찬, 생생한

☐☐ **curse** [kəːrs]   명 저주, 욕설 동 저주하다, 욕하다

☐☐ **essentially** [isénʃəli]   부 근본적으로, 본래
     ⊕ **essential** [isénʃəl]   형 필요한, 필수적인

☐☐ **cunning** [kʌ́niŋ]   형 교활한, 간사한 명 교활함, 간사함

☐☐ **symbolize** [símbəlàiz]   동 상징하다

☐☐ **blush** [blʌʃ]   동 얼굴을 붉히다, 얼굴이 빨개지다

☐☐ **misery** [mízəri]   명 고통, 비참, 불행

□□ **refrain** [rifréin] [동] 삼가다, 그만두다

□□ **mixture** [míkstʃər] [명] 혼합물, 혼합체
⊕ **mix** [miks] [동] 섞다

□□ **burst** [bəːrst] [동] 터지다, 파열하다, 터뜨리다 [명] 파열, 폭발

□□ **semiconductor** [sèmikəndʌ́ktər] [명] 반도체

□□ **ceiling** [síːliŋ] [명] 천장

□□ **fearless** [fíərlis] [형] 두려움을 모르는, 용감한

□□ **bush** [buʃ] [명] 관목, 덤불

□□ **feminine** [fémənin] [형] 여성스러운, 여자 같은; 여성의
⊕ 반의어 **masculine** [mǽskjulin] [형] 남성의, 남자다운

□□ **journalist** [dʒə́ːrnəlist] [명] 저널리스트, (신문 · 잡지의) 기자
⊕ 유의어 **reporter** [ripɔ́ːrtər] [명] (방송) 보도 기자

□□ **settlement** [sétlmənt] [명] 해결, 합의
⊕ **settle** [sétl] [동] 해결하다

□□ **league** [liːg] [명] (스포츠 경기의) 리그

□□ **label** [léibəl] [명] 라벨, 상표 [동] ~에 라벨을 붙이다

□□ **remedy** [rémədi] [명] 치료, 처치, 해결책 [동] 치료하다

□□ **forgetful** [fərgétfəl] [형] 잘 잊는, 건망증이 있는
⊕ 혼동 어휘 **forgetful** [fərgétfəl] [형] (사람이) 잘 잊는, 건망증이 있는
forgettable [fərgétəbl] [형] (사물이) 잊혀지기 쉬운

□□ **rub** [rʌb] [동] 문지르다, 비비다

□□ **inventor** [invéntər] [명] 발명가, 창안자

□□ **evenly** [íːvənli] [부] 고르게, 공평하게

□□ **firework** [fáiərwəːrk] [명] 폭죽

□□ **formally** [fɔ́ːrməli]　　㉺ 정식으로, 공식적으로
　　⊕ formal [fɔ́ːrməl] 　㉱ 형식적인

□□ **exclaim** [ikskléim]　　㉦ 소리치다, 외치다
　　⊕ exclamation [èkskləméiʃən] 　㉫ 외침, 절규

□□ **secondary** [sékəndèri]　　㉱ 이차적인, 부차적인

□□ **kingdom** [kíŋdəm]　　㉫ 왕국

□□ **addict** [ədíkt]　　㉫ (약물 등의) 중독자
　　⊕ addiction [ədíkʃən] 　㉫ 중독, 탐닉

□□ **championship** [tʃǽmpiənʃip]　　㉫ 선수권 대회, 챔피언전

□□ **discard** [diskáːrd]　　㉦ 버리다, 폐기하다
　　　　[dískɑːrd]　　㉫ 포기, 폐기

□□ **commission** [kəmíʃən]　　㉫ 위원회; 수수료

□□ **pollen** [pálən]　　㉫ 꽃가루, 화분

□□ **colonial** [kəlóuniəl]　　㉱ 식민(지)의
　　⊕ colony [káləni] 　㉫ 식민지

□□ **shave** [ʃeiv]　　㉦ 면도하다

□□ **mighty** [máiti]　　㉱ 강력한, 힘센

□□ **embrace** [imbréis]　　㉦ 껴안다, 포옹하다

□□ **confess** [kənfés]　　㉦ 고백하다, 자백하다
　　⊕ confession [kənféʃən] 　㉫ 고백, 자백

□□ **sneeze** [sniːz]　　㉦ 재채기하다 ㉫ 재채기

□□ **continental** [kàntənéntl]　　㉱ 대륙의
　　⊕ continent [kántənənt] 　㉫ 대륙

□□ **disastrous** [dizǽstrəs]　　㉱ 처참한, 형편없는
　　⊕ disaster [dizǽstər] 　㉫ 재난, 참사

☐☐ **slavery** [sléivəri]	몡 노예 신분	
☐☐ **incapable** [inkéipəbl]	혱 ~을 할 수 없는, ~하지 못하는	
☐☐ **criterion** [kraitíəriən]	몡 (판단이나 결정을 위한) 기준 (*pl.* criteria)	
☐☐ **dawn** [dɔːn]	몡 새벽, 여명, 동이 틀 무렵	
⊕ **dusk** [dʌsk] 몡 황혼, 해질녘		
☐☐ **accompaniment** [əkʌ́mpənimənt]	몡 (노래 등의) 반주	
☐☐ **ignorance** [ígnərəns]	몡 무지, 무식	
☐☐ **collide** [kəláid]	통 충돌하다, 부딪치다	
⊕ **collision** [kəlíʒən] 몡 충돌, 격돌		
☐☐ **momentary** [móuməntèri]	혱 순간적인, 잠깐의	
☐☐ **dazzling** [dǽzliŋ]	혱 눈부신, 휘황찬란한	
☐☐ **slice** [slais]	몡 얇은 조각 통 자르다, 썰다	
☐☐ **filter** [fíltər]	몡 필터, 여과 장치 통 거르다, 여과하다	
☐☐ **deed** [diːd]	몡 행위, 업적	
☐☐ **devastating** [dévəstèitiŋ]	혱 파괴적인, 충격적인	
☐☐ **diameter** [daiǽmitər]	몡 지름	
⊕ **radius** [réidiəs] 몡 반지름		
☐☐ **stride** [straid]	통 성큼성큼 걷다	
☐☐ **magnitude** [mǽgnətjùːd]	몡 규모, 중요도	
☐☐ **dishonest** [disánist]	혱 정직하지 못한	
☐☐ **episode** [épəsòud]	몡 사건, 에피소드, 삽화	
☐☐ **detailed** [diːtéild]	혱 상세한	
⊕ **detail** [díːteil] 몡 세부사항		

☐☐ **exclusively** [iksklú:sivli]　　　🕀 배타적으로; 독점적으로

☐☐ **dominate** [dámənèit]　　　🕀 지배하다, 우세하다
　　⊕ **dominant** [dámənənt]　🕀 지배적인, 우세한

☐☐ **seaweed** [sí:wì:d]　　　🕀 해조, 해초

☐☐ **expressive** [iksprésiv]　　　🕀 나타내는, 표현하는
　　⊕ **expression** [ikspréʃən]　🕀 표현

☐☐ **fancy** [fǽnsi]　　　🕀 화려한, 고급의

☐☐ **fashionable** [fǽʃənəbl]　　　🕀 유행하는, 유행을 따른

☐☐ **striking** [stráikiŋ]　　　🕀 눈에 띄는, 두드러진, 현저한

☐☐ **affection** [əfékʃən]　　　🕀 애착, 보살핌

☐☐ **glide** [glaid]　　　🕀 미끄러지다, 활공하다
　　　　　　　　　🕀 미끄러지는 동작, 활공

☐☐ **heartbreaking** [há:rtbrèikiŋ]　🕀 애끓는 마음을 자아내는, 가슴이 터질 듯한

A 다음 영어 단어에 해당하는 우리말 뜻을 쓰시오.

01 adequate	09 criterion
02 dominate	10 alter
03 biological	11 ignorance
04 devastating	12 affection
05 exclaim	13 crawl
06 glide	14 mighty
07 refrain	15 embrace
08 magnitude	16 density

B 다음에 해당하는 영어 단어를 쓰시오.

01 **tragic**의 명사형

02 **settle**의 명사형

03 **confess**의 명사형

04 **continent**의 형용사형

05 **disaster**의 형용사형

06 **expressive**의 명사형

A 01 충분한, 적절한 02 지배하다 03 생물학의 04 파괴적인 05 소리치다 06 미끄러지다; 활공 07 삼가다 08 규모 09 기준 10 변하다, 바꾸다 11 무지, 무식 12 애착, 보살핌 13 기다 14 강력한, 힘센 15 껴안다 16 밀도, 농도

B 01 tragedy 02 settlement 03 confession 04 continental 05 disastrous 06 expression

C 다음 우리말 뜻에 해당하는 영어 단어를 쓰시오.

01 의도적인 ....

02 진공; 진공의 ....

03 상징하다 ....

04 교활한 ....

05 혼합물 ....

06 꽃가루, 화분 ....

07 반도체 ....

08 비극적인 ....

09 치료, 해결책 ....

10 관목, 덤불 ....

11 격심한, 극심한 ....

12 문지르다 ....

13 발명가 ....

14 고르게 ....

15 이차적인 ....

16 (약물 등의) 중독자 ....

D 다음 우리말 뜻에 해당하는 영어 단어를 쓰시오.

01 무인 우주선   an unmanned ....

02 식욕 감퇴   loss of ....

03 국회   the National ....

04 낮은 천장   a low ....

05 상임 위원회   a permanent ....

06 치즈 한 조각   a .... of cheese

 Answer

C 01 intentional 02 vacuum 03 symbolize 04 cunning 05 mixture 06 pollen 07 semiconductor
08 tragic 09 remedy 10 bush 11 acute 12 rub 13 inventor 14 evenly 15 secondary 16 addict
D 01 spacecraft 02 appetite 03 Assembly 04 ceiling 05 commission 06 slice

☐☐ **vein** [vein]   명 정맥, 혈관

☐☐ **hurricane** [hə́ːrəkèin]   명 허리케인

☐☐ **simplify** [símpləfài]   통 단순화하다, 간단하게 하다
    ⊕**simple** [símpl]   형 단순한

☐☐ **hydrogen** [háidrədʒən]   명 수소

☐☐ **vowel** [váuəl]   명 모음(母音)
    ⊕**consonant** [kánsənənt]   명 자음

☐☐ **inadequate** [inǽdikwət]   형 불충분한, 부적당한

☐☐ **confine** [kənfáin]   통 한정하다, 가두다

☐☐ **upward** [ʌ́pwərd]   형 위쪽을 향한

☐☐ **bitterly** [bítərli]   부 비통하게, 쓰라리게; 격렬히

☐☐ **jar** [dʒɑːr]   명 병, 단지

☐☐ **chamber** [tʃéimbər]   명 회의실, ~실

☐☐ **knee** [niː]   명 무릎

☐☐ **liver** [lívər]   명 간

☐☐ **loyalty** [lɔ́iəlti]   명 충실, 충성
    ⊕**loyal** [lɔ́iəl]   형 충성스러운

☐☐ **contaminate** [kəntǽmənèit]   통 오염시키다
    ⊕**contamination** [kəntæmənéiʃən]   명 오염, 오탁; 더러움

☐☐ **humble** [hʌ́mbl]   형 겸손한, 겸허한

☐☐ **lump** [lʌmp]   명 덩어리, 응어리

☐☐ **magnetic** [mægnétik]   형 자석 같은, 자성의
    ⊕ **magnet** [mǽgnit]   명 자석

☐☐ **choir** [kwáiər]   명 합창단, 성가대

☐☐ **merely** [míərli]   부 그저, 단지
    ⊕ **mere** [miər]   형 단순한, 단지

☐☐ **mine** [main]   명 광산

☐☐ **shade** [ʃeid]   명 그늘

☐☐ **noble** [nóubl]   형 고결한, 고귀한
    ⊕ 반의어 **ignoble** [ignóubl]   형 천한

☐☐ **overtake** [òuvərtéik]   동 추월하다, 따라잡다

☐☐ **passerby** [pǽsərbái]   명 통행인, 지나가는 사람

☐☐ **perfume** [pɔ́:rfju:m]   명 향수, 향기

☐☐ **beetle** [bí:tl]   명 딱정벌레

☐☐ **pitcher** [pítʃər]   명 물주전자; 〈야구〉 투수

☐☐ **immortal** [imɔ́:rtl]   형 죽지 않는
    ⊕ 반의어 **mortal** [mɔ́:rtl]   형 죽을 운명의

☐☐ **windy** [wíndi]   형 바람이 많이 부는

☐☐ **sob** [sɑb]   동 흐느끼다, 흐느껴 울다

☐☐ **portray** [pɔ:rtréi]   동 그리다, 묘사하다

☐☐ **comedian** [kəmí:diən]   명 코미디언, 희극인
    ⊕ **comedy** [kámədi]   명 코미디, 희극

☐☐ **precision** [prisíʒən]   명 정확, 정밀
    ⊕ **precise** [prisáis]   형 정확한

☐☐ **shiver** [ʃívər]   동 (몸을) 떨다, 전율하다   명 떨림, 오한

☐☐ **wrist** [rist]   명 손목, 팔목

☐☐ **predominantly** [pridámənəntli] 🜚 대개, 대부분
　　⊕predominant [pridámənənt] 🜚 우세한, 주요한

☐☐ **raw** [rɔː] 🜚 익히지 않은, 날것의

☐☐ **principally** [prínsəpəli] 🜚 주로; 대개
　　⊕principal [prínsəpəl] 🜚 주요한, 주된

☐☐ **railing** [réiliŋ] 🜚 가드 레일, 난간

☐☐ **bravely** [bréivli] 🜚 용감하게; 훌륭하게

☐☐ **restless** [réstlis] 🜚 침착하지 못한, 불안한
　　⊕rest [rest] 🜚 휴식, 안심

☐☐ **sigh** [sai] 🜚 한숨을 쉬다, 한숨짓다 🜚 한숨

☐☐ **bowl** [boul] 🜚 (우묵한) 그릇, 통

☐☐ **bud** [bʌd] 🜚 싹 🜚 싹트다, 봉오리지다

☐☐ **allocate** [ǽləkèit] 🜚 할당하다, 배분하다

☐☐ **retail** [ríːteil] 🜚 소매 🜚 소매하다
　　⊕ 반의어 wholesale [hóulseil] 🜚 도매 🜚 도매하다

☐☐ **ridge** [ridʒ] 🜚 산등성이, 산마루

☐☐ **greasy** [gríːsi] 🜚 기름투성이의, 기름이 많이 묻은
　　⊕grease [griːs] 🜚 지방, 윤활유

☐☐ **waterproof** [wɔ́tərprùːf] 🜚 방수(防水)의 🜚 방수
　　⊕soundproof [sáundprùːf] 🜚 방음(防音)의

☐☐ **sneaker** [sníːkər] 🜚 살금살금 행동하는 사람, 비열한 사람

☐☐ **aisle** [ail] 🜚 통로

☐☐ **feather** [féðər] 🜚 (새의) 털, 깃털

☐☐ **client** [kláiənt] 🜚 고객

☐☐ **somewhat** [sʌ́mhwàt] 🜚 어느 정도, 약간, 다소

□□ **interpret** [intə́ːrprit] [동] 해석하다
⊕ interpretation [intə̀ːrprətéiʃən] [명] 해석, 이해; 설명

□□ **angrily** [ǽŋgrəli] [부] 노하여, 성나서

□□ **accountable** [əkáuntəbl] [형] 설명할 수 있는
⊕ account [əkáunt] [동] 설명하다

□□ **sway** [swei] [동] (전후 · 좌우로 천천히) 흔들리다, 흔들다

□□ **violinist** [vàiəlínist] [명] 바이올린 연주자

□□ **unrealistic** [ʌ̀nriːəlístik] [형] 비현실적인
⊕ 반의어 realistic [rìːəlístik] [형] 현실적인

□□ **conventional** [kənvénʃənəl] [형] 전통적인
⊕ convention [kənvénʃən] [명] 전통, 인습

□□ **geologic** [dʒìːəládʒik] [형] 지질학의, 지질의

□□ **diffuse** [difjúːz] [동] 퍼뜨리다, 보급하다
[difjúːs] [형] 널리 퍼진, 분산된

□□ **adrift** [ədríft] [형] 표류하는
⊕ drift [drift] [명] 표류 [동] 표류하다

□□ **plentiful** [pléntifəl] [형] 풍부한, 넉넉한, 충분한

□□ **sunscreen** [sʌ́nskrìːn] [명] 자외선 차단제

□□ **mythology** [miθálədʒi] [명] (집합적) 신화

□□ **steadily** [stédili] [부] 착실하게, 견실하게
⊕ steady [stédi] [형] 확고한, 안정된

□□ **biography** [baiágrəfi] [명] 전기, 일대기
⊕ 혼동 어휘 biography [baiágrəfi] [명] 전기, 일대기
biology [baiálədʒi] [명] 생물학

□□ **warrior** [wɔ́(ː)riər] [명] (특히 과거의) 전사(戰士)

□□ **pharmacy** [fáːrməsi] [명] 약국

☐☐ **altitude** [ǽltitjùːd]	몡 높이, 고도

☐☐ **altitude** [ǽltitjùːd]   몡 높이, 고도

☐☐ **replenish** [ripléniʃ]   동 다시 채우다, 보충하다

☐☐ **crude** [kruːd]   혱 천연 그대로의, 대충의

☐☐ **damp** [dæmp]   혱 축축한, 눅눅한   몡 습기, 물기
           동 축축하게 하다

☐☐ **disrupt** [disrʌ́pt]   동 혼란시키다, 방해하다
    ⊕**disruption** [disrʌ́pʃən] 몡 혼란, 분열

☐☐ **expense** [ikspéns]   몡 비용
    ⊕**expensive** [ikspénsiv] 혱 비싼

☐☐ **experience** [ikspíəriəns]   몡 경험, 경력

☐☐ **add** [æd]   동 첨가하다, 덧붙이다
    ⊕**addition** [ədíʃən] 몡 추가; 덧셈

☐☐ **craftsmanship** [krǽftsmənʃip] 몡 손재주

☐☐ **conceal** [kənsíːl]   동 감추다, 보이지 않게 하다

☐☐ **stun** [stʌn]   동 놀라게 하다; (때려) 기절시키다

☐☐ **amateur** [ǽmətʃùər]   몡 아마추어 선수

☐☐ **sustain** [səstéin]   동 떠받치다, 유지하다, 견디다

☐☐ **chimney** [tʃímni]   몡 굴뚝

☐☐ **underestimate** [ʌ̀ndəréstimeit] 동 과소평가하다
                 [ʌ̀ndəréstimət] 몡 과소평가
    ⊕반의어 **overestimate** [òuvəréstəmeit] 동 과대평가하다
                           [òuvəréstimət] 몡 과대평가

☐☐ **systematic** [sìstəmǽtik]   혱 체계적인, 조직적인
    ⊕**system** [sístəm] 몡 체계

☐☐ **affirm** [əfə́ːrm]   동 확언하다, 단언하다
    ⊕**affirmation** [æfərméiʃən] 몡 확언, 단언

☐☐ **synthetic** [sinθétik]	휑 (인위적으로) 합성한, 인조의
☐☐ **temperate** [témpərit]	휑 (기후 · 지역이) 온화한
☐☐ **ashamed** [əʃéimd]	휑 부끄러운, 창피한, 수치스러운
☐☐ **biologist** [baiálədʒist]	똉 생물학자
⊕ **biology** [baiálədʒi] 똉 생물학	
☐☐ **lick** [lik]	똥 핥다
☐☐ **coastline** [kóustlàin]	똉 해안선, 해안 지대
☐☐ **mobile phone**	똉 휴대 전화 (=cell phone)
☐☐ **downward** [dáunwərd]	휜 아래쪽으로
☐☐ **embarrassment** [imbǽrəsmənt]	똉 당황, 곤란, 난처함
☐☐ **frown** [fraun]	똥 눈살을 찌푸리다, 얼굴을 찡그리다
☐☐ **vigor** [vígər]	똉 정력, 힘, 활력
⊕ **vigorous** [vígərəs] 휑 활기찬	

Voca 18 초스피드 TEST

A 다음 영어 단어에 해당하는 우리말 뜻을 쓰시오.

01 vein		09 principally	
02 shiver		10 greasy	
03 confine		11 expense	
04 stun		12 allocate	
05 sustain		13 predominantly	
06 accountable		14 experience	
07 warrior		15 client	
08 raw		16 add	

B 다음에 해당하는 영어 단어를 쓰시오.

01 noble의 반의어

02 mortal의 반의어

03 retail의 반의어

04 interpret의 명사형

05 disrupt의 명사형

06 vigor의 형용사형

Answer

A 01 정맥, 혈관 02 (몸을) 떨다 03 한정하다, 가두다 04 놀라게 하다 05 유지하다, 견디다 06 설명할 수 있는 07 전사 08 날것의 09 주로 10 기름투성이의 11 비용 12 할당하다 13 대개, 대부분 14 경험, 경력 15 고객 16 첨가하다

B 01 ignoble 02 immortal 03 wholesale 04 interpretation 05 disruption 06 vigorous

ⓒ 다음 우리말 뜻에 해당하는 영어 단어를 쓰시오.

01 오염시키다 ....
02 비현실적인 ....
03 힘, 활력 ....
04 합성한, 인조의 ....
05 온화한 ....
06 지질학의 ....
07 전통적인 ....
08 정확, 정밀 ....

09 부끄러운 ....
10 통로 ....
11 소매; 소매하다 ....
12 겸손한 ....
13 충실, 충성 ....
14 높이, 고도 ....
15 해석하다 ....
16 (새의) 털, 깃털 ....

ⓓ 다음 우리말 뜻에 해당하는 영어 단어를 쓰시오.

01 자음과 모음 .... and consonant
02 얼음 한 덩어리 a .... of ice
03 그의 팔목을 비틀다 twist his ....
04 생생한 일대기 a vivid ....
05 축축한 옷 .... clothes
06 체계적인 조사 a .... survey

☐☐ **expiration** [èkspəréiʃən] 명 만료, 만기, 종결
　　⊕ expire [ikspáiər] 동 만기가 되다

☐☐ **cargo** [káːrgou] 명 화물

☐☐ **magnify** [mǽgnəfài] 동 확대하다, 크게 하다

☐☐ **furthermore** [fə́ːrðərmɔ̀ːr] 부 뿐만 아니라, 더욱이

☐☐ **gallery** [gǽləri] 명 미술관, 화랑

☐☐ **advocate** [ǽdvəkèit] 동 옹호하다, 지지하다
　　　　　　[ǽdvəkət] 명 옹호자, 지지자

☐☐ **reap** [riːp] 동 거두다, 수확하다

☐☐ **knowledgeable** [nálidʒəbl] 형 식견 있는, 박식한
　　⊕ knowledge [nálidʒ] 명 지식, 인식

☐☐ **form** [fɔːrm] 명 종류, 유형 동 형성하다

☐☐ **mushroom** [mʌ́ʃru(ː)m] 명 버섯

☐☐ **statistics** [stətístiks] 명 통계, 통계 자료

☐☐ **stock** [stɑk] 명 주식, 증권; 저장

☐☐ **shrink** [ʃriŋk] 동 움츠러들다, 오그라들다

☐☐ **summit** [sʌ́mit] 명 정상, 최고점, 꼭대기
　　⊕ 유의어 peak [piːk] 명 절정, 정상, 산꼭대기

☐☐ **referee** [rèfəríː] 명 심판

☐☐ **unbearable** [ʌnbɛ́ərəbl] 형 참을 수 없는, 견딜 수 없는

☐☐ **trophy** [tróufi] 명 트로피; 전리품

☐☐ **swamp** [swɑmp]	명 늪, 습지	
☐☐ **lung** [lʌŋ]	명 폐, 허파	
☐☐ **contradict** [kὰntrədíkt]	동 부정하다, 반박하다	
⊕ **contradiction** [kὰntrədíkʃən] 명 모순, 반박		
☐☐ **clarity** [klǽrəti]	명 명료함; (액체 등의) 투명함	
☐☐ **productive** [prədʌ́ktiv]	형 생산적인	
⊕ **productivity** [pròudʌktívəti] 명 생산성		
⊕ **produce** [prədjúːs] 동 생산하다		
☐☐ **devastate** [dévəstèit]	동 완전히 파괴하다, 황폐화하다	
☐☐ **quantity** [kwἀntəti]	명 양, 수량, 분량	
⊕ **quality** [kwάləti] 명 질, 품질		
☐☐ **beloved** [bilʌ́vid]	형 총애 받는, 인기 많은	
☐☐ **blemish** [blémiʃ]	명 (피부 등의) 티, 흠	
☐☐ **shipbuilding** [ʃípbìldiŋ]	명 조선(造船), 건함(建艦), 조선술	
☐☐ **butler** [bʌ́tlər]	명 집사	
☐☐ **calligraphy** [kəlígrəfi]	명 서예, 서도	
☐☐ **mediation** [mìːdiéiʃən]	명 중재, 조정	
⊕ **mediate** [míːdièit] 동 중재하다, 조정하다		
⊕ 혼동 어휘 **mediation** [mìːdiéiʃən] 명 중재, 조정		
meditation [mèdətéiʃən] 명 명상, 묵상		
☐☐ **flashlight** [flǽʃlàit]	명 손전등	
☐☐ **compass** [kʌ́mpəs]	명 나침반	
☐☐ **crane** [krein]	명 기중기, 크레인; 두루미	
☐☐ **deforestation** [diːfɔ̀ːristéiʃən]	형 삼림 벌채, 삼림 파괴	
☐☐ **dissatisfied** [dissǽtisfàid]	형 불만스러워 하는	
⊕ 반의어 **satisfied** [sǽtisfàid] 형 만족한		

□□ **organism** [ɔ́:rgənìzəm] [명] 유기체, 생명체

□□ **drill** [dril] [명] 드릴, 송곳 [동] 구멍을 뚫다

□□ **evoke** [ivóuk] [동] 불러일으키다, 환기시키다

□□ **timid** [tímid] [형] 소심한, 용기가 없는

□□ **infrastructure** [ínfrəstrʌ̀ktʃər] [명] 기반 시설

□□ **misconception** [mìskənsépʃən] [명] 오해, 오인

⊕ **misconceive** [mìskənsí:v] [동] 오해하다, 잘못 생각하다

□□ **farewell** [fɛ̀ərwél] [명] 작별, 작별 인사

□□ **goddess** [gádis] [명] 여신

⊕ **god** [gad] [명] 신

□□ **gut** [gʌt] [명] 소화관, 내장

□□ **incorporate** [inkɔ́:rpərèit] [동] 합병하다, 통합하다

□□ **instill** [instíl] [동] 스며들게 하다, 서서히 주입시키다

□□ **impressionist** [impréʃənist] [명] 인상파 화가

□□ **bead** [bi:d] [명] 구슬

□□ **stylish** [stáiliʃ] [형] 유행을 따른; 멋진

□□ **paralyze** [pǽrəlàiz] [동] 마비시키다

⊕ **paralysis** [pərǽləsis] [명] 마비, 중풍

□□ **tyrant** [táiərənt] [명] 폭군, 독재자

□□ **outweigh** [àutwéi] [동] ~보다 무겁다; ~보다 더 중대하다

□□ **melody** [mélədi] [명] 멜로디, 선율

□□ **spiral** [spáiərəl] [형] 나선형의, 나선의

□□ **ambiguous** [æmbígjuəs] [형] 애매모호한

□□ **nagging** [nǽgiŋ] [형] (통증 · 의심 등이) 계속되는; 잔소리하는

☐☐ **nocturnal** [nɑktə́:rnəl]	형 야행성의, 밤의, 야간의
☐☐ **photocopy** [fóutoukɑ̀pi]	동 복사하다 명 복사
☐☐ **handy** [hǽndi]	형 다루기 쉬운
☐☐ **stabilize** [stéibəlàiz]	동 안정되다, 안정시키다
⊕ stable [stéibl] 형 안정적인		
⊕ 반의어 destabilize [di:stéibəlàiz] 동 불안정하게 하다		
☐☐ **illusion** [ilúːʒən]	명 착각, 환상
☐☐ **craft** [kræft]	명 (수)공예
☐☐ **advocacy** [ǽdvəkəsi]	명 옹호, 지지
⊕ advocate [ǽdvəkèit] 동 옹호하다, 지지하다		
☐☐ **rejection** [ridʒékʃən]	명 거절
⊕ reject [ridʒékt] 동 거절하다		
☐☐ **strip** [strip]	동 옷을 벗다, 벗기다
☐☐ **asteroid** [ǽstərɔ̀id]	명 소행성
☐☐ **nursing home**	명 요양원
☐☐ **empower** [impáuər]	동 권한을 주다
☐☐ **pillar** [pílər]	명 (동근) 기둥
☐☐ **receiver** [risíːvər]	명 수화기
⊕ receive [risíːv] 동 받다		
☐☐ **sibling** [síbliŋ]	명 형제자매, 동기
☐☐ **intervene** [ìntərvíːn]	동 간섭하다, 방해하다
⊕ intervention [ìntərvénʃən] 명 조정, 중재		
☐☐ **famine** [fǽmin]	명 기근, 기아
☐☐ **simultaneously** [sàiməltéiniəsli]	부 동시에
⊕ simultaneous [sàiməltéiniəs] 형 동시에 일어나는		

□□ **derive** [diráiv] [동] (~에서) 유래하다

□□ **unfair** [ʌnfɛ́ər] [형] 부당한, 불공평한
⊕ 반의어 **fair** [fɛər] [형] 공평한

□□ **troublesome** [trʌ́blsəm] [형] 골칫거리인, 고질적인

□□ **undo** [ʌ̀ndúː] [동] (잠기거나 묶인 것을) 풀다, 열다

□□ **wedge** [wedʒ] [명] 쐐기 [동] 쐐기로 고정시키다

□□ **brew** [bruː] [동] (맥주를) 양조하다

□□ **consequently** [kɑ́nsəkwə̀ntli] [부] 결과적으로
⊕ **consequent** [kɑ́nsəkwènt] [형] 결과로 일어나는, 당연한
⊕ **consequence** [kɑ́nsəkwèns] [명] 결과, 결말; 중요성

□□ **barley** [bɑ́ːrli] [명] 보리
⊕ **rice** [rais] [명] 쌀, 벼

□□ **stalk** [stɔːk] [명] (식물의) 줄기, 대

□□ **bark** [bɑːrk] [명] 나무껍질 [동] (개 등이) 짖다

□□ **compress** [kəmprés] [동] 압축하다, 꾹 누르다

□□ **existence** [igzístəns] [명] 존재, 실재, 현존
⊕ **exist** [igzíst] [동] 존재하다, 실재하다

□□ **assassin** [əsǽsin] [명] 암살범

□□ **athletic** [æθlétik] [형] (몸이) 탄탄한; 운동선수의

□□ **undertake** [ʌ̀ndərtéik] [동] 떠맡다

□□ **devour** [diváuər] [동] 게걸스럽게 먹다

□□ **cherish** [tʃériʃ] [동] 소중히 여기다, 아끼다

□□ **maid** [meid] [명] 하녀, 가정부

□□ **physiology** [fìziɑ́lədʒi] [명] 생리학
⊕ **physiological** [fìziəlɑ́dʒikəl] [형] 생리학적인

☐☐	**kinetic** [kinétik]	휑 운동의, 운동에 의해 생기는

☐☐ **anthropologist**
[æ̀nθrəpálədʒist]　　　　휑 인류학자

☐☐ **anthropology** [æ̀nθrəpálədʒi]　휑 인류학

☐☐ **substandard** [sʌ̀bstǽndərd]　휑 표준 이하의
　　 ⊕ standard [stǽndərd]　휑 표준, 기준

☐☐ **surpass** [sərpǽs]　　　　통 능가하다

☐☐ **uncover** [ʌ̀nkʌ́vər]　　　통 덮개를 벗기다, 뚜껑을 열다
　　 ⊕ 반의어 cover [kʌ́vər]　통 덮다, 가리다

☐☐ **goodness** [gúdnis]　　　　휑 선량함

A 다음 영어 단어에 해당하는 우리말 뜻을 쓰시오.

01 form		09 clarity	
02 statistics		10 nursing home	
03 shrink		11 incorporate	
04 lung		12 undo	
05 sibling		13 substandard	
06 summit		14 paralyze	
07 contradict		15 rejection	
08 productive		16 handy	

B 다음에 해당하는 영어 단어를 쓰시오.

01 **expire**의 명사형

02 **mediate**의 명사형

03 **satisfied**의 반의어

04 **stabilize**의 반의어

05 **intervene**의 명사형

06 **fair**의 반의어

Answer

A 01 종류, 유형; 형성하다 02 통계, 통계 자료 03 움츠러들다 04 폐, 허파 05 형제자매, 동기 06 정상
07 부정하다, 반박하다 08 생산적인 09 명료함 10 요양원 11 합병하다, 통합하다 12 풀다, 열다 13 표준 이
하의 14 마비시키다 15 거절 16 다루기 쉬운

B 01 expiration 02 mediation 03 dissatisfied 04 destabilize 05 intervention 06 unfair

C 다음 우리말 뜻에 해당하는 영어 단어를 쓰시오.

01 착각, 환상 ....

02 (수)공예 ....

03 옹호, 지지 ....

04 삼림 벌채 ....

05 생리학 ....

06 폭군, 독재자 ....

07 존재, 실재 ....

08 화물 ....

09 확대하다 ....

10 미술관 ....

11 소행성 ....

12 유기체 ....

13 게걸스럽게 먹다 ....

14 오해 ....

15 심판 ....

16 기반 시설 ....

D 다음 우리말 뜻에 해당하는 영어 단어를 쓰시오.

01 참을 수 없는 고통   an .... pain

02 항공 나침반   an aero ....

03 눈물어린 작별 인사   a tearful ....

04 나선형 구조   a .... structure

05 대리석 기둥   a marble ....

06 파일을 압축하다   .... a file

Voca 20 출제율 80% 이상 영단어 10

□□ **attend** [əténd] [동] 참석하다, 출석하다
⊕**attendance** [əténdəns] [명] 참석, 출석

□□ **case** [keis] [명] 경우, 사건

□□ **abuse** [əbjúːs] [명] 남용, 오용
[əbjúːz] [동] 남용하다, 악용하다

□□ **addition** [ədíʃən] [명] 덧셈, 부가, 첨가
⊕**add** [æd] [동] 더하다, 첨가하다

□□ **tension** [ténʃən] [명] 긴장 상태

□□ **finance** [finǽns] [명] 재정, 금융
⊕**financial** [finǽnʃəl] [형] 금융의, 재정적인

□□ **crime** [kraim] [명] 범죄, 나쁜 짓
⊕**criminal** [krímənəl] [명] 범죄자 [형] 범죄의

□□ **manufacturer** [mænjufǽktʃərər] [명] 제조업자, 생산 회사
⊕**manufacture** [mænjufǽktʃər] [동] 제조하다 [명] 제조

□□ **divide** [diváid] [동] 나누다, 분리하다
⊕**division** [divíʒən] [명] 분할, 분리; 나눗셈

□□ **uniform** [júːnəfɔ̀ːrm] [명] 제복, 군복, 교복, 유니폼

□□ **amount** [əmáunt] [명] 양, 액수; 총액, 총계

□□ **administration** [ədmìnistréiʃən] [명] 관리, 행정, 관리[행정] 업무
⊕**administer** [ədmínistər] [동] (회사 · 국가 등을) 관리하다, 운영하다

□□ **enforce** [infɔ́ːrs] [동] 집행하다, 시행하다, 실시하다
⊕**enforcement** [infɔ́ːrsmənt] [명] 집행, 시행

□□ **tailor** [téilər]   명 (남성복) 재단사, 재봉사

□□ **flame** [fleim]   명 불길, 불꽃   동 타오르다, 불태우다
    ⊕ 혼동 어휘 flame [fleim] 명 불꽃 / frame [freim] 명 틀

□□ **related** [riléitid]   형 관련된, 관계가 있는

□□ **labor** [léibər]   명 노동, 근로   동 노동하다
    ⊕ laborer [léibərər] 명 노동자

□□ **care** [kɛər]   명 돌봄, 보살핌

□□ **salary** [sǽləri]   명 급여, 월급

□□ **pursuit** [pərsúːt]   명 추구; 추격
    ⊕ pursue [pərsúː] 동 추구하다

□□ **maintenance** [méintənəns]   명 유지, 지속, 보수
    ⊕ maintain [meintéin] 동 유지하다, 지속하다

□□ **temporary** [témpərèri]   형 일시적인, 임시의
    ⊕ 반의어 permanent [pə́ːrmənənt] 형 영구적인

□□ **consumer** [kənsúːmər]   명 소비자
    ⊕ producer [prədjúːsər] 명 생산자, 제작자

□□ **aboard** [əbɔ́ːrd]   부 탑승하여, 탑승한   전 ~에 탑승한

□□ **citizenship** [sítəzənʃìp]   명 시민권, 시민으로서의 행동

□□ **therapy** [θérəpi]   명 치료, 요법

□□ **basis** [béisis]   명 기초, 근거, 이유

□□ **bankrupt** [bǽŋkrʌpt]   형 파산한 명 파산자 동 파산시키다
    ⊕ bankruptcy [bǽŋkrʌptsi] 명 파산, 도산

□□ **bilingual** [bailíŋgwəl]   형 두 개 언어를 할 줄 아는, 이중 언어 사용
       자의

□□ **breathe** [briːð]   동 호흡하다, 숨을 쉬다
    ⊕ breath [breθ] 명 숨, 호흡

□□ **verbal** [vǝ́:rbǝl] [형] 언어의, 말의

□□ **chance** [tʃæns] [명] 가능성, 기회, 운

□□ **fatality** [feitǽlǝti] [명] (사고 · 전쟁 등으로 인한) 사망자

□□ **earning** [ǝ́:rniŋ] [명] 소득, 이익
⊕earn [ǝ:rn] [동] (돈을) 벌다

□□ **circular** [sǝ́:rkjǝlǝr] [형] 원형의, 둥근
⊕circle [sǝ́:rkl] [명] 원, 원형

□□ **loss** [lɔ(:)s] [명] 분실, 상실, 손실; 줄임
⊕lose [lu:z] [동] 잃다

□□ **refusal** [rifjú:zǝl] [명] 거절, 거부
⊕refuse [rifjú:z] [동] 거절하다, 거부하다

□□ **kind** [kaind] [명] 종류, 유형 [형] 친절한

□□ **language** [lǽŋgwidʒ] [명] 언어

□□ **graduation** [grӕ̀dʒuéiʃǝn] [명] 졸업
⊕graduate [grǽdʒuèit] [동] 졸업하다 [grǽdʒuǝt] [명] 대학 졸업자

□□ **university** [jù:nǝvǝ́:rsǝti] [명] 대학

□□ **innovation** [ìnǝvéiʃǝn] [명] 혁신, 쇄신
⊕innovate [ínǝvèit] [동] 혁신하다, 쇄신하다

□□ **span** [spæn] [명] 기간, 짧은 시간

□□ **spirit** [spírit] [명] 정신, 영혼

□□ **unbelievable** [ʌ̀nbilí:vǝbl] [형] 믿을 수 없는

□□ **summarize** [sʌ́mǝràiz] [동] 요약하다; 간추려 말하다
⊕summary [sʌ́mǝri] [명] 요약, 개요

□□ **transfer** [trænsfǝ́:r] [동] (장소를) 옮기다, 이동하다

□□ **geography** [dʒi:ɑ́grǝfi] [명] 지리학

□□ **comparison** [kəmpǽrisən]　명 비교, 비유
　　⊕ compare [kəmpέər]　동 비교하다, 비유하다

□□ **death** [deθ]　명 죽음, 사망
　　⊕ dead [ded]　형 죽은, 사망한

□□ **machine** [məʃíːn]　명 기계

□□ **overwork** [òuvərwə́ːrk]　동 과로하다; 혹사하다
　　　　　　　 [óuvərwərk]　명 과로

□□ **male** [meil]　형 남자의, 남성의
　　⊕ 반의어 female [fíːmeil]　형 여성의

□□ **passive** [pǽsiv]　형 수동적인, 소극적인
　　⊕ 반의어 active [ǽktiv]　형 능동적인, 적극적인

□□ **nation** [néiʃən]　명 국가
　　⊕ national [nǽʃənəl]　형 국가의

□□ **manner** [mǽnər]　명 방식, 풍습, 태도

□□ **clerk** [kləːrk]　명 점원, 직원, 판매원

□□ **planet** [plǽnət]　명 행성

□□ **entrance** [éntrəns]　명 출입구, 문

□□ **factor** [fǽktər]　명 요인, 원인

□□ **frequency** [fríːkwənsi]　명 빈도; 주파수

□□ **boost** [buːst]　동 신장시키다, 북돋우다　명 응원, 후원

□□ **breakthrough** [bréikθrùː]　명 돌파구

□□ **coal** [koul]　명 석탄

□□ **complicated** [kámpləkèitid]　형 복잡한, 뒤얽힌
　　⊕ complicate [kámpləkèit]　동 복잡하게 하다

□□ **destructive** [distrʌ́ktiv]　형 파괴적인

□□ **economically** [ì:kənámikəli] ⊕ 경제의 측면에서, 경제적으로
⊕economical [ì:kənámikəl] ⊕ 경제적인, 절약하는

□□ **educate** [édʒukèit] ⊕ 교육하다
⊕education [èdʒukéiʃən] ⊕ 교육

□□ **growth** [grouθ] ⊕ 성장
⊕grow [grou] ⊕ 자라다, 성장하다

□□ **greedy** [grí:di] ⊕ 탐욕스러운, 욕심 많은
⊕greed [gri:d] ⊕ 욕심, 탐욕

□□ **heal** [hi:l] ⊕ 치유되다, 낫다, 치유하다

□□ **humor** [hjú:mər] ⊕ 유머, 익살, 해학
⊕humorous [hjú:mərəs] ⊕ 해학적인, 익살스러운

□□ **importance** [impɔ́:rtəns] ⊕ 중요성
⊕important [impɔ́:rtənt] ⊕ 중요한

□□ **index** [índeks] ⊕ 색인, 목록, 지표

□□ **reunion** [ri:jú:niən] ⊕ 모임, 동창회

□□ **management** [mǽnidʒmənt] ⊕ 경영, 운영, 관리
⊕manage [mǽnidʒ] ⊕ 관리하다, 운영하다

□□ **lead** [li:d] ⊕ 안내하다, 이끌다 ⊕ 선두, 우세
⊕leader [lí:dər] ⊕ 지도자

□□ **information** [ìnfərméiʃən] ⊕ 정보

□□ **limitation** [lìmətéiʃən] ⊕ 제한, 한정

□□ **nutrition** [nju:tríʃən] ⊕ 영양, 영양물

□□ **controversy** [kántrəvə̀:rsi] ⊕ 논란, 논쟁
⊕controversial [kàntrəvə́:rʃəl] ⊕ 논란이 많은

□□ **mammal** [mǽməl] ⊕ 포유동물

□□ **ratio** [réiʃou] ⊕ 비율, 비(比)

☐☐ **pause** [pɔːz]   통 잠시 멈추다 명 중지

☐☐ **owner** [óunər]   명 주인, 소유주

☐☐ **pace** [peis]   명 걷는 속도, 걸음걸이

☐☐ **merit** [mérit]   명 가치; 장점

☐☐ **minority** [minɔ́ːriti]   명 소수, 소수 민족
   ⊕ 반의어 **majority** [mədʒɔ́ːrəti] 명 대다수, 대부분

☐☐ **misuse** [misjúːs]   명 오용, 악용, 남용
   [misjúːz]   통 오용하다, 악용하다

☐☐ **litter** [lítər]   명 쓰레기 통 어지르다, 더럽히다

☐☐ **minimal** [mínəməl]   형 아주 적은, 최소의
   ⊕ 반의어 **maximal** [mǽksəməl] 형 최대의

☐☐ **migration** [maigréiʃən]   명 이주, 이동, 이사
   ⊕ **migrate** [máigreit] 통 이주하다, 이동하다

☐☐ **navigate** [nǽvəgèit]   통 항해하다, 조종하다
   ⊕ **navigation** [nævəgéiʃən] 명 항해

☐☐ **thirsty** [θɔ́ːrsti]   형 목이 마른, 갈증이 나는
   ⊕ **thirst** [θəːrst] 명 갈증

☐☐ **semester** [siméstər]   명 학기

☐☐ **seminar** [sémənàːr]   명 세미나, 집중 강의

☐☐ **originally** [ərídʒənəli]   부 원래, 본래

☐☐ **prosper** [práspər]   통 번영하다, 번창하다

☐☐ **restrict** [ristríkt]   통 제한하다, 한정하다
   ⊕ **restriction** [ristríkʃən] 명 제한, 한정

☐☐ **section** [sékʃən]   명 부분, 부문, 구획

☐☐ **union** [júːnjən]   명 연합, 연방, 단체

Voca 20 초스피드 TEST

A 다음 영어 단어에 해당하는 우리말 뜻을 쓰시오.

01 importance ....
02 minimal ....
03 originally ....
04 abuse ....
05 bilingual ....
06 verbal ....
07 fatality ....
08 earning ....

09 temporary ....
10 consumer ....
11 loss ....
12 salary ....
13 restrict ....
14 union ....
15 case ....
16 minority ....

B 다음에 해당하는 영어 단어를 쓰시오.

01 **attend**의 명사형 ....
02 **divide**의 명사형 ....
03 **breath**의 동사형 ....
04 **graduate**의 명사형 ....
05 **passive**의 반의어 ....
06 **manage**의 명사형 ....

Answer

A 01 중요성 02 최소의 03 원래, 본래 04 남용; 남용하다 05 두 개 언어를 할 줄 아는 06 언어의, 말의
07 사망자 08 소득, 이익 09 일시적인 10 소비자 11 분실, 손실 12 급여, 월급 13 제한하다 14 연합, 단체
15 경우, 사건 16 소수, 소수 민족
B 01 attendance 02 division 03 breathe 04 graduation 05 active 06 management

C 다음 우리말 뜻에 해당하는 영어 단어를 쓰시오.

01 양, 액수		09 관련된	
02 유지, 보수		10 돌봄, 보살핌	
03 시민권		11 치유되다	
04 치료, 요법		12 거절, 거부	
05 학기		13 덧셈	
06 기초, 근거		14 파산한; 파산자	
07 관리, 행정		15 걷는 속도	
08 집행하다		16 돌파구	

D 다음 우리말 뜻에 해당하는 영어 단어를 쓰시오.

01 사악한 범죄　　a _____ crime

02 원형 체육관　　a _____ gym

03 인공 행성　　an artificial _____

04 경제 성장률　　economic _____ rate

05 영양 실조　　unbalanced _____

06 권력의 남용　　the _____ of power

C 01 amount　02 maintenance　03 citizenship　04 therapy　05 semester　06 basis
07 administration　08 enforce　09 related　10 care　11 heal　12 refusal　13 addition　14 bankrupt
15 pace　16 breakthrough
D 01 evil　02 circular　03 planet　04 growth　05 nutrition　06 misuse

★

영단어 암기 Tip3 – 쓰면서 소리내어 발음하며 암기하기

많은 학생들이 영단어를 눈으로만 보면서 암기한다. 그런데 영단어는 그저 눈으로만 보면서 암기하는 것보다는 손으로는 영단어 철자를 쓰면서 입으로는 발음을 하면서 암기하는 것이 훨씬 오래 기억에 남는다는 점에 유의하여 학습한다.

Part 03

3순위 필수 어휘

(출제율 60% 이상 영단어)

Voca 21 출제율 60% 이상 영단어 ❶

☐☐ **seek** [siːk] 동 찾다, 추구하다

☐☐ **control** [kəntróul] 명 지배, 통제 동 지배하다, 통제하다

☐☐ **significance** [signífikəns] 명 중요성, 중대성, 의의
　　⊕ significant [signífikənt] 형 중요한, 의미 있는

☐☐ **dependence** [dipéndəns] 명 의존, 의지
　　⊕ depend [dipénd] 동 의존하다, ~에 달리다

☐☐ **creature** [kríːtʃər] 명 생물, 동물

☐☐ **extinct** [ikstíŋkt] 형 멸종된, 사멸한
　　⊕ extinction [ikstíŋkʃən] 명 멸종, 소멸

☐☐ **obesity** [oubíːsəti] 명 비만, 비대

☐☐ **disagreement** [dìsəgríːmənt] 명 불일치, 의견 충돌, 다툼
　　⊕ disagree [dìsəgríː] 동 동의하지 않다

☐☐ **fatigue** [fətíːg] 명 피로, 피곤

☐☐ **unconscious** [ʌnkánʃəs] 형 의식을 잃은, 의식이 없는

☐☐ **vast** [væst] 형 어마어마한, 방대한

☐☐ **applaud** [əplɔ́ːd] 동 박수를 치다
　　⊕ applause [əplɔ́ːz] 명 박수, 박수갈채

☐☐ **assist** [əsíst] 동 돕다
　　⊕ assistance [əsístəns] 명 도움, 원조
　　⊕ assistant [əsístənt] 명 조수, 조력자

☐☐ **voluntary** [váləntèri] 형 자발적인, 자진한

☐☐ **waste** [weist] 동 낭비하다 명 낭비, 폐기물

☐☐ **approval** [əprúːvəl]　　　명 인정; 찬성
　⊕ approve [əprúːv]　동 찬성하다, 승인하다

☐☐ **viewpoint** [vjúːpɔ̀int]　　　명 관점, 시각

☐☐ **ecosystem** [íːkousìstəm]　　명 (특정 지역의) 생태계

☐☐ **warship** [wɔ́ːrʃip]　　　명 전함, 군함

☐☐ **wealth** [welθ]　　　명 부(富), 재산
　⊕ wealthy [wélθi]　형 부유한, 재산이 많은

☐☐ **fasten** [fǽsn]　　　동 매다, 묶다

☐☐ **outbreak** [áutbrèik]　　명 (전쟁·화재 등의) 발생, 발발

☐☐ **destruction** [distrʌ́kʃən]　　명 파괴, 파멸; 말살
　⊕ destruct [distrʌ́kt]　동 파괴하다

☐☐ **flaw** [flɔː]　　　명 결점, 흠

☐☐ **accuracy** [ǽkjurəsi]　　　명 정확, 정확도
　⊕ accurate [ǽkjurət]　형 정확한, 정밀한

☐☐ **balance** [bǽləns]　　　명 균형, 평형
　⊕ 반의어 imbalance [imbǽləns]　명 불균형

☐☐ **basic** [béisik]　　　형 기본적인, 기초의
　⊕ basically [béisikəli]　부 기본적으로, 근본적으로

☐☐ **accuse** [əkjúːz]　　　동 고발하다, 혐의를 제기하다
　⊕ accusation [æ̀kjuzéiʃən]　명 비난, 고소

☐☐ **celebration** [sèləbréiʃən]　　명 축하, 축하 행사
　⊕ celebrate [séləbrèit]　동 축하하다, 경축하다

☐☐ **cell** [sel]　　　명 감방; 세포; 전지

☐☐ **gain** [gein]　　　동 얻다, 획득하다　명 이익

☐☐ **gene** [dʒiːn]　　　명 유전자
　⊕ genetic [dʒənétik]　형 유전의, 유전학의

☐☐ **criminal** [krímənəl] 형 범죄의 명 범죄자
　　⊕ **crime** [kraim] 명 범죄

☐☐ **customer** [kʌ́stəmər] 명 손님, 고객

☐☐ **exotic** [igzátik] 형 외국의; 이국적인

☐☐ **expectation** [èkspektéiʃən] 명 예상, 기대, 전망
　　⊕ **expect** [ikspékt] 동 예상하다, 기대하다

☐☐ **accommodate** [əkámədèit] 동 (살거나 지낼) 공간을 제공하다, 수용하다
　　⊕ **accommodation** [əkàmədéiʃən] 명 거처, 숙소

☐☐ **bias** [báiəs] 명 편견, 편향
　　⊕ **biased** [báiəst] 형 편향된, 선입견이 있는

☐☐ **digestion** [didʒéstʃən] 명 소화
　　⊕ **digest** [didʒést] 동 소화하다

☐☐ **explosive** [iksplóusiv] 형 폭발성의, 폭발하기 쉬운, 파열하는
　　　　　　　　　　　　　　 명 폭발물, 폭약

☐☐ **familiar** [fəmíljər] 형 익숙한, 친숙한
　　⊕ 반의어 **unfamiliar** [ʌ̀nfəmíljər] 형 생소한, 낯선

☐☐ **wound** [wuːnd] 명 상처, 부상 동 상처를 입히다
　　⊕ **wounded** [wúːndid] 형 부상을 당한 명 부상자

☐☐ **violent** [váiələnt] 형 폭력적인, 난폭한

☐☐ **visible** [vízəbl] 형 눈에 보이는, 알아볼 수 있는

☐☐ **terror** [térər] 명 두려움, 공포

☐☐ **affair** [əfέər] 명 일, 사건, 문제

☐☐ **complaint** [kəmpléint] 명 불평, 항의; 고소
　　⊕ **complain** [kəmpléin] 동 불평하다

☐☐ **domestic** [douméstik] 형 가정의, 국내의; (동물 등이) 사람에게 길들여진

□□ **appoint** [əpɔ́int] [동] 임명하다, 지정하다
⊕ **appointment** [əpɔ́intmənt] [명] 임명; 약속

□□ **engagement** [ingéidʒmənt] [명] 약속, 계약; 약혼

□□ **price** [prais] [명] 값, 가격; 물가

□□ **basement** [béismənt] [명] 지하실, 지하

□□ **regular** [régjulər] [형] 규칙적인, 정기적인
⊕ 반의어 **irregular** [irégjulər] [형] 불규칙적인

□□ **exercise** [éksərsàiz] [명] 운동, 연습 [동] 운동하다, 연습하다

□□ **record** [rikɔ́:rd] [동] 기록하다, 녹음하다
[rékərd] [명] 기록, 등록; 음반

□□ **cancelation** [kæ̀nsəléiʃən] [명] 취소, 해제
⊕ **cancel** [kǽnsəl] [동] 취소하다, 삭제하다

□□ **foreign** [fɔ́:rən] [형] 외국의
⊕ **foreigner** [fɔ́:rənər] [명] 외국인

□□ **autobiography** [ɔ̀:təbaiɑ́grəfi] [명] 자서전
⊕ **biography** [baiɑ́grəfi] [명] 전기, 일대기

□□ **colony** [kɑ́ləni] [명] 식민지
⊕ **colonial** [kəlóuniəl] [형] 식민지의

□□ **competitor** [kəmpétətər] [명] 경쟁자, 경쟁 업체
⊕ **compete** [kəmpí:t] [동] 경쟁하다, 겨루다
⊕ **competition** [kɑ̀mpətíʃən] [명] 경쟁

□□ **debt** [det] [명] 빚, 부채

□□ **flat** [flæt] [형] 평평한, 편평한

□□ **standard** [stǽndərd] [명] 수준, 기준 [형] 표준의, 기준이 되는
⊕ **standardize** [stǽndərdàiz] [동] 표준화하다

□□ **dedication** [dèdikéiʃən] [명] 전념, 헌신
⊕ **dedicate** [dédikèit] [동] 바치다, 헌신하다

☐☐ **essence** [ésns]　　　　명 본질, 정수
　　⊕ essential [isénʃəl]　형 본질적인, 필수의

☐☐ **admiration** [æ̀dməréiʃən]　　명 감탄, 존경
　　⊕ admire [ædmáiər]　동 감탄하다, 존경하다

☐☐ **homesick** [hóumsìk]　　형 향수에 잠긴, 향수병을 앓는

☐☐ **prevention** [privénʃən]　　명 예방, 방지
　　⊕ prevent [[privént]　동 예방하다, 방해하다

☐☐ **globe** [gloub]　　명 지구본, 지구의

☐☐ **final** [fáinəl]　　형 마지막의　명 결승전

☐☐ **express** [iksprés]　　동 나타내다, 표현하다
　　⊕ expression [ikspréʃən]　명 표현

☐☐ **iceberg** [áisbə:rg]　　명 빙산

☐☐ **expel** [ikspél]　　동 쫓아내다, 방출하다, 퇴학시키다

☐☐ **delay** [diléi]　　명 지연, 지체　동 지연시키다, 늦추다

☐☐ **steep** [sti:p]　　형 가파른, 비탈진

☐☐ **gaze** [geiz]　　동 응시하다, 바라보다

☐☐ **biodiversity** [bàioudivə́:rsəti]　　명 생물의 다양성

☐☐ **caution** [kɔ́:ʃən]　　명 조심, 경고　동 주의를 주다

☐☐ **psychology** [saikálədʒi]　　명 심리학
　　⊕ psychologist [saikálədʒist]　명 심리학자

☐☐ **resolution** [rèzəlú:ʃən]　　명 결의, 결심; 해결

☐☐ **rumor** [rú:mər]　　명 소문, 풍문, 유언비어

☐☐ **signal** [signəl]　　명 신호, 징후; 표지판

☐☐ **starvation** [stɑ:rvéiʃən]　　명 기아, 굶주림
　　⊕ starve [stɑ:rv]　동 굶어 죽다, 굶주리다

☐☐ **fame** [feim]　　　명 명성
　　◎ famous [féiməs] 형 유명한

☐☐ **prey** [prei]　　　명 (육식 동물의) 먹이, 사냥감

☐☐ **rotation** [routéiʃən]　　　명 회전, (지구 · 천체의) 자전
　　◎ rotate [róuteit] 동 회전하다

☐☐ **apology** [əpálədʒi]　　　명 사과, 사죄
　　◎ apologize [əpálədʒàiz] 동 사과하다, 사죄하다

☐☐ **note** [nout]　　　명 메모, (짧은) 편지 동 ∼을 적다

☐☐ **offense** [əféns]　　　명 위반, 공격, 범죄
　　◎ offend [əfénd] 동 기분을 상하게 하다

☐☐ **overseas** [óuvərsíːz]　　　형 해외의, 외국의

☐☐ **lend** [lend]　　　동 빌려주다
　　◎반의어 borrow [bárou] 동 빌리다

☐☐ **investment** [invéstmənt]　　　명 투자, 투자금
　　◎ invest [invést] 동 투자하다

☐☐ **length** [leŋkθ]　　　명 길이
　　◎ width [widθ] 명 폭, 너비(=breadth)

☐☐ **honesty** [ánisti]　　　명 정직, 솔직함
　　◎ honest [ánist] 형 정직한

☐☐ **imagination** [imædʒənéiʃən]　　　명 상상력, 상상
　　◎ imagine [imædʒin] 동 상상하다

☐☐ **hatch** [hætʃ]　　　동 부화하다; (계획 등을) 꾸미다 명 부화

☐☐ **govern** [gʌ́vərn]　　　동 통치하다, 다스리다

A 다음 영어 단어에 해당하는 우리말 뜻을 쓰시오.

01 starvation ....

02 obesity ....

03 disagreement ....

04 affair ....

05 complaint ....

06 fatigue ....

07 vast ....

08 voluntary ....

09 bias ....

10 approval ....

11 homesick ....

12 debt ....

13 viewpoint ....

14 hatch ....

15 prey ....

16 outbreak ....

B 다음에 해당하는 영어 단어를 쓰시오.

01 significant의 명사형 ....

02 applaud의 명사형 ....

03 accurate의 명사형 ....

04 familiar의 반의어 ....

05 compete의 명사형 ....

06 lend의 반의어 ....

Answer

A 01 기아, 굶주림 02 비만, 비대 03 불일치 04 일, 사건 05 불평; 고소 06 피로 07 어마어마한, 방대한 08 자발적인 09 편견 10 인정; 찬성 11 향수병을 앓는 12 빚 13 관점, 시각 14 부화하다 15 먹이, 사냥감 16 발생, 발발

B 01 significance 02 applause 03 accuracy 04 unfamiliar 05 competition 06 borrow

C 다음 우리말 뜻에 해당하는 영어 단어를 쓰시오.

01 유전자 ....
02 지연; 지연시키다 ....
03 생물의 다양성 ....
04 취소 ....
05 자서전 ....
06 식민지 ....
07 생물, 동물 ....
08 멸종된 ....

09 생태계 ....
10 재산 ....
11 의존, 의지 ....
12 투자, 투자금 ....
13 상상력, 상상 ....
14 범죄의; 범죄자 ....
15 손님, 고객 ....
16 고발하다 ....

D 다음 우리말 뜻에 해당하는 영어 단어를 쓰시오.

01 옥에 티   a .... in a jewel

02 세포를 형성하다   form a ....

03 소화 과정   the process of ....

04 약속하다   make an ....

05 동양 문화의 본질   the .... of Eastern culture

06 공식적인 사과   a public ....

Voca 22 출제율 60% 이상 영단어 2

□□ **base** [beis] [명] 기초, 토대

□□ **danger** [déindʒər] [명] 위험, 위협
　⊕**dangerous** [déindʒərəs] [형] 위험한

□□ **anticipation** [æntìsəpéiʃən] [명] 예상, 예측
　⊕**anticipate** [æntísəpèit] [동] 예상하다, 예측하다

□□ **ambition** [æmbíʃən] [명] 야망, 포부

□□ **disappoint** [dìsəpɔ́int] [동] 실망시키다, 낙담시키다
　⊕**disappointed** [dìsəpɔ́intid] [형] 실망한

□□ **council** [káunsəl] [명] 의회, 협의회

□□ **angle** [ǽŋgl] [명] 각도, 각

□□ **recover** [rikʌ́vər] [동] (체력 · 건강을) 회복하다; (손실을) 메우다
　⊕**recovery** [rikʌ́vəri] [명] 회복

□□ **company** [kʌ́mpəni] [명] 회사, 단체, 일행

□□ **embarrassing** [imbǽrəsiŋ] [형] 난처한, 쑥스러운
　⊕ 혼동 어휘 **embarrassing** [imbǽrəsiŋ] [형] (사건 등이) 난처한, 쑥스러운
　embarrassed [imbǽrəst] [형] (사람이) 난처함을 느낀, 당황한

□□ **bomb** [bɑm] [명] 폭탄 [동] 폭발하다

□□ **cheer** [tʃiər] [명] 갈채, 환호 [동] 환호하다, 응원하다

□□ **fill** [fil] [동] 가득 채우다; 가득 채워지다

□□ **bait** [beit] [명] 미끼

□□ **obligation** [ɑ̀bləgéiʃən] [명] 의무, 책임
　⊕**obligate** [ɑ́bləgèit] [동] ~에 의무를 지우다

☐☐ **item** [áitəm]	똉 항목, 사항	

☐☐ **graduate** [grǽdʒuèit] 똉 졸업하다
[grǽdʒuət] 똉 대학 졸업자
⊕ graduation [grædʒuéiʃən] 똉 졸업

☐☐ **director** [diréktər] 똉 임원, 중역, 이사

☐☐ **concentration** [kànsəntréiʃən] 똉 정신 집중
⊕ concentrate [kánsəntrèit] 똉 집중하다

☐☐ **decay** [dikéi] 똉 부패, 부식 똉 부패하다, 썩다

☐☐ **dependent** [dipéndənt] 똉 의존하는, 의지하는
⊕ 반의어 independent [ìndipéndənt] 똉 독립적인

☐☐ **creation** [kriéiʃən] 똉 창조, 창작, 창출
⊕ create [kriéit] 똉 창조하다, 만들어내다

☐☐ **evolution** [èvəlúːʃən] 똉 발전; 〈생물〉 진화
⊕ evolve [iválv] 똉 진화시키다, 발전하다

☐☐ **court** [kɔːrt] 똉 법정, 법원; (테니스 · 배구 등의) 코트; 궁정

☐☐ **design** [dizáin] 똉 설계도, 디자인 똉 설계하다, 도안을 그리다

☐☐ **fusion** [fjúːʒən] 똉 융합, 결합

☐☐ **intelligence** [intélədʒəns] 똉 지능, 이해력
⊕ intelligent [intélədʒənt] 똉 지적인, 총명한

☐☐ **fortunately** [fɔ́ːrtʃənətli] 똉 다행스럽게도, 운 좋게

☐☐ **iron** [áiərn] 똉 철, 쇠; 철분

☐☐ **summary** [sʌ́məri] 똉 요약, 개요

☐☐ **individually** [ìndəvídʒuəli] 똉 개별적으로, 각각 따로
⊕ individual [ìndəvídʒuəl] 똉 개인의

☐☐ **exclude** [iksklúːd] 똉 배제하다, 제외하다
⊕ exclusion [iksklúːʒən] 똉 제외, 배제

☐☐ **glue** [gluː] [명] 접착제, 풀 [동] 붙이다

☐☐ **hidden** [hídn] [형] 숨겨진, 숨은

⊕ **hide** [haid] [동] 숨다, 숨기다

☐☐ **circulate** [sə́ːrkjulèit] [동] 순환하다; 순환시키다

⊕ **circulation** [sə̀ːrkjuléiʃən] [명] 순환, 유통

☐☐ **harmony** [hɑ́ːrməni] [명] 조화, 화합

☐☐ **devise** [diváiz] [동] 창안하다, 고안하다

⊕ **device** [diváis] [명] 장치, 고안, 도안

☐☐ **hatred** [héitrid] [명] 증오, 혐오

☐☐ **inhabit** [inhǽbit] [동] (특정 지역에) 살다, 서식하다

⊕ **inhabitant** [inhǽbətənt] [명] 주민, 거주자

☐☐ **frost** [frɔːst] [명] 서리, 결빙 [동] 서리가 내리다

☐☐ **genre** [ʒɑ́ːnrə] [명] (예술 작품의) 장르

☐☐ **quit** [kwit] [동] 떠나다, 그만두다

☐☐ **superior** [səpíəriər] [형] 우수한, 상위의

⊕ 반의어 **inferior** [infíəriər] [형] 열등한, 하위의

☐☐ **immigration** [ìməgréiʃən] [명] (다른 나라에 살러 오는) 이주, 이민; 이민자 수

☐☐ **grain** [grein] [명] 곡물; (곡식의) 낟알

☐☐ **painful** [péinfəl] [형] 아픈, 고통스러운

⊕ **pain** [pein] [명] 고통

☐☐ **prescription** [priskrípʃən] [명] 처방전

⊕ **prescribe** [priskráib] [동] 처방하다

☐☐ **press** [pres] [명] 신문(과 잡지), 언론

☐☐ **propose** [prəpóuz] [동] 제안하다, 제의하다

⊕ **proposal** [prəpóuzəl] [명] 제안, 제의

☐☐ **receive** [risíːv]   통 받다, 받아들이다

☐☐ **racial** [réiʃəl]   형 인종의, 인종간의
    ⊕ race [reis] 명 인종, 민족; 경주

☐☐ **accessible** [æksésəbl]   형 접근 가능한, 이용 가능한
    ⊕ access [ǽkses] 통 접근하다

☐☐ **settle** [sétl]   통 해결하다, 끝내다; 정착하다

☐☐ **supporter** [səpɔ́ːrtər]   명 지지자, 후원자
    ⊕ support [səpɔ́ːrt] 통 지지하다, 후원하다

☐☐ **disgusting** [disgʌ́stiŋ]   형 역겨운, 구역질나는

☐☐ **genetic** [dʒənétik]   형 유전의; 유전학의
    ⊕ genetics [dʒənétiks] 명 유전학

☐☐ **leisure** [líːʒər]   명 여가

☐☐ **greenhouse** [gríːnhàus]   명 온실

☐☐ **literacy** [lítərəsi]   명 글을 읽고 쓸 줄 아는 능력

☐☐ **supervise** [súːpərvàiz]   통 감독하다, 지휘하다
    ⊕ supervisor [súːpərvàizər] 명 감독관, 관리자; 지도교수

☐☐ **agricultural** [ægrikʌ́ltʃərəl]   형 농업의, 농사의
    ⊕ agriculture [ǽgrəkʌ̀ltʃər] 명 농업, 농사

☐☐ **allow** [əláu]   통 허락하다, 용납하다

☐☐ **board** [bɔːrd]   명 판자, ~판; 위원회 통 탑승하다

☐☐ **civilize** [sívəlàiz]   통 문명화하다, 교화하다
    ⊕ civilization [sìvəlizéiʃən] 명 문명, 문명국

☐☐ **competence** [kámpətəns]   명 능숙함, 능숙도
    ⊕ competent [kámpətənt] 형 유능한, 능숙한

☐☐ **bloom** [bluːm]   명 꽃, 개화 통 꽃피다

☐☐ **excess** [iksés]   명 초과, 과잉

| ☐☐ **golden** [góuldən] | 휑 금으로 만든, 황금빛의 |

| ☐☐ **flesh** [fleʃ] | 명 살, 고기 |

| ☐☐ **engage** [ingéidʒ] | 동 참여하다, 종사하다; 약혼하다 |

| ☐☐ **freely** [frí:li] | 튀 자유롭게 |
    ⊕ free [fri:] 휑 자유로운

| ☐☐ **height** [hait] | 명 높이, 키 |

| ☐☐ **imitate** [ímitèit] | 동 모방하다, 본뜨다 |
    ⊕ imitation [ìmitéiʃən] 명 모방, 모조품

| ☐☐ **mark** [mɑːrk] | 명 표시, 기호 동 표시하다 |

| ☐☐ **introduce** [ìntrədjú:s] | 동 소개하다, 도입하다 |
    ⊕ introduction [ìntrədʌ́kʃən] 명 소개, 도입

| ☐☐ **irritate** [írətèit] | 동 짜증나게 하다, 거슬리다 |

| ☐☐ **journalism** [dʒə́:rnəlìzəm] | 명 저널리즘, 신문 잡지 |

| ☐☐ **lay** [lei] | 동 놓다, 놓아두다; (알을) 낳다 |
    ⊕ 혼동 어휘 lay(놓다, 알을 낳다) – laid - laid
            lie(눕다, 놓여 있다) – lay - lain / lie(거짓말하다) – lied - lied

| ☐☐ **lecture** [léktʃər] | 명 (대학) 강의, 강연 동 강의하다 |

| ☐☐ **liberty** [líbərti] | 명 자유, 해방 |

| ☐☐ **exert** [igzə́:rt] | 동 (권력·영향력을) 가하다, (힘·능력을) 쓰다 |

| ☐☐ **beg** [beg] | 동 간청하다, 애원하다 |

| ☐☐ **norm** [nɔ:rm] | 명 표준, 일반적인 것, 규범 |

| ☐☐ **qualification** [kwɑ̀ləfəkéiʃən] | 명 자격, 자격증 |

| ☐☐ **convinced** [kənvínst] | 휑 확신하는 |
    ⊕ convince [kənvíns] 동 납득시키다, 확신시키다

| ☐☐ **tool** [tu:l] | 명 연장, 도구, 공구 |

☐☐ **medicine** [médəsən]	명 의학, 의술, 의료	
☐☐ **random** [rǽndəm]	형 무작위의, 임의의	
☐☐ **mess** [mes]	명 혼란, 엉망진창 동 엉망을 만들다, 어지럽히다	

⊕**messy** [mési] 형 지저분한, 엉망인

☐☐ **period** [píəriəd]	명 기간, 시기
☐☐ **confession** [kənféʃən]	명 고백, 자백

⊕**confess** [kənfés] 동 고백하다, 자백하다

☐☐ **permit** [pəːrmít]	동 허용하다, 허락하다
[pə́ːrmit]	명 허가, 인가

⊕**permission** [pərmíʃən] 명 허가, 허락; 면허

☐☐ **toothache** [túːθèik]	명 치통, 이앓이
☐☐ **photography** [fətágrəfi]	명 사진술, 사진 촬영

⊕**photograph** [fóutəgræf] 명 사진

☐☐ **quote** [kwout]	동 인용하다, 예로 들다 명 인용 어구
☐☐ **act** [ækt]	명 행동, 행위; 법률
	동 행동하다, (연극이나 영화에서) 연기하다
☐☐ **rage** [reidʒ]	명 격렬한 분노, 격노
☐☐ **misunderstand** [mìsʌndərstǽnd]	동 오해하다, 잘못 생각하다
☐☐ **rapid** [rǽpid]	형 빠른, 급속한

⊕**rapidly** [rǽpidli] 부 급속히, 서둘러

Voca 22 초스피드 TEST

A 다음 영어 단어에 해당하는 우리말 뜻을 쓰시오.

01 accessible .... 09 excess ....

02 settle .... 10 danger ....

03 disgusting .... 11 frost ....

04 base .... 12 graduate ....

05 norm .... 13 bait ....

06 competence .... 14 supervise ....

07 council .... 15 director ....

08 angle .... 16 concentration ....

B 다음에 해당하는 영어 단어를 쓰시오.

01 obligate의 명사형 ....

02 evolve의 명사형 ....

03 exclude의 명사형 ....

04 propose의 명사형 ....

05 imitate의 명사형 ....

06 permit의 명사형 ....

C 다음 우리말 뜻에 해당하는 영어 단어를 쓰시오.

01 빠른	....	09 창안하다	....
02 예상, 예측	....	10 자격, 자격증	....
03 야망, 포부	....	11 확신하는	....
04 회복하다	....	12 분노, 격노	....
05 요약, 개요	....	13 설계도; 설계하다	....
06 강의; 강의하다	....	14 인종의, 인종간의	....
07 살다, 서식하다	....	15 유전의	....
08 조화, 화합	....	16 농업의	....

D 다음 우리말 뜻에 해당하는 영어 단어를 쓰시오.

01 환호를 보내다   give a ....

02 철과 석탄   .... and coal

03 사랑과 증오   love and ....

04 온실 가스를 줄이다   reduce .... gases

05 황금알   a .... egg

06 시의 한 행을 인용하다   .... a verse

☐☐ **action** [ǽkʃən]   명 행동, 조치

☐☐ **capable** [kéipəbl]   형 ~을 할 수 있는

☐☐ **bet** [bet]   통 (경마·내기 등에) 돈을 걸다 명 내기

☐☐ **anger** [ǽŋgər]   명 화, 분노
    ⊕ **angry** [ǽŋgri] 형 화난

☐☐ **billion** [bíljən]   명 10억

☐☐ **cost** [kɔːst]   명 값, 비용 통 (비용이) ~ 들다
    ⊕ **costly** [kɔ́ːstli] 형 값비싼, 사치스러운

☐☐ **appreciation** [əprìːʃiéiʃən]   명 감탄, 감상; 감사
    ⊕ **appreciate** [əpríːʃièit] 통 감상하다; 감사하다

☐☐ **biology** [baiɑ́lədʒi]   명 생물학
    ⊕ **botany** [bɑ́təni] 명 식물학 / **zoology** [zouɑ́lədʒi] 명 동물학

☐☐ **blind** [blaind]   형 눈이 먼, 맹인인 통 눈멀게 하다

☐☐ **technologic** [tèknəlɑ́dʒik]   형 과학 기술의
    ⊕ **technology** [teknɑ́lədʒi] 명 과학 기술

☐☐ **beverage** [bévəridʒ]   명 음료, 마실 것

☐☐ **faithful** [féiθfəl]   형 충실한, 충직한, 신의 있는

☐☐ **bury** [béri]   통 묻히다, 묻다
    ⊕ **burial** [bériəl] 명 매장; 장례식

☐☐ **channel** [tʃǽnl]   명 (텔레비전·라디오의) 채널; 수단; 수로

☐☐ **alarm** [əlɑ́ːrm]   명 불안, 공포 통 ~을 불안하게 하다

☐☐ **constitute** [kɑ́nstətjùːt]   통 구성하다, 제정하다

□□ **signature** [sígnətʃər] [명] 서명, 사인

□□ **excel** [iksél] [동] 뛰어나다, 탁월하다

□□ **bandage** [bǽndidʒ] [명] 붕대

□□ **disappointing** [dìsəpɔ́intiŋ] [형] 실망스러운, 기대에 못 미치는

□□ **controversial** [kɑ̀ntrəvə́ːrʃəl] [형] 논란이 많은
⊕ controversy [kɑ́ntrəvə̀ːrsi] [명] 논란, 논쟁

□□ **diminish** [dimíniʃ] [동] 줄어들다, 약해지다

□□ **shot** [ʃɑt] [명] (총기) 발사; 총성

□□ **disguise** [disgáiz] [동] 변장하다, 가장하다 [명] 변장, 위장

□□ **surgeon** [sə́ːrdʒən] [명] 외과의, 외과 전문의
⊕ physician [fizíʃən] [명] 내과 전문의

□□ **thoughtful** [θɔ́ːtfəl] [형] 사려 깊은, 생각에 잠긴

□□ **tragedy** [trǽdʒədi] [명] 비극, 비극적 사건
⊕ tragic [trǽdʒik] [형] 비극적인, 비극의

□□ **healthcare** [hélθkὲər] [명] 건강 관리; 의료

□□ **frightened** [fráitnd] [형] 겁먹은, 무서워하는

□□ **grammatical** [grəmǽtikəl] [형] 문법의
⊕ grammar [grǽmər] [명] 문법

□□ **plate** [pleit] [명] 접시, 그릇

□□ **cave** [keiv] [명] 동굴

□□ **badly** [bǽdli] [부] 심하게, 몹시

□□ **fur** [fəːr] [명] (일부 동물의) 털

□□ **correspond** [kɔ̀ːrəspɑ́nd] [동] 일치하다, 부합하다
⊕ correspondence [kɔ̀ːrəspɑ́ndəns] [명] 일치, 조화
⊕ correspondent [kɔ̀ːrəspɑ́ndənt] [명] 특파원 [형] 일치하는

□□ **gentle** [dʒéntl] [형] 온화한, 순한, 조용한

⊕ **gently** [dʒéntli] [부] 온화하게, 부드럽게

□□ **peninsula** [pənínʃjulə] [명] 반도

□□ **heat** [hi:t] [명] 열기, 열

□□ **impatiently** [impéiʃəntli] [부] 성급하게, 조바심하며

⊕ 반의어 **patiently** [péiʃəntli] [부] 끈기 있게, 꾸준히

□□ **stain** [stein] [명] 얼룩, 자국 [동] 얼룩지게 하다, 더럽히다

□□ **headache** [hédèik] [명] 두통

□□ **outrage** [áutrèidʒ] [명] 격분, 격노; 폭력 행위

□□ **splendid** [spléndid] [형] 정말 멋진, 훌륭한

□□ **progressive** [prəgrésiv] [형] 진보적인, 진행하는

⊕ **progress** [prágres] [명] 진전, 발전

□□ **last** [læst] [형] 마지막의, 지난 ~ [동] 지속하다

□□ **likelihood** [láiklihùd] [명] 가능성, 기회

□□ **media** [mí:diə] [명] 매체, 미디어, 대중 매체

□□ **nationality** [næ̀ʃənǽləti] [명] 국적

□□ **North Pole** [명] 북극

⊕ **South Pole** [명] 남극

□□ **pale** [peil] [형] 창백한, 핼쑥한

□□ **discover** [diskʌ́vər] [동] 발견하다, 깨닫다

⊕ **discovery** [diskʌ́vəri] [명] 발견

□□ **installation** [ìnstəléiʃən] [명] 설치, 설비

⊕ **install** [instɔ́:l] [동] 설치하다, 설비하다

□□ **annoyed** [ənɔ́id] [형] 짜증이 난, 약이 오른

⊕ **annoy** [ənɔ́i] [동] 괴롭히다, 귀찮게 하다

☐☐ **aptitude** [ǽptitjù:d] 명 소질, 적성
    ✿ 혼동 어휘 aptitude [ǽptitjù:d] 명 소질, 적성 / attitude [ǽtitjù:d] 명 태도
    altitude [ǽltitjù:d] 명 고도

☐☐ **focus** [fóukəs] 동 초점을 맞추다, 집중하다 명 초점, 중심

☐☐ **gratitude** [grǽtətjù:d] 명 고마움, 감사

☐☐ **biased** [báiəst] 형 편향된, 선입견이 있는
    ✿ bias [báiəs] 명 편견, 편향

☐☐ **forbidden** [fərbídn] 형 금지된

☐☐ **conscientious** [kànʃiénʃəs] 형 양심적인, 성실한
    ✿ conscience [kánʃəns] 명 양심

☐☐ **supervisor** [sú:pərvàizər] 명 감독관, 관리자; 지도교수

☐☐ **dwell** [dwel] 동 (~에) 살다

☐☐ **frequent** [frí:kwənt] 형 잦은, 빈번한
    ✿ frequently [frí:kwəntli] 부 자주

☐☐ **transition** [trænzíʃən] 명 변천, 과도기, 변화

☐☐ **academic** [ækədémik] 형 학업의, 학교의; 학구적인 명 교직원, 학자

☐☐ **ongoing** [ángòuiŋ] 형 계속 진행 중인

☐☐ **originality** [ərìdʒənǽləti:] 명 독창성
    ✿ original [ərídʒənəl] 형 독창적인, 최초의

☐☐ **partial** [pá:rʃəl] 형 부분적인; 편파적인

☐☐ **path** [pæθ] 명 길

☐☐ **urban** [ə́:rbən] 형 도시의, 도회지의
    ✿ 반의어 rural [rúərəl]] 형 시골의

☐☐ **behavioral** [bihéivjərəl] 형 행동의, 행동에 관한
    ✿ behavior [bihéivjər] 명 행동

☐☐ **advent** [ǽdvent] 명 도래, 출현

☐☐ **logically** [ládʒikəli]	㉛ 논리적으로, 필연적으로
⊕logic [ládʒik] ㉤ 논리, 논리학	
☐☐ **flow** [flou]	㉨ 흐르다 ㉤ 흐름, 유입
☐☐ **bruise** [bruːz]	㉨ 멍들다, 타박상을 입다 ㉤ 멍, 타박상
☐☐ **allowance** [əláuəns]	㉤ 용돈, 비용, 수당
☐☐ **pill** [pil]	㉤ 알약
☐☐ **consent** [kənsént]	㉤ 동의, 허락 ㉨ 동의하다, 허락하다
☐☐ **disgust** [disɡʌ́st]	㉤ 혐오감, 역겨움, 넌더리
⊕disgusting [disɡʌ́stiŋ] ㉵ 역겨운, 구역질나는	
☐☐ **ignorant** [íɡnərənt]	㉵ 무지한, 무식한
⊕ignore [iɡnɔ́ːr] ㉨ 무시하다 / ignorance [íɡnərəns] ㉤ 무시	
☐☐ **occasionally** [əkéiʒənəli]	㉛ 가끔
⊕occasional [əkéiʒənəl] ㉵ 때때로의, 임시의	
☐☐ **cartoon** [kɑːrtúːn]	㉤ 만화
☐☐ **frustrating** [frʌ́streitiŋ]	㉵ 불만스러운, 좌절감을 주는
⊕frustrate [frʌ́streit] ㉨ 실망시키다, 좌절시키다	
☐☐ **descent** [disént]	㉤ 하강, 강하, 몰락
☐☐ **entail** [intéil]	㉨ 수반하다
☐☐ **luggage** [lʌ́ɡidʒ]	㉤ 짐, 수화물
⊕유의어 baggage [bǽɡidʒ] ㉤ (여행용) 수화물	
☐☐ **enterprise** [éntərpràiz]	㉤ 기업, 회사
☐☐ **gross** [grous]	㉵ 총체의, 총(總)–
☐☐ **extinguish** [ikstíŋɡwiʃ]	㉨ (불을) 끄다
⊕extinguisher [ikstíŋɡwiʃər] ㉤ 소화기	
☐☐ **idiom** [ídiəm]	㉤ 관용구, 숙어

□□ **aircraft** [ɛ́ərkræ̀ft]　　　명 항공기

□□ **bounce** [bauns]　　　통 튀다, 튀어오르다, (빛이) 반사하다

□□ **Celsius** [sélsiəs]　　　형 섭씨의

□□ **remainder** [riméindər]　　　명 나머지, 잔여 부분
　　⊕ remain [riméin] 통 남아 있다

□□ **comprehensive**　　　형 이해력이 있는, 포괄적인, 종합적인
[kὰmprihénsiv]
　　⊕ comprehend [kὰmprihénd] 통 이해하다

□□ **colonel** [kə́ːrnəl]　　　명 대령, 연대장

□□ **inevitable** [inévitəbl]　　　형 불가피한, 필연적인

□□ **minimum** [mínəməm]　　　형 최저의, 최소한의 명 최저 한도
　　⊕ 반의어 maximum [mǽksəməm] 형 최대의 명 최대, 최고

□□ **independently** [ìndipéndəntli]　　　부 독립하여, 자주적으로
　　⊕ independent [ìndipéndənt] 형 독립한, 독립적인

□□ **medication** [mèdəkéiʃ∂n]　　　명 약, 약물, 약물 치료
　　⊕ 혼동 어휘 medication [mèdəkéiʃ∂n] 명 약, 약물, 약물 치료
　　　　meditation [mèdətéiʃ∂n] 명 명상, 묵상

Voca 23 초스피드 TEST

A 다음 영어 단어에 해당하는 우리말 뜻을 쓰시오.

01 inevitable	09 partial
02 grammatical	10 advent
03 outrage	11 extinguish
04 splendid	12 action
05 progressive	13 thoughtful
06 excel	14 heat
07 burial	15 impatiently
08 originality	16 stain

B 다음에 해당하는 영어 단어를 쓰시오.

01 **anger**의 형용사형

02 **tragedy**의 형용사형

03 **correspond**의 명사형

04 **conscience**의 형용사형

05 **behavior**의 형용사형

06 **minimum**의 반의어

A 01 불가피한, 필연적인 02 문법의 03 격분, 격노 04 정말 멋진 05 진보적인 06 뛰어나다, 탁월하다
07 매장; 장례식 08 독창성 09 부분적인, 불완전한 10 도래, 출현 11 (불을) 끄다 12 행동, 조치 13 사려 깊
은 14 열기, 열 15 성급하게 16 얼룩; 얼룩지게 하다
B 01 angry 02 tragic 03 correspondence 04 conscientious 05 behavioral 06 maximum

01	10억		09	동의; 동의하다	
02	계속 진행 중인		10	용돈	
03	발견하다		11	값, 비용	
04	나머지		12	줄어들다	
05	건강 관리, 의료		13	변장; 변장하다	
06	설치, 설비		14	구성하다	
07	섭씨의		15	서명, 사인	
08	과학 기술의		16	외과 전문의	

D 다음 우리말 뜻에 해당하는 영어 단어를 쓰시오.

01	내기에서 돈을 따다	win a
02	실망스러운 결과	a _____ result
03	한반도	the Korean _____
04	이중 국적	dual _____
05	점진적인 변천	a gradual _____
06	약물을 처방하다	prescribe a _____

Voca 24 출제율 60% 이상 영단어 4

□□ **split** [split] [동] 나누다, 분열되다; 분열시키다

□□ **persist** [pəːrsíst] [동] 지속하다, 고집하다

□□ **chart** [tʃaːrt] [명] 도표, 차트

□□ **reinforce** [rìːinfɔ́ːrs] [동] 강화하다, 보강하다
⊕ **reinforcement** [rìːinfɔ́ːrsmənt] [명] 강화, 보강

□□ **venture** [véntʃər] [명] 모험; 벤처 사업

□□ **asset** [ǽset] [명] 자산

□□ **suspicion** [səspíʃən] [명] 혐의, 의혹
⊕ **suspect** [səspékt] [동] 의심하다 [sʌ́spekt] [명] 용의자

□□ **bang** [bæŋ] [동] 쾅하고 치다

□□ **temptation** [temptéiʃən] [명] 유혹
⊕ **tempt** [tempt] [동] 유혹하다, 부추기다

□□ **cite** [sait] [동] 인용하다, 언급하다

□□ **peril** [pérəl] [명] 위험, 위기

□□ **applause** [əplɔ́ːz] [명] 박수, 박수갈채
⊕ **applaud** [əplɔ́ːd] [동] 박수를 치다

□□ **chef** [ʃef] [명] 요리사, 주방장

□□ **multiple** [mʌ́ltəpəl] [형] 많은, 다양한, 복합적인 [명] 〈수학〉 배수

□□ **column** [kɑ́ləm] [명] (원형 석조) 기둥; 기념비

□□ **bankruptcy** [bǽŋkrʌptsi] [명] 파산, 도산

□□ **warehouse** [wɛ́ərhàus] [명] 창고; 도매점

□□ **convention** [kənvénʃən] [명] 관습, 관례
⊕ conventional [kənvénʃənəl] [형] 전통적인, 틀에 박힌

□□ **nerve** [nəːrv] [명] 신경; 용기

□□ **assessment** [əsésmənt] [명] 평가, 평가액
⊕ assess [əsés] [동] 평가하다, 결정하다

□□ **exchange** [ikstʃéindʒ] [명] 교환, 환전 [동] 교환하다, 환전하다

□□ **Catholicism** [kəθáləsìzəm] [명] 가톨릭교, 천주교
⊕ Catholic [kǽθəlik] [명] 가톨릭교도 [형] 가톨릭 교회의

□□ **antique** [æntíːk] [형] (귀중한) 골동품인 [명] 고미술품, 골동품

□□ **novelist** [návəlist] [명] 소설가
⊕ novel [návəl] [명] 소설

□□ **bow** [bou] [동] 고개를 숙이다, 절하다 [명] 활

□□ **perplex** [pərpléks] [동] 당혹하게 하다, 혼란시키다

□□ **balanced** [bǽlənst] [형] 균형 잡힌, 안정된

□□ **complement** [kámpləmənt] [명] 보충물
[kámpləment] [동] 보완하다, 덧붙이다
⊕ 혼동 어휘 complement [kámpləmənt] [명] 보충물
compliment [kámpləmənt] [명] 칭찬

□□ **persevere** [pə̀ːrsəvíər] [동] 인내하다, 견디어 내다

□□ **radiation** [rèidiéiʃən] [명] 방사선

□□ **broker** [bróukər] [명] 중개인

□□ **recess** [ríːses] [명] 휴식, 휴업, 휴회

□□ **administer** [ədmínəstər] [동] (회사 · 국가 등을) 관리하다, 운영하다
⊕ administration [ədmìnistréiʃən] [명] 관리, 행정, 관리[행정] 업무

□□ **enclose** [inklóuz] [동] 둘러싸다; 동봉하다, 첨부하다
⊕ enclosure [inklóuʒər] [명] 둘러쌈, 포위; 동봉

☐☐ **text** [tekst]	몡 본문, 글, 책
☐☐ **nurture** [nɔ́ːrtʃər]	통 양육하다, 보살피다 몡 양육, 지도
☐☐ **steel** [stiːl]	몡 강철, 강
☐☐ **specialist** [spéʃəlist]	몡 전문가, 전공자
☐☐ **rescuer** [réskjuːər]	몡 구조자, 구출자
⊕ **rescue** [réskjuː] 통 구조하다, 구출하다 몡 구조, 구출	
☐☐ **compact** [kəmpǽkt]	톙 소형의, 간편한; 조밀한
☐☐ **graze** [greiz]	통 풀을 뜯다
☐☐ **trigger** [trígər]	통 유발하다, 일으키다 몡 (총의) 방아쇠
☐☐ **bureau** [bjúərou]	몡 (관청의) ~부, ~국
☐☐ **fragrance** [fréigrəns]	몡 향기, 향
⊕ **fragrant** [fréigrənt] 톙 향기로운, 냄새 좋은	
☐☐ **breed** [briːd]	통 새끼를 낳다
☐☐ **underline** [ʌ̀ndərláin]	통 밑줄을 긋다, 강조하다
☐☐ **vacancy** [véikənsi]	몡 결원, 공석
⊕ **vacant** [véikənt] 톙 비어 있는; 결원인	
☐☐ **via** [váiə]	젠 ~을 경유하여
☐☐ **uneasy** [ʌníːzi]	톙 불안한, 우려되는
☐☐ **cavity** [kǽvəti]	몡 구멍; 충치
☐☐ **increasingly** [inkríːsiŋli]	튀 점점 더, 갈수록 더
⊕ **increase** [inkríːs] 통 증가하다, 늘다	
☐☐ **alert** [əlɔ́ːrt]	톙 기민한; 정신이 초롱초롱한 몡 경계, 경보
☐☐ **civil** [sívəl]	톙 시민의; 국가의
☐☐ **futile** [fjúːtl]	톙 헛된, 소용없는

☐☐ **blast** [blæst]
> 명 돌풍; 폭파, 폭발 동 폭파하다

☐☐ **abnormal** [æbnɔ́ːrməl]
> 형 비정상적인
> ⊕ 반의어 normal [nɔ́ːrməl] 형 정상적인

☐☐ **endurance** [indjúərəns]
> 명 인내, 참을성
> ⊕ endure [indjúər] 동 참다, 인내하다

☐☐ **characterize** [kǽriktəràiz]
> 동 (~의) 특징이 되다
> ⊕ characteristic [kæriktərístik] 형 특유의 명 특징, 특질

☐☐ **adolescent** [ædəlésnt]
> 명 청소년
> ⊕ adolescence [ædəlésns] 명 청년기, 사춘기

☐☐ **core** [kɔːr]
> 명 (사과 같은 과일의) 속; 핵심

☐☐ **mission** [míʃən]
> 명 임무, 사명, 사절단

☐☐ **depress** [diprés]
> 동 우울하게 만들다
> ⊕ depressed [diprést] 형 우울한, 의기소침한
> ⊕ depression [dipréʃən] 명 우울; 불경기

☐☐ **stationary** [stéiʃənèri]
> 형 움직이지 않는, 정지된
> ⊕ 혼동 어휘 stationary [stéiʃənèri] 형 움직이지 않는, 정지된
> stationery [stéiʃənèri] 명 문방구

☐☐ **artisan** [ɑ́ːrtəzən]
> 명 장인, 기능 보유자

☐☐ **firmly** [fə́ːrmli]
> 부 단호히, 확고히
> ⊕ firm [fəːrm] 형 단단한, 굳은 명 회사

☐☐ **frankly** [frǽŋkli]
> 부 솔직히, 노골적으로
> ⊕ frank [fræŋk] 형 솔직한, 노골적인

☐☐ **assign** [əsáin]
> 동 (일 · 책임 등을) 맡기다, 배정하다
> ⊕ assignment [əsáinmənt] 명 배정, 할당

☐☐ **dispute** [dispjúːt]
> 명 분쟁, 논란, 논쟁 동 논쟁하다, 토의하다

☐☐ **authorize** [ɔ́ːθəràiz]
> 동 재개[인가]하다, 권한을 부여하다
> ⊕ authority [əθɔ́ːrəti] 명 권한, 권위

☐☐ **fictional** [fíkʃənəl]　　　　　휑 허구적인; 소설의
　　⊕ fiction [fíkʃən]　똉 소설, 허구

☐☐ **explosion** [iksplóuʒən]　　　똉 폭발; 폭파
　　⊕ explode [iksplóud]　똥 폭발하다

☐☐ **burial** [bériəl]　　　　　　　똉 매장; 장례식

☐☐ **chore** [tʃɔːr]　　　　　　　　똉 허드렛일, 잡일

☐☐ **junk** [dʒʌŋk]　　　　　　　　똉 쓰레기, 폐품　똥 버리다

☐☐ **interval** [íntərvəl]　　　　　똉 (시간의) 간격, (두 지점 간의) 거리

☐☐ **freeze** [friːz]　　　　　　　　똥 얼다, 얼리다
　　⊕ freezer [fríːzər]　똉 냉동고, 냉동실

☐☐ **lunar** [lúːnər]　　　　　　　　휑 달의

☐☐ **hemisphere** [hémisfiər]　　똉 (지구의) 반구; (대)뇌반구

☐☐ **impossible** [impásəbl]　　　휑 불가능한
　　⊕ 반의어 possible [pásəbl]　휑 가능한, 할 수 있는

☐☐ **historical** [histɔ́(ː)rikəl]　　휑 역사적인, 역사상의
　　⊕ history [hístəri]　똉 역사

☐☐ **indifferent** [indífərənt]　　휑 무관심한, 개의치 않는

☐☐ **librarian** [laibrɛ́əriən]　　　똉 사서, 도서관원
　　⊕ library [láibrèri]　똉 도서관, 도서실

☐☐ **guidance** [gáidns]　　　　　똉 지도, 안내
　　⊕ guide [gaid]　똥 안내하다

☐☐ **debris** [dəbríː]　　　　　　　똉 파편, 잔해

☐☐ **by-product** [baiprádəkt]　　똉 부산물

☐☐ **district** [dístrikt]　　　　　똉 지역, 지구

☐☐ **discipline** [dísəplin]　　　　똉 규율, 훈육　똥 훈련하다

☐☐ **technician** [tekníʃən]	몡 기술자, 기사	
⊕ technique [tekní:k] 몡 기술, 솜씨		
☐☐ **neglect** [niglékt]	똥 방치하다, 태만히 하다	몡 무시, 태만
☐☐ **knot** [nɑt]	몡 매듭 똥 매듭을 짓다	
☐☐ **generator** [dʒénərèitər]	몡 발전기	
☐☐ **lift** [lift]	똥 들어 올리다, 들다 몡 들어올리기, 승강기	
☐☐ **manual** [mǽnjuəl]	휑 손으로 하는, 수공의 몡 소책자, 설명서	
☐☐ **glitter** [glítər]	똥 반짝반짝 빛나다	
☐☐ **needy** [ní:di]	휑 (경제적으로) 어려운, 궁핍한	
☐☐ **physicist** [fízisist]	몡 물리학자	
⊕ physics [fíziks] 몡 물리학		
☐☐ **observatory** [əbzə́:rvətɔ̀:ri]	몡 관측소, 천문대, 기상대	
☐☐ **personally** [pə́:rsənəli]	똿 직접, 개인적으로	
⊕ personal [pə́:rsənəl] 휑 개인의, 사사로운		
☐☐ **questionnaire** [kwèstʃənέər]	몡 설문지	
☐☐ **reliance** [riláiəns]	몡 의존, 의지	
⊕ rely [rilái] 똥 의지하다; 신뢰하다, 믿다		

Voca 24 초스피드 TEST

A 다음 영어 단어에 해당하는 우리말 뜻을 쓰시오.

01 debris ....   09 vacancy ....

02 discipline ....   10 applause ....

03 convention ....   11 junk ....

04 guidance ....   12 persist ....

05 bankruptcy ....   13 hemisphere ....

06 personally ....   14 blast ....

07 reliance ....   15 abnormal ....

08 bureau ....   16 core ....

B 다음에 해당하는 영어 단어를 쓰시오.

01 reinforce의 명사형 ....

02 assess의 명사형 ....

03 fragrance의 형용사형 ....

04 endure의 명사형 ....

05 assign의 명사형 ....

06 possible의 반의어 ....

A 01 파편, 잔해 02 규율; 훈련하다 03 관습 04 지도, 안내 05 파산, 도산 06 개인적으로 07 의존 08 (관청의) ~부, ~국 09 결원, 공석 10 박수 11 쓰레기; 버리다 12 지속하다, 고집하다 13 (지구의) 반구; (대)뇌 반구 14 돌풍; 폭발; 폭파하다 15 비정상적인 16 (과일의) 속; 핵심
B 01 reinforcement 02 assessment 03 fragrant 04 endurance 05 assignment 06 impossible

C 다음 우리말 뜻에 해당하는 영어 단어를 쓰시오.

01 균형 잡힌		09 폭발; 폭파	
02 권한을 부여하다		10 소형의, 간편한	
03 유혹		11 유발하다, 일으키다	
04 인용하다		12 자산	
05 위험, 위기		13 점점 더	
06 인내하다		14 시민의; 국가의	
07 중개인		15 부산물	
08 분쟁; 논쟁하다		16 지역, 지구	

D 다음 우리말 뜻에 해당하는 영어 단어를 쓰시오.

01 최소 공배수	the least common
02 완벽한 보충물	a perfect
03 충치를 치료하다	treat a
04 분쟁을 중재하다	mediate a
05 적절한 매장	a proper
06 우리의 의무를 태만히 하다	our duties

Voca 25 출제율 60% 이상 영단어 ❺

☐☐ **rely** [rilái]　　　　　ⓢ 의지하다; 신뢰하다, 믿다
　　⊕ **reliable** [riláiəbl]　ⓗ 신뢰할 수 있는, 믿음직한

☐☐ **census** [sénsəs]　　　ⓜ 인구 조사

☐☐ **discomfort** [diskʌ́mfərt]　ⓜ 불편, 불안
　　⊕ 반의어 **comfort** [kʌ́mfərt]　ⓜ 위안, 편안함

☐☐ **drain** [drein]　　　　ⓢ 배출시키다, 물을 빼내다　ⓜ 하수구, 배수로

☐☐ **inspired** [inspáiərd]　ⓗ 탁월한; 영감을 받아 한, 직관에 따른
　　⊕ **inspire** [inspáiər]　ⓢ 영감을 주다

☐☐ **staff** [stæf]　　　　ⓜ (전체) 직원

☐☐ **troop** [tru:p]　　　　ⓜ 병력, 군대　ⓢ 떼를 짓다

☐☐ **uncertain** [ʌnsə́:rtn]　ⓗ 확신이 없는, 잘 모르는
　　⊕ 반의어 **certain** [sə́:rtn]　ⓗ 확실한, 틀림없는

☐☐ **verdict** [və́:rdikt]　　ⓜ 평결, 판단

☐☐ **donor** [dóunər]　　　ⓜ 기부자, 기증자
　　⊕ **donate** [dóuneit]　ⓢ 기부하다, 기증하다
　　⊕ **donation** [dounéiʃən]　ⓜ 기부, 기증

☐☐ **comprehension**　　　ⓜ 이해, 이해력; 포괄
　　[kàmprihénʃən]

☐☐ **prospect** [práspekt]　ⓜ 가망, 가능성

☐☐ **headquarters** [hédkwɔ̀:rtərz]　ⓜ 본사, 본사 직원들

☐☐ **spokesperson** [spóukspə̀:rsn]　ⓜ 대변인

☐☐ **highlight** [háilàit]　　ⓢ 강조하다; 형광펜으로 표시하다

□□ **immigrate** [íməgrèit] [동] (다른 나라로) 이주해오다, 이민 오다
+ **emigrate** [éməgrèit] [동] (자국에서 타국으로의) 이민가다

□□ **impose** [impóuz] [동] 부과하다, 강요하다
+ **imposition** [ìmpəzíʃən] [명] 부과; 세금, 짐

□□ **indirect** [ìndirékt] [형] 간접적인
+ 반의어 **direct** [dirékt] [형] 직접적인

□□ **inexpensive** [ìnikspénsiv] [형] 비싸지 않은
+ 반의어 **expensive** [ikspénsiv] [형] 비싼

□□ **dynamic** [dainǽmik] [형] 동적인, 힘찬

□□ **empire** [émpaiər] [명] 제국

□□ **encouraging** [inkə́:ridʒiŋ] [형] 격려의, 힘을 북돋아 주는

□□ **landslide** [lǽndslàid] [명] 산사태; (선거의) 압도적 승리

□□ **splash** [splæʃ] [동] (물 등이) 튀다, 튀기다; 착수하다

□□ **latitude** [lǽtətjù:d] [명] 위도
+ **longitude** [lándʒətjù:d] [명] 경도

□□ **mode** [moud] [명] 방식, 방법, 유형

□□ **occurrence** [əkə́:rəns] [명] 발생, 출현
+ **occur** [əkə́:r] [동] 일어나다, 발생하다

□□ **precede** [prisí:d] [동] 앞서다, 선행하다
+ **preceding** [prisí:diŋ] [형] (시간적으로) 앞선, 선행하는

□□ **constitution** [kɑ̀nstətjú:ʃən] [명] 헌법; 구성, 구조

□□ **reign** [rein] [명] (왕의) 통치 기간, 치세

□□ **scheme** [ski:m] [명] 계획, 제도

□□ **regulate** [régjulèit] [동] 규제하다, 통제하다
+ **regulation** [règjuléiʃən] [명] 규제

□□ **layout** [léiaut] [명] 배치, 설계

☐☐ **leap** [liːp]   동 뛰다, 뛰어오르다

☐☐ **outnumber** [àutnʌ́mbər]   동 ~보다 수가 더 많다, 수적으로 우세하다

☐☐ **modify** [mɑ́dəfài]   동 수정하다, 바꾸다
    ⊕ **modification** [mɑ̀dəfikéiʃən]   명 수정, 변경

☐☐ **mainland** [méinlæ̀nd]   명 본토, 대륙

☐☐ **poll** [poul]   명 여론 조사, 투표   동 여론 조사를 하다

☐☐ **prevail** [privéil]   동 만연하다, 팽배하다; 우세하다

☐☐ **tropical** [trɑ́pikəl]   형 열대 지방의, 열대의

☐☐ **relate** [riléit]   동 관련시키다; 이야기하다

☐☐ **manipulate** [mənípjulèit]   동 조종하다, 조작하다
    ⊕ **manipulation** [mənìpjuléiʃən]   명 조작, 취급

☐☐ **gasp** [gæsp]   동 숨이 턱 막히다, 헉 하고 숨을 쉬다

☐☐ **vegetation** [vèdʒətéiʃən]   명 초목, 식물

☐☐ **manuscript** [mǽnjəskrìpt]   명 원고

☐☐ **morale** [mərǽl]   명 사기, 의욕
    ⊕ 혼동 어휘 **morale** [mərǽl] 명 사기, 의욕 / **moral** [mɔ́ːrəl] 형 도덕적인

☐☐ **motivate** [móutəvèit]   동 동기를 주다, 자극하다
    ⊕ **motivation** [mòutəvéiʃən]   명 자극, 동기 부여

☐☐ **naval** [néivəl]   형 해군의

☐☐ **nominate** [nɑ́mənèit]   동 (후보자로) 지명하다, 추천하다
    ⊕ **nomination** [nɑ̀mənéiʃən]   명 지명, 임명, 추천

☐☐ **nourishment** [nɔ́ːriʃmənt]   명 음식물, 영양, 자양분
    ⊕ **nourish** [nɔ́ːriʃ]   동 ~에 영양분을 주다

☐☐ **perfection** [pərfékʃən]   명 완벽, 완전
    ⊕ **perfect** [pə́ːrfikt]   형 완벽한, 완전한

□□ **dump** [dʌmp] [동] 버리다 [명] 쓰레기 더미

□□ **illustrate** [íləstrèit] [동] 예증하다, 설명하다; (책 등에) 삽화를 넣다
⊕ illustration [ìləstréiʃən] [명] 삽화; 해설

□□ **sponsor** [spɑ́nsər] [명] 보증인, 후원자

□□ **relevant** [réləvənt] [형] 관련 있는, 적절한

□□ **equator** [ikwéitər] [명] 적도

□□ **drift** [drift] [명] 이동, 추이

□□ **cloth** [klɔːθ] [명] 옷감, 직물
⊕ 혼동 어휘 cloth [klɔːθ] [명] 옷감, 천 / clothes [klouz] [명] 옷, 의복

□□ **allergy** [ǽlərdʒi] [명] 알레르기, 이상 과민증
⊕ allergic [ələ́ːrdʒik] [형] 알레르기가 있는

□□ **commander** [kəmǽndər] [명] 지휘관, 사령관
⊕ command [kəmǽnd] [동] 명령하다, 지배하다

□□ **resume** [rizúːm] [동] 재개하다, 다시 시작하다
⊕ 혼동 어휘 resume [rizúːm] [동] 재개하다 / résumé [rézumèi] [명] 이력서

□□ **inherent** [inhíərənt] [형] 고유의, 타고난; 내재하는

□□ **dissolve** [dizɑ́lv] [동] 녹다, 용해되다

□□ **contamination** [kəntæ̀mənéiʃən] [명] 오염, 오탁; 더러움
⊕ contaminate [kəntǽmənèit] [동] 오염시키다

□□ **anchor** [ǽŋkər] [명] 닻; 보도 프로 담당 아나운서
[동] 닻을 내리다

□□ **descendant** [diséndənt] [명] 자손, 후손, 후예

□□ **jealousy** [dʒéləsi] [명] 질투, 시기
⊕ jealous [dʒéləs] [형] 질투하는, 시기하는

□□ **carving** [kɑ́ːrviŋ] [명] 조각품; 새긴 무늬
⊕ carve [kaːrv] [동] 새기다, 조각하다

☐☐ **consideration** [kənsìdəréiʃən] 몡 고려, 숙고
    ⊕ **consider** [kənsídər] 동 고려하다, 숙고하다

☐☐ **crop** [krɑp]   몡 농작물, 수확 동 자르다, 수확하다

☐☐ **hasty** [héisti]   혱 성급한, 서두르는

☐☐ **deliberate** [dilíbərət]   혱 신중한, 고의의, 의도적인
            [dilíbərèit]   동 숙고하다

☐☐ **vice** [vais]   몡 범죄, 악덕

☐☐ **immoral** [imɔ́:rəl]   혱 비도덕적인, 부도덕한
    ⊕ 반의어 **moral** [mɔ́:rəl] 혱 도덕적인, 교훈적인

☐☐ **eyesore** [áisɔ̀:r]   몡 보기 흉한 것, 눈에 거슬리는 것

☐☐ **fridge** [fridʒ]   몡 냉장고(=refrigerator)

☐☐ **dimension** [diménʃən]   몡 치수, 크기, 규모

☐☐ **impolite** [ìmpəláit]   혱 무례한, 실례되는
    ⊕ 반의어 **polite** [pəláit] 혱 예의 바른, 공손한

☐☐ **gamble** [gǽmbl]   동 도박을 하다 몡 도박, 모험
    ⊕ **gambling** [gǽmbliŋ] 몡 도박, 노름

☐☐ **monument** [mánjəmənt]   몡 기념비, 기념물

☐☐ **glorious** [glɔ́:riəs]   혱 영광스러운, 영예로운
    ⊕ **glory** [glɔ́:ri] 몡 영광, 영예

☐☐ **inherit** [inhérit]   동 상속받다, 물려받다

☐☐ **dominance** [dámənəns]   몡 지배, 우세, 우위

☐☐ **handmade** [hæ̀ndméid]   혱 손으로 만든, 수공의

☐☐ **eradicate** [irǽdəkèit]   동 근절하다, 뿌리 뽑다

☐☐ **implement** [ímpləmənt]   몡 도구, 기구
            [ímpləmènt]   동 시행하다

fermentation [fə̀:rmentéiʃən] 영 발효, 발효 작용
  ⊕ ferment [fə́:rment] 영 효소

imprisonment [impríznmənt] 영 투옥, 구금
  ⊕ imprison [imprízn] 동 투옥하다, 가두다

jobless [dʒáblis] 형 직장이 없는, 실직 상태인 영 실직자

linguistic [liŋgwístik] 형 언어의, 언어학의

inhabitant [inhǽbətənt] 영 (특정 지역의) 주민, 서식 동물
  ⊕ inhabit [inhǽbit] 동 (특정 지역에) 살다, 서식하다

modest [mádist] 형 겸손한; 적당한, 수수한

meditation [mèdətéiʃən] 영 명상, 묵상
  ⊕ 혼동 어휘 meditation [mèdətéiʃən] 영 명상, 묵상
    medication [mèdəkéiʃən] 영 약, 약물

overjoyed [òuvərdʒɔ́id] 형 매우 기뻐하는

publication [pʌ̀bləkéiʃən] 영 출판, 발행; 출판물
  ⊕ publish [pʌ́bliʃ] 동 출판하다, 발행하다

comply [kəmplái] 동 (법 · 명령 등에) 따르다, 준수하다
  ⊕ compliance [kəmpláiən] 영 준수, 따름

pulse [pʌls] 영 맥박

script [skript] 영 (연극 · 영화 등의) 대본, 원고

exaggerate [igzǽdʒərèit] 동 과장하다
  ⊕ exaggeration [igzǽdʒəréiʃən] 영 과장, 과장법

trivial [tríviəl] 형 사소한, 하찮은

deserved [dizə́:rvd] 형 (상 · 벌 등이) 응당한

Voca 25 초스피드 TEST

A 다음 영어 단어에 해당하는 우리말 뜻을 쓰시오.

01 vice		09 poll	
02 resume		10 dump	
03 dominance		11 sponsor	
04 equator		12 indirect	
05 dimension		13 spokesperson	
06 inherit		14 motivate	
07 dynamic		15 nominate	
08 deliberate		16 trivial	

B 다음에 해당하는 영어 단어를 쓰시오.

01 **comfort**의 반의어

02 **expensive**의 반의어

03 **occur**의 명사형

04 **modify**의 명사형

05 **allergy**의 형용사형

06 **consider**의 명사형

C 다음 우리말 뜻에 해당하는 영어 단어를 쓰시오.

01 방식, 방법		09 완벽, 완전	
02 녹다, 용해되다		10 따르다, 준수하다	
03 오염, 오탁		11 강조하다	
04 자손, 후손		12 부과하다, 강요하다	
05 언어의, 언어학의		13 본사	
06 출판, 발행		14 만연하다, 팽배하다	
07 직원		15 관련시키다	
08 병력, 군대		16 조종하다	

D 다음 우리말 뜻에 해당하는 영어 단어를 쓰시오.

01 고대 로마 제국	the old Roman	
02 위도와 경도		and longitude
03 열대 우림		rain forest
04 내재적인 모순	an	contradiction
05 기념비를 세우다		a monument
06 소문을 과장하다		a rumor

Voca 26 출제율 60% 이상 영단어 [6]

□□ **copy** [kάpi] [명] 복사, 복사본 [동] 복사하다, 모방하다

□□ **automatic** [ɔ̀ːtəmǽtik] [형] (기계가) 자동의; 반사적인, 무의식적인
⊕ **automatically** [ɔ̀ːtəmǽtikəli] [부] 자동으로, 무의식적으로

□□ **chronic** [krάnik] [형] (병이) 만성적인

□□ **meadow** [médou] [명] 초원, 목초지

□□ **infrared** [ìnfrəréd] [형] 적외선의
⊕ **ultraviolet** [ʌ̀ltrəváiələt] [형] 자외선의

□□ **pioneer** [pàiəníər] [명] 개척자, 선구자

□□ **erupt** [irʌ́pt] [동] (화산 · 용암이) 분출하다, 분화하다
⊕ **eruption** [irʌ́pʃən] [명] 분출, 분화

□□ **cruel** [krúːəl] [형] 잔혹한, 잔인한
⊕ **cruelty** [krúːəlti] [명] 잔인함, 무자비함

□□ **fatal** [féitl] [형] 죽음을 초래하는, 치명적인
⊕ **fatality** [feitǽləti] [명] 치사성; 운명

□□ **pesticide** [péstəsàid] [명] 살충제, 농약

□□ **dietary** [dáiətèri] [형] 음식의, 식이 요법의 [명] 규정식, 특별식
⊕ **diet** [dáiət] [명] 식이 요법

□□ **erode** [iróud] [동] 침식시키다, 풍화시키다
⊕ **erosion** [iróuʒən] [명] 침식, 부식

□□ **compulsory** [kəmpʌ́lsəri] [형] 강제적인, 의무적인, 필수의
⊕ **compel** [kəmpél] [동] 강요하다
⊕ **compulsion** [kəmpʌ́lʃən] [명] 강제

□□ **simulate** [símjəlèit] [동] ~한 체하다, 가장하다

☐☐ **intervention** [ìntərvénʃən]　圐 조정, 중재
　⊕ intervene [ìntərvíːn]　圐 개입하다, 끼어들다

☐☐ **diagnosis** [dàiəgnóusis]　圐 진단, 분석
　⊕ diagnose [dáiəgnòus]　圐 진단하다; 규명하다

☐☐ **entertain** [èntərtéin]　圐 즐겁게 하다, 대접하다

☐☐ **omit** [oumít]　圐 빠뜨리다, 생략하다

☐☐ **transport** [trǽnspɔːrt]　圐 수송
　　　　　　[trænspɔ́ːrt]　圐 수송하다

☐☐ **retirement** [ritáiərmənt]　圐 은퇴, 퇴직
　⊕ retire [ritáiər]　圐 은퇴하다, 퇴직하다

☐☐ **prominent** [prάmənənt]　圐 중요한; 유명한

☐☐ **interactive** [ìntərǽktiv]　圐 상호적인, 상호작용을 하는
　⊕ interaction [ìntərǽkʃən]　圐 상호작용

☐☐ **trial** [tráiəl]　圐 재판, 공판; 시도

☐☐ **unite** [juːnáit]　圐 연합하다, 통합시키다

☐☐ **decent** [díːsənt]　圐 (수준·질이) 괜찮은

☐☐ **storage** [stɔ́ːridʒ]　圐 저장, 보관; 저장고

☐☐ **confidential** [kànfidénʃəl]　圐 비밀의, 기밀의
　⊕ 혼동 어휘 confidential [kànfidénʃəl]　圐 비밀의, 기밀의
　　　　confident [kánfidənt]　圐 자신감 있는

☐☐ **gear** [giər]　圐 기어, 장비, 의류　圐 기어를 넣다

☐☐ **wipe** [waip]　圐 가볍게 닦다, 훔치다

☐☐ **hopeless** [hóuplis]　圐 가망 없는, 절망적인

☐☐ **autograph** [ɔ́ːtəgræf]　圐 (유명인의) 사인
　　　　　　　　　　圐 (책·사진 등에) 자필 서명하다

☐☐ **poison** [pɔ́izən]　圐 독, 독약　圐 독약을 쓰다

☐☐ **violently** [váiələntli]　　㉘ 격렬하게, 맹렬히
　　⊕violent [váiələnt]　㉗ 폭력적인, 격렬한

☐☐ **workshop** [wə́ːrkʃɑ̀p]　　㉗ 작업장

☐☐ **swift** [swift]　　㉗ 신속한, 재빠른

☐☐ **irresponsible** [ìrispánsəbl]　　㉗ 무책임한
　　⊕ 반의어 responsible [rispánsəbl]　㉗ 책임감 있는

☐☐ **tuition** [tju:íʃən]　　㉘ 수업, 교습

☐☐ **trustworthy** [trʌ́stwə̀ːrði]　　㉗ 신뢰할 수 있는

☐☐ **uneven** [ʌníːvən]　　㉗ 평평하지 않은, 울퉁불퉁한
　　⊕ 반의어 even [íːvən]　㉗ 평평한

☐☐ **vibration** [vaibréiʃən]　　㉘ 떨림, 진동
　　⊕vibrate [váibreit]　㉙ 떨리다, 진동하다

☐☐ **skeleton** [skélətn]　　㉘ 뼈대, 골격; 해골

☐☐ **wither** [wíðər]　　㉙ 시들다, 말라 죽다; 시들게 하다

☐☐ **worship** [wə́ːrʃip]　　㉘ 예배, 숭배　㉙ 예배하다, 숭배하다

☐☐ **hollow** [hálou]　　㉗ 속이 빈; 공허한　㉘ 구멍, 골짜기

☐☐ **steer** [stiər]　　㉙ (보트·자동차 등을) 조종하다

☐☐ **Arctic** [áːrktik]　　㉗ 북극의　㉘ 북극, 북극 지방
　　⊕Antarctic [æntáːrktik]　㉗ 남극의　㉘ 남극, 남극 지방

☐☐ **overpopulation**　　㉘ 인구 과잉, 인구 과밀
　　[òuvərpɑpjuléiʃən]

☐☐ **master** [mǽstər]　　㉘ 주인; 거장, 명인

☐☐ **united** [ju:náitid]　　㉗ 연합된, 통합된

☐☐ **editor** [édətər]　　㉘ 편집장
　　⊕edit [édit]　㉙ 편집하다

☐☐ **lifetime** [láiftàim]	몡 일생, 평생

| ☐☐ **attendant** [əténdənt] | 몡 종업원, 안내원 혱 출석해 있는 |

☐☐ **mother tongue**   몡 모국어

☐☐ **domain** [douméin]   몡 영토, 분야, 영역

☐☐ **closure** [klóuʒər]   몡 폐쇄, 마감, 폐점
    ⊕**close** [klouz]   동 닫다

☐☐ **copyright** [kápiràit]   몡 저작권, 판권

☐☐ **collision** [kəlíʒən]   몡 충돌 (사고), 부딪침
    ⊕**collide** [kəláid]   동 충돌하다

☐☐ **deadly** [dédli]   혱 치명적인, 생명을 앗아가는

☐☐ **national anthem**   몡 국가(國歌)

☐☐ **stage** [steidʒ]   몡 (발달·진행상의) 단계, 시기; 무대

☐☐ **continuous** [kəntínjuəs]   혱 계속되는, 지속적인
    ⊕**continue** [kəntínjuː]   동 계속되다

☐☐ **initially** [iníʃəlli]   면 처음에

☐☐ **triumph** [tráiəmf]   몡 업적, 승리, 대성공

☐☐ **avoidance** [əvɔ́idəns]   몡 회피, 방지
    ⊕**avoid** [əvɔ́id]   동 피하다

☐☐ **intake** [íntèik]   몡 섭취, 섭취량

☐☐ **clan** [klæn]   몡 씨족, 문중

☐☐ **childhood** [tʃáildhùd]   몡 어린 시절

☐☐ **conversion** [kənvə́ːrʒən]   몡 전환, 개조
    ⊕**convert** [kənvə́ːrt]   동 전환시키다, 개조하다

☐☐ **convey** [kənvéi]   동 (생각·감정 등을) 전달하다; 실어나르다

☐☐ **input** [ínpùt]   몡 제공; 투입 동 입력하다

☐☐ **decorative** [dékərətiv] 　형 장식이 된; 장식용의
　⊕ decorate [dékərèit] 동 장식하다

☐☐ **depressed** [diprést] 　형 우울한, 의기소침한

☐☐ **imitation** [ìmitéiʃən] 　명 모방, 모조품
　⊕ imitate [ímitèit] 동 모방하다, 본뜨다

☐☐ **digestive** [didʒéstiv] 　형 소화의, 소화력이 있는 　명 소화제

☐☐ **Fahrenheit** [fǽrənhàit] 　형 화씨의
　⊕ Celsius [sélsiəs] 형 섭씨의(=centigrade)

☐☐ **fixture** [fíkstʃər] 　명 설비, 비품; 경기

☐☐ **legally** [líːgəli] 　부 법률적으로, 합법적으로

☐☐ **philosophy** [filásəfi] 　명 철학

☐☐ **stereotype** [stériətàip] 　명 고정 관념, 정형화된 생각

☐☐ **patriotism** [péitriətìzəm] 　명 애국심
　⊕ patriot [péitriət] 명 애국자

☐☐ **morality** [mɔːrǽləti] 　명 도덕

☐☐ **garage sale** 　명 (사람이 자기 집 차고에서 하는) 중고 물품
　　　　　　　　　　　세일

☐☐ **honorable** [ánərəbl] 　형 고결한, 정직한

☐☐ **immense** [iméns] 　형 엄청난, 어마어마한

☐☐ **longitude** [lándʒətjùːd] 　명 경도
　⊕ latitude [lǽtətjùːd] 명 위도

☐☐ **textile** [tékstail] 　명 직물, 옷감

☐☐ **credible** [krédəbl] 　형 믿을 수 있는, 신뢰할 수 있는
　⊕ 반의어 incredible [inkrédəbl] 형 믿을 수 없는, 신뢰할 수 없는

☐☐ **stagger** [stǽgər] 　동 비틀거리다; (마음이) 동요하다

□□ **lure** [luər] [동] 꾀다, 유혹하다 [명] 매혹, 미끼

□□ **minimize** [mínəmàiz] [동] 최소화하다

□□ **moderately** [mɑ́dərətli] [부] 중간 정도로, 적당히
⊕ moderate [mɑ́dərət] [형] 알맞은, 적당한

□□ **pharmacist** [fɑ́:rməsist] [명] 약사
⊕ pharmacy [fɑ́:rməsi] [명] 약국, 약학

□□ **pole** [poul] [명] 막대기, 기둥, 장대

□□ **prediction** [pridíkʃən] [명] 예측, 예견
⊕ predict [pridíkt] [동] 예측하다, 예견하다

□□ **recruit** [rikrú:t] [동] (신입 사원 · 신병 등을) 모집하다

□□ **revolutionary** [rèvəlú:ʃənèri] [형] 혁명의, 혁명적인
⊕ revolution [rèvəlú:ʃən] [명] 혁명

□□ **rotten** [rɑ́tn] [형] 썩은, 부패한
⊕ rot [rat] [동] 썩다, 부패하다

□□ **statesman** [stéitsmən] [명] 정치인, 정치가

□□ **plead** [pli:d] [동] 애원하다, 호소하다

□□ **dictator** [díkteitər] [명] 독재자

Voca 26 초스피드 TEST

A 다음 영어 단어에 해당하는 우리말 뜻을 쓰시오.

01 stagger ....

02 lure ....

03 morality ....

04 triumph ....

05 trial ....

06 Arctic ....

07 immense ....

08 storage ....

09 autograph ....

10 poison ....

11 intervention ....

12 prominent ....

13 collision ....

14 avoidance ....

15 pioneer ....

16 fatal ....

B 다음에 해당하는 영어 단어를 쓰시오.

01 erode의 명사형 ....

02 even의 반의어 ....

03 close의 명사형 ....

04 continue의 형용사형 ....

05 predict의 명사형 ....

06 revolution의 형용사형 ....

A 01 비틀거리다, (마음이) 동요하다 02 유혹하다; 매혹 03 도덕 04 업적, 승리 05 재판; 시도 06 북극의; 북극 07 엄청난, 어마어마한 08 저장, 보관 09 사인; 자필 서명하다 10 독, 독약 11 조정, 중재 12 중요한, 유명한 13 충돌, 부딪침 14 회피, 방지 15 개척자, 선구자 16 치명적인
B 01 erosion 02 uneven 03 closure 04 continuous 05 prediction 06 revolutionary

01 수송		09 경도	
02 은퇴, 퇴직		10 믿을 수 있는	
03 떨림, 진동		11 최소화하다	
04 연합하다		12 합법적으로	
05 썩은, 부패한		13 애원하다	
06 자동의		14 철학	
07 분출하다		15 어린 시절	
08 진단, 분석		16 전환, 개조	

D 다음 우리말 뜻에 해당하는 영어 단어를 쓰시오.

01 만성 질환		illness
02 관사를 생략하다		an article
03 보트를 조정하다		a boat
04 모국어	mother	
05 국가(國歌)	national	
06 소화 기능		functions

☐☐ **demanding** [dimǽndiŋ]　　🔺 부담이 큰, 힘든
　　⊕ demand [dimǽnd]　🔺 요구하다

☐☐ **irresistible** [ìrizístəbl]　　🔺 억누를 수 없는

☐☐ **stack** [stæk]　　🔺 무더기, 더미　🔺 쌓다, 쌓아올리다

☐☐ **revenge** [rivéndʒ]　　🔺 복수, 보복　🔺 복수하다

☐☐ **legal** [líːgəl]　　🔺 법률과 관련된
　　⊕ 반의어 illegal [ilíːgəl]　🔺 불법의

☐☐ **thoroughly** [θə́ːrouli]　　🔺 대단히; 완전히

☐☐ **evaporate** [ivǽpərèit]　　🔺 증발하다; 소멸하다
　　⊕ evaporation [ivæpəréiʃən]　🔺 증발; 소멸

☐☐ **injustice** [indʒʌ́stis]　　🔺 불평등; 부당함
　　⊕ 반의어 justice [dʒʌ́stis]　🔺 정의, 공정

☐☐ **fertilization** [fə̀ːrtəlizéiʃən]　　🔺 (토질의) 비옥화
　　⊕ fertilize [fə́ːrtəlàiz]　🔺 (토지를) 기름지게 하다
　　⊕ fertilizer [fə́ːrtəlàizər]　🔺 비료

☐☐ **proposition** [prɑ̀pəzíʃən]　　🔺 제안, 계획, 명제

☐☐ **worsen** [wə́ːrsən]　　🔺 악화되다; 악화시키다
　　⊕ worse [wəːrs]　🔺 더 나쁜

☐☐ **monk** [mʌŋk]　　🔺 수도자, 수도승

☐☐ **hover** [hʌ́vər]　　🔺 (허공을) 맴돌다, 떠다니다; 망설이다

☐☐ **collaboration** [kəlæ̀bəréiʃən]　　🔺 협력, 합작, 공동 작업
　　⊕ collaborate [kəlǽbərèit]　🔺 협력하다

☐☐ **disqualify** [diskwɑ́ləfài]　　🔺 자격을 박탈하다, 실격시키다

☐☐ **galaxy** [gǽləksi] 　　　　 명 은하계

☐☐ **flock** [flɑk] 　　　　 명 떼, 무리

☐☐ **surrounding** [səráundiŋ] 　　　　 형 인근의, 주위의

☐☐ **warm-hearted** [wɔ́ːrmháːrtid] 형 마음이 따뜻한
　　◈ 반의어 **cold-hearted** [kóuldháːrtid] 형 매정한, 냉담한

☐☐ **junior** [dʒúːnjər] 　　　　 형 하급의, 부하의

☐☐ **prosperous** [práspərəs] 　　　 형 번영한, 번창한
　　◈ **prosperity** [praspérəti] 명 번영, 번창

☐☐ **subscribe** [səbskráib] 　　　 동 구독하다, (인터넷 등에) 가입하다
　　◈ **subscription** [səbskrípʃən] 명 구독

☐☐ **friction** [fríkʃən] 　　　　 명 〈물리〉 마찰, 충돌

☐☐ **vocation** [voukéiʃən] 　　　 명 직업, 천직

☐☐ **translator** [trænsléitər] 　　　 명 번역가, 통역사
　　◈ **translate** [trænsléit] 동 번역하다, 해석하다

☐☐ **geometry** [dʒiːámətri] 　　　 명 기하학

☐☐ **tactic** [tǽktik] 　　　　 명 전략, 작전

☐☐ **portion** [pɔ́ːrʃən] 　　　　 명 부분, 일부

☐☐ **sympathize** [símpəθàiz] 　　 동 동정하다, 측은히 여기다
　　◈ **sympathy** [símpəθi] 명 동정, 연민

☐☐ **recording** [rikɔ́ːrdiŋ] 　　　 명 녹음, 녹화
　　◈ **record** [rikɔ́ːrd] 동 기록하다; 녹음하다

☐☐ **sting** [stiŋ] 　　　　 동 (곤충이나 식물이) 쏘다, 찌르다

☐☐ **haunt** [hɔːnt] 　　　　 동 자주 들르다; 출몰하다

☐☐ **mutual** [mjúːtʃuəl] 　　　 형 상호간의, 서로의
　　◈ **mutually** [mjúːtʃuəli] 부 서로, 상호간에, 공통으로

☐☐ **mercury** [mə́ːrkjəri]	몡 수은	

☐☐ **inflate** [infléit]　　　　　　통 팽창하다, 팽창시키다

☐☐ **infection** [infékʃən]　　　　몡 감염, 전염
　⊕ infectious [infékʃəs]　혱 전염되는, 전염성의
　⊕ infect [infékt]　통 감염시키다, 전염시키다

☐☐ **murmur** [mə́ːrmər]　　　　통 속삭이다, 중얼거리다　몡 속삭임, 중얼거림

☐☐ **spiritual** [spíritʃuəl]　　　　혱 정신의, 정신적인
　⊕ spirit [spírit]　몡 정신, 영혼

☐☐ **prioritize** [praió:ritàiz]　　통 우선순위를 매기다
　⊕ prior [práiər]　혱 전의, 먼저의

☐☐ **mood** [muːd]　　　　　　　몡 기분

☐☐ **stiff** [stif]　　　　　　　　혱 뻣뻣한, 뻑뻑한

☐☐ **subtle** [sʌ́tl]　　　　　　　혱 미묘한, 감지하기 힘든

☐☐ **preoccupied** [priːɑ́kjəpàid]　혱 (어떤 생각·걱정에) 사로잡힌

☐☐ **loyal** [lɔ́iəl]　　　　　　　　혱 충실한, 충성스러운
　⊕ 혼동 어휘 loyal [lɔ́iəl]　혱 충실한, 충성스러운 / royal [rɔ́iəl]　혱 왕족의

☐☐ **respectable** [rispéktəbl]　혱 존경할 만한, 훌륭한

☐☐ **poisonous** [pɔ́izənəs]　　혱 유독한, 독성이 있는
　⊕ poison [pɔ́izən]　몡 독, 독약　통 독약을 쓰다

☐☐ **pitch** [pitʃ]　　　　　　　　몡 던지기; 정점; 경기장
　　　　　　　　　　　　　　　통 (천막 등을) 치다; (공을 타자에게) 던지다

☐☐ **outrageous** [autréidʒəs]　혱 난폭한, 악의에 찬

☐☐ **spontaneous** [spɑntéiniəs]　혱 자발적인, 임의의

☐☐ **noun** [naun]　　　　　　　몡 〈문법〉 명사

☐☐ **halfway** [hǽfwéi]　　　　　 부 (거리·시간상) 중간에

□□ **metropolitan** [mètrəpálitən] [형] 대도시의, 수도의

□□ **fallacy** [fǽləsi] [명] (많은 사람들이 옳다고 믿는) 틀린 생각, 오류

□□ **bold** [bould] [형] 용감한, 대담한
⊕ 혼동 어휘 **bold** [bould] [형] 용감한, 대담한 / **bald** [bɔːld] [형] 대머리의

□□ **conservative** [kənsə́ːrvətiv] [형] 보수적인, 보수주의의

□□ **submerge** [səbmə́ːrdʒ] [동] 잠수하다, 물속에 잠기다

□□ **reluctant** [rilʌ́ktənt] [형] 꺼리는, 마지못한
⊕ **reluctance** [rilʌ́ktəns] [명] 꺼림, 내키지 않음

□□ **pastime** [pǽstàim] [명] 취미, 기분 전환

□□ **commodity** [kəmádəti] [명] 상품, 물품; 원자재

□□ **meanwhile** [míːnhwàil] [부] 그 동안에

□□ **fingerprint** [fíŋgərprìnt] [명] 지문

□□ **archaeology** [àːrkiálədʒi] [명] 고고학
⊕ **archaeological** [àːrkiálədʒikəl] [형] 고고학의

□□ **integrate** [íntəgrèit] [동] 통합시키다, 합치다
⊕ **integration** [ìntəgréiʃən] [명] 통합, 융합

□□ **backbone** [bǽkbòun] [명] 척추, 등뼈

□□ **lastly** [lǽstli] [부] 마지막으로, 끝으로

□□ **compound** [kámpaund] [명] 화합물, 혼합물 [형] 합성의, 복합의
[kəmpáund] [동] 혼합하다

□□ **legislation** [lèdʒisléiʃən] [명] 법률, 법률 제정, (제정된) 법
⊕ **legislate** [lédʒislèit] [동] 법률을 제정하다

□□ **atomic** [ətámik] [형] 원자의
⊕ **atom** [ǽtəm] [명] 〈물리〉 원자, 원자력

□□ **basically** [béisikəli] [부] 기본적으로, 근본적으로

☐☐ **costly** [kɔ́ːstli] 　　　 휑 값비싼, 사치스러운
　　⊕ cost [kɔːst]] 몡 값, 비용 통 (비용이) ~ 들다

☐☐ **bland** [blænd] 　　　 휑 특징 없는, 단조로운

☐☐ **hero** [híərou] 　　　 몡 영웅

☐☐ **chaotic** [keiɑ́tik] 　　　 휑 무질서한, 어지러운
　　⊕ chaos [kéias] 몡 무질서, 혼란

☐☐ **claw** [klɔː] 　　　 몡 (동물·새의) 발톱

☐☐ **discourage** [diskə́ːridʒ] 　　　 통 낙담시키다, 용기를 잃게 하다

☐☐ **electronics** [ilektrɑ́niks] 　　　 몡 전자 공학

☐☐ **comprehensible** 　　　 휑 이해할 수 있는
　　[kɑ̀mprihénsəbl]

☐☐ **precisely** [prisáisli] 　　　 휀 바로, 꼭, 정확히
　　⊕ precise [prisáis] 휑 정확한, 정밀한

☐☐ **dormitory** [dɔ́ːrmətɔ̀ːri] 　　　 몡 공동 침실, 기숙사

☐☐ **ecology** [iːkɑ́lədʒi] 　　　 몡 생태계, 생태학

☐☐ **conform** [kənfɔ́ːrm] 　　　 통 순응하다, 따르다
　　⊕ 혼동 어휘 conform [kənfɔ́ːrm] 통 순응하다, 따르다
　　　　　　 confirm [kənfə́ːrm] 통 확인하다, 승인하다

☐☐ **photograph** [fóutəgræ̀f] 　　　 몡 사진

☐☐ **degrade** [digréid] 　　　 통 비하하다, 모멸하다

☐☐ **transit** [trǽnsit] 　　　 몡 수송, 운반

☐☐ **constraint** [kənstréint] 　　　 몡 제약, 속박
　　⊕ constrain [kənstréin] 통 강요하다, 구속하다

☐☐ **freshness** [fréʃnis] 　　　 몡 신선미, 생생함, 상쾌함
　　⊕ fresh [freʃ] 휑 신선한, 새로운

☐☐ **diploma** [diplóumə]   명 졸업장, 대학(원) 학위, 자격증

☐☐ **engineering** [èndʒəníəriŋ]   명 공학 기술

☐☐ **tip** [tip]   명 (뾰족한) 끝

☐☐ **sentimental** [sèntiméntl]   형 정서적인, 감정적인
    ⊕ sentiment [séntəmənt]   명 정서, 감정

☐☐ **deputy** [dépjəti]   명 대리인, 국회의원

☐☐ **evaporation** [ivæpəréiʃən]   명 증발, 소멸
    ⊕ evaporate [ivæpərèit]   동 증발하다

☐☐ **exceptional** [iksépʃənəl]   형 예외적인, 아주 뛰어난
    ⊕ exceptionally [iksépʃənəli]   부 유난히, 특별히

☐☐ **glimmer** [glímər]   명 깜박이는 빛   동 (빛이) 깜박깜박하다

☐☐ **harness** [háːrnis]   명 마구(馬具)

☐☐ **pledge** [pledʒ]   명 맹세, 서약   동 맹세하다, 서약하다

☐☐ **pottery** [pátəri]   명 도자기

☐☐ **prevailing** [privéiliŋ]   형 우세한, 지배적인

☐☐ **sensor** [sénsər]   명 센서, 감지기
    ⊕ sense [sens]   동 감지하다, 느끼다

☐☐ **cross** [krɔːs]   명 십자가, 십자 표시; 고난
                   동 건너다, 횡단하다

Voca 27 초스피드 TEST

A 다음 영어 단어에 해당하는 우리말 뜻을 쓰시오.

01 conform

02 sensor

03 stack

04 fallacy

05 deputy

06 exceptional

07 friction

08 junior

09 metropolitan

10 glimmer

11 collaboration

12 legislation

13 atomic

14 disqualify

15 inflate

16 prevailing

B 다음에 해당하는 영어 단어를 쓰시오.

01 evaporate의 명사형

02 sympathy의 동사형

03 infect의 형용사형

04 constrain의 명사형

05 legal의 반의어

06 evaporate의 명사형

A 01 순응하다, 따르다 02 센서, 감지기 03 더미; 쌓다 04 오류 05 대리인 06 예외적인, 아주 뛰어난 07 마찰; 충돌 08 하급의, 부하의 09 대도시의 10 깜박이는 빛 11 협력, 공동 작업 12 법률, 법률 제정 13 원자의 14 자격을 박탈하다, 실격시키다 15 팽창하다 16 우세한

B 01 evaporation 02 sympathize 03 infectious 04 constraint 05 illegal 06 evaporation

⊙ 다음 우리말 뜻에 해당하는 영어 단어를 쓰시오.

01 감염, 전염 ....

02 구독하다 ....

03 기본적으로 ....

04 상호간의, 서로의 ....

05 생태계, 생태학 ....

06 악화되다 ....

07 증발하다 ....

08 존경할 만한 ....

09 유독한 ....

10 무질서한 ....

11 제안, 계획, 명제 ....

12 번영한, 번창한 ....

13 불평등 ....

14 전자 공학 ....

15 법률과 관련된 ....

16 통합시키다 ....

⊙ 다음 우리말 뜻에 해당하는 영어 단어를 쓰시오.

01 억누를 수 없는 충동   an .... urge

02 한 떼의 양   a .... of sheep

03 충실한 지지자   a .... supporter

04 보수적인 정책   .... policy

05 저렴하고 신속한 수송   cheap and rapid ....

06 굳은 맹세   a firm ....

Answer

⊙ 01 infection 02 subscribe 03 basically 04 mutual 05 ecology 06 worsen 07 evaporate 08 respectable 09 poisonous 10 chaotic 11 proposition 12 prosperous 13 injustice 14 electronics 15 legal 16 integrate

⊙ 01 irresistible 02 flock 03 loyal 04 conservative 05 transit 06 pledge

Voca 28 출제율 60% 이상 영단어 [8]

□□ **assumed** [əsúːmd] [형] 추정되는
⊕ assume [əsúːm] [동] 추정하다, 가정하다

□□ **thrust** [θrʌst] [동] (거칠게) 밀다, 밀치다 [명] 추진력

□□ **terrain** [təréin] [명] 지형, 지역

□□ **inland** [ínlənd] [형] 내륙의, 오지의
[ínlænd] [명] 내륙, 오지

□□ **lessen** [lésn] [동] 줄다, 줄이다

□□ **captivity** [kæptívəti] [명] 감금, 억류
⊕ captive [kǽptiv] [명] 포로

□□ **deepen** [díːpn] [동] 깊어지다, 깊게 하다

□□ **attorney** [ətə́ːrni] [명] 변호사

□□ **attribute** [ətríbjuːt] [동] 결과로 보다, 덕분이라고 생각하다
[ǽtrəbjùːt] [명] 속성, 특성

□□ **certain** [sə́ːrtn] [형] 확실한, 틀림없는
⊕ certainly [sə́ːrtnli] [부] 확실히, 틀림없이

□□ **documentary** [dɑ̀kjəméntəri] [명] 다큐멘터리, 기록물

□□ **cone** [koun] [명] 원뿔
⊕ conic [kɑ́nik] [형] 원뿔의

□□ **directly** [diréktli] [부] 곧장, 똑바로

□□ **corrupt** [kərʌ́pt] [형] (도덕적으로) 부패한, 타락한
[동] (도덕적으로) 타락시키다
⊕ corruption [kərʌ́pʃən] [명] 부패, 타락

| | **concerning** [kənsə́ːrniŋ] | 졘 ~에 관한 |

| | **fearful** [fíərfəl] | 혱 두려워하는, 무서운 |
| | ⊕ fear [fíər] 몡 두려움, 우려 |

| | **daydream** [déidrìːm] | 몡 백일몽 |

| | **faculty** [fǽkəlti] | 몡 재능, 능력 |

| | **fellow** [félou] | 몡 녀석, 친구 |

| | **dialect** [dáiəlèkt] | 몡 방언, 사투리 |

| | **intercept** [ìntərsépt] | 통 가로막다, 가로채다 |
| | ⊕ interception [ìntərsépʃən] 몡 저지, 차단 |

| | **dip** [dip] | 통 (액체에) 살짝 담그다, 적시다 |
| | | 몡 잠깐 적시기; 하강 |

| | **distort** [distɔ́ːrt] | 통 왜곡하다, 비틀다 |

| | **drainage** [dréinidʒ] | 몡 배수, 배수로, 하수구 |

| | **exaggerated** [igzǽdʒərèitid] | 혱 과장된, 부풀린, 지나친 |

| | **locally** [lóukəli] | 뷔 위치상으로, 지방적으로 |
| | ⊕ local [lóukəl] 혱 지방의, 지역의 |

| | **metal** [métl] | 몡 금속 |

| | **faulty** [fɔ́ːlti] | 혱 결함이 있는, 불완전한 |
| | ⊕ fault [fɔ́ːlt] 몡 잘못, 결함 |

| | **fragrant** [fréigrənt] | 혱 향기로운, 향긋한 |

| | **grind** [graind] | 통 (곡물 등을) 잘게 갈다 |

| | **unfortunate** [ʌnfɔ́ːrtʃənit] | 혱 운이 없는, 불행한 |

| | **herbal** [hɔ́ːrbəl] | 혱 허브의, 약초의, 허브[약초]로 만든 |
| | ⊕ herb [həːrb] 몡 풀, 약초 |

| | **icy** [áisi] | 혱 얼음같이 찬 |

☐☐ **mutually** [mjúːtʃuəli] ⊕ 서로, 상호간에, 공통으로
  ⊕ **mutual** [mjúːtʃuəl] ⊕ 상호간의, 서로의

☐☐ **dim** [dim] ⊕ (빛이) 어둑한, 흐릿한

☐☐ **instinct** [ínstiŋkt] ⊕ 본능, 직관; 타고난 소질

☐☐ **memorable** [mémərəbl] ⊕ 기억할 만한
  ⊕ **memory** [méməri] ⊕ 기억
  ⊕ **memorize** [méməràiz] ⊕ 기억하다

☐☐ **interpreter** [intə́ːrprətər] ⊕ 통역사
  ⊕ **interpret** [intə́ːrprit] ⊕ 통역하다

☐☐ **lap** [læp] ⊕ 무릎 ⊕ ~을 접다; 겹쳐지다

☐☐ **lifelong** [láiflɔ̀(ː)ŋ] ⊕ 평생 동안의, 일생의

☐☐ **messenger** [mésəndʒər] ⊕ (메시지를 전하는) 메신저, 심부름꾼

☐☐ **highway** [háiwèi] ⊕ 고속도로

☐☐ **vastly** [vǽstli] ⊕ 대단히, 엄청나게
  ⊕ **vast** [væst] ⊕ 막대한, 거대한

☐☐ **foresee** [fɔːrsíː] ⊕ 예견하다, 예지하다

☐☐ **shield** [ʃiːld] ⊕ 방패

☐☐ **tedious** [tíːdiəs] ⊕ 지루한, 싫증나는
  ⊕ 유의어 **boring** [bɔ́riŋ] ⊕ 지루한 / **tiresome** [táiərsəm] ⊕ 지겨운

☐☐ **pacific** [pəsífik] ⊕ 평화로운, 태평한; 태평양의

☐☐ **persuasive** [pərswéisiv] ⊕ 설득력 있는
  ⊕ **persuade** [pərswéid] ⊕ 설득하다

☐☐ **incurable** [inkjúərəbl] ⊕ 치유할 수 없는, 불치의

☐☐ **wetland** [wétlæ̀nd] ⊕ 습지

☐☐ **interior** [intíəriər] ⊕ 내부

☐☐ **wilderness** [wíldərnis]	명 황야, 황무지

☐☐ **pretending** [priténdiŋ] 　형 겉치레하는, 거짓의, 사칭하는
　⊕ pretend [priténd] 　동 ~인 척하다, 가식적으로 행동하다

☐☐ **scalp** [skælp] 　명 두피; 전리품

☐☐ **influenza** [influénzə] 　명 인플루엔자, 유행성 감기(=flu)

☐☐ **surrender** [səréndər] 　동 항복하다, 투항하다

☐☐ **wrestle** [résəl] 　동 몸싸움을 벌이다; 레슬링을 하다

☐☐ **nutritious** [nju:tríʃəs] 　형 영양분이 많은, 영양가가 높은
　⊕ nutrition [nju:tríʃən] 　명 영양, 영양분

☐☐ **morally** [mɔ́:rəli] 　부 도덕적으로, 정신적으로
　⊕ moral [mɔ́:rəl] 　형 도덕적인

☐☐ **plant** [plænt] 　명 식물, 나무; 공장, 시설　동 심다

☐☐ **peasant** [pézənt] 　명 소작농

☐☐ **overcharge** [òuvərtʃá:rdʒ] 　동 (금액을 너무) 많이 청구하다, 바가지를 씌
　우다

☐☐ **arise** [əráiz] 　동 일어나다, 발생하다

☐☐ **commonplace** [kámənplèis] 　형 아주 흔한　명 흔히 있는 일, 다반사

☐☐ **whine** [hwain] 　동 징징거리다, 우는 소리를 하다

☐☐ **spinal** [spáinəl] 　형 척추의
　⊕ spine [spain] 　명 척추

☐☐ **surveillance** [sə:rvéiləns] 　명 감시, 감독

☐☐ **prolong** [proulɔ́:ŋ] 　동 연장시키다, 연장하다

☐☐ **pleasing** [plí:ziŋ] 　형 즐거운, 기분 좋은

☐☐ **foresight** [fɔ́:rsàit] 　명 예지력, 선견지명
　⊕ foresee [fɔ:rsí:] 　동 예견하다, 예지하다

☐☐ **lasting** [lǽstiŋ]	혱 영속적인, 지속적인	

☐☐ **subtract** [səbtrǽkt]   동 빼다, 차감하다
    ⊕ subtraction [səbtrǽkʃən]   명 빼기

☐☐ **pierce** [piərs]   동 꿰뚫다, 관통하다

☐☐ **refrigerate** [rifrídʒərèit]   동 (음식 등을) 냉장하다, 냉장고에 보관하다
    ⊕ refrigerator [rifrídʒərèitər]   명 냉장고

☐☐ **pollinate** [pálənèit]   동 수분(受粉)하다
    ⊕ pollen [pálən]   명 꽃가루

☐☐ **astonishing** [əstániʃiŋ]   혱 정말 놀라운, 믿기 힘든

☐☐ **considerate** [kənsídərət]   혱 사려 깊은, 배려하는

☐☐ **encyclopedia** [insàikləpí:diə]   명 백과사전

☐☐ **regarding** [rigá:rdiŋ]   전 ~에 관하여

☐☐ **retailing** [rí:teiliŋ]   명 소매업
    ⊕ 반의어 wholesaling [hóulseiliŋ]   명 도매업

☐☐ **precaution** [prikɔ́:ʃən]   명 예방책, 예방 조치

☐☐ **observance** [əbzə́:rvəns]   명 (법률·규칙 등의) 준수; (축제·생일 등의)
                              축하, 기념

☐☐ **misleading** [mislí:diŋ]   혱 오도하는, 현혹하는

☐☐ **narrowly** [nǽrouli]   부 가까스로, 간신히, 아슬아슬하게
    ⊕ narrow [nǽrou]   혱 좁은, 편협한

☐☐ **jewel** [dʒú:əl]   명 보석; 장신구

☐☐ **intonation** [ìntənéiʃən]   명 억양

☐☐ **heating** [hí:tiŋ]   명 난방, 난방 장치
    ⊕ heat [hi:t]   명 열, 난방

☐☐ **petal** [pétl]   명 꽃잎

□□ **clothing** [klóuðiŋ]　　명 옷, 의복

□□ **unity** [júːnəti]　　명 통합, 통일
　⊕unite [juːnáit] 통 연합하다, 통합시키다

□□ **consulting** [kənsʌ́ltiŋ]　　형 상담역의, 고문의

□□ **creep** [kriːp]　　동 살금살금 움직이다

□□ **dare** [dɛər]　　동 ~할 용기가 있다, 감히 ~하다

□□ **malfunction** [mælfʌ́ŋkʃən]　　명 기능 부전, 고장 통 제대로 작동하지 않다

□□ **break** [breik]　　동 깨어지다, 부서지다; 깨다, 부수다

□□ **flawless** [flɔ́ːlis]　　형 흠 하나 없는, 나무랄 데 없는
　⊕flaw [flɔː] 명 결점, 흠

□□ **interpersonal** [intərpə́ːrsənəl]　　형 대인관계에 관련된

□□ **witty** [wíti]　　형 재치 있는
　⊕wit [wit] 명 기지, 재치

□□ **royal** [rɔ́iəl]　　형 왕족의, 국왕의

□□ **promising** [prámisiŋ]　　형 유망한, 촉망되는

□□ **unacceptable** [ʌnəkséptəbl]　　형 받아들일 수 없는, 용인할 수 없는
　⊕ 반의어 acceptable [ækséptəbl] 형 받아들일 만한, 만족스러운

Voca 28 초스피드 TEST

A 다음 영어 단어에 해당하는 우리말 뜻을 쓰시오.

01 commonplace ....
02 arise ....
03 locally ....
04 grind ....
05 herbal ....
06 mutually ....
07 terrain ....
08 intercept ....

09 retailing ....
10 incurable ....
11 misleading ....
12 interior ....
13 lessen ....
14 witty ....
15 malfunction ....
16 dip ....

B 다음에 해당하는 영어 단어를 쓰시오.

01 **corrupt**의 명사형 ....
02 **fault**의 형용사형 ....
03 **memory**의 동사형 ....
04 **spine**의 형용사형 ....
05 **acceptable**의 반의어 ....
06 **foresee**의 명사형 ....

--- Answer ---

A 01 아주 흔한; 흔히 있는 일 02 일어나다, 발생하다 03 위치상으로 04 잘게 갈다 05 허브의, 약초의 06 서로, 상호간에 07 지형, 지역 08 가로막다 09 소매업 10 불치의 11 오도하는, 현혹하는 12 내부 13 줄다, 줄이다 14 재치 있는 15 고장; 제대로 작동하지 않다 16 살짝 담그다, 적시다

B 01 corruption 02 faulty 03 memorize 04 spinal 05 unacceptable 06 foresight

C 다음 우리말 뜻에 해당하는 영어 단어를 쓰시오.

01 예방책 ....
02 빼다 ....
03 예지력, 선견지명 ....
04 징징거리다 ....
05 배수 ....
06 황야, 황무지 ....
07 원뿔 ....
08 왜곡하다 ....

09 도덕적으로 ....
10 (법 등의) 준수 ....
11 냉장하다 ....
12 연장시키다 ....
13 과장된 ....
14 항복하다 ....
15 통합, 통일 ....
16 ~에 관하여 ....

D 다음 우리말 뜻에 해당하는 영어 단어를 쓰시오.

01 내륙 지역 .... areas
02 사투리로 말하다 speak in ....
03 영어를 일어로 통역하다 .... English into Japanese
04 위험을 예견하다 .... danger
05 나무를 심다 .... a tree
06 백과사전에서 찾아보다 consult an ....

C 01 precaution 02 subtract 03 foresight 04 whine 05 drainage 06 wilderness 07 cone
08 distort 09 morally 10 observance 11 refrigerate 12 prolong 13 exaggerated 14 surrender
15 unity 16 regarding
D 01 inland 02 dialect 03 interpret 04 foresee 05 plant 06 encyclopedia

Voca 29 출제율 60% 이상 영단어 9

□□ **refresh** [rifréʃ] [동] 생기를 되찾게 하다, 상쾌하게 하다
+ **refreshment** [rifréʃmənt] [명] 원기 회복, 휴식; 다과

□□ **salesperson** [séilzpə̀:rsn] [명] 판매원, 외판원

□□ **awesome** [ɔ́:səm] [형] 경탄할 만한, 어마어마한, 엄청난

□□ **crown** [kraun] [명] 왕관
+ 혼동 어휘 **crown** [kraun] [명] 왕관 / **clown** [klaun] [명] 광대

□□ **cruise** [kru:z] [명] 유람선 여행

□□ **contemplate** [kɑ́ntəmplèit] [동] 고려하다, 생각하다

□□ **cliff** [klif] [명] 절벽, 낭떠러지

□□ **backache** [bǽkèik] [명] 요통

□□ **poultry** [póultri] [명] 가금(家禽: 닭 · 오리 · 거위 따위), 사육 조류

□□ **blueprint** [blú:prìnt] [명] (건물 · 기계 설계용) 청사진

□□ **cluster** [klʌ́stər] [명] (열매 · 꽃의) 송이, 다발; (사람의) 무리

□□ **mostly** [móustli] [부] 주로; 일반적으로
+ **most** [moust] [형] 가장 큰[많은], 대부분의

□□ **powerful** [páuərfəl] [형] 영향력 있는, 유력한

□□ **jaw** [dʒɔ:] [명] 턱

□□ **miraculous** [mirǽkjuləs] [형] 기적적인
+ **miracle** [mírəkl] [명] 기적

□□ **kidnap** [kídnæ̀p] [동] 납치하다, 유괴하다

□□ **kidney** [kídni] [명] 신장, 콩팥

☐☐ **lawn** [lɔːn]	몡 잔디밭; 잔디	
☐☐ **co-worker** [kowə́ːrkər]	몡 동료	
☐☐ **glimpse** [glimps]	몡 흘끗 보기 통 흘끗 보다	
☐☐ **preference** [préfərəns]	몡 선호, 애호	
⊕ **prefer** [prifə́ːr] 통 더 좋아하다, 선호하다		
☐☐ **holy** [hóuli]	혱 신성한, 성스러운	
☐☐ **honored** [ánərd]	혱 명예로운	
⊕ **honor** [ánər] 몡 명예, 존경		
☐☐ **crater** [kréitər]	몡 분화구	
☐☐ **dizzy** [dízi]	혱 어지러운, 현기증이 나는	
☐☐ **motionless** [móuʃənlis]	혱 움직이지 않는, 가만히 있는	
⊕ **motion** [móuʃən] 몡 움직임, 동작		
☐☐ **disgrace** [disgréis]	몡 망신, 수치, 불명예	
☐☐ **exclusive** [iksklúːsiv]	혱 독점적인, 전용의	
⊕ **exclude** [iksklúːd] 통 배제하다, 제외하다		
☐☐ **competent** [kámpətənt]	혱 유능한, 능숙한	
⊕ **competence** [kámpətəns] 몡 능력, 역량		
☐☐ **flour** [flauər]	몡 (곡물의) 가루, 밀가루	
☐☐ **cradle** [kréidl]	몡 요람, 아기 침대	
☐☐ **auditorium** [ɔ̀ːditɔ́ːriəm]	몡 객석	
☐☐ **crafty** [krǽfti]	혱 술수가 뛰어난, 교활한	
⊕ **craft** [kræft] 몡 기능, 기술		
☐☐ **interchange** [ìntərtʃéindʒ]	몡 (특히 생각·정보의) 교환 통 교환하다	
☐☐ **engrave** [ingréiv]	통 새기다, 조각하다; 명심하다	
☐☐ **decode** [diːkóud]	통 (암호를) 해독하다	

☐☐	**disable** [diséibl]	동	(신체에) 장애를 입히다, 장애자로 만들다

⊕ disabled [diséibld] 형 불구의, 신체 장애가 있는

☐☐	**distress** [distrés]	명	(정신적) 고통, 괴로움

☐☐	**mosaic** [mouzéiik]	명	모자이크

☐☐	**boastful** [bóustfəl]	형	뽐내는, 자랑하는

⊕ boast [boust] 동 뽐내다, 자랑하다

☐☐	**cripple** [krípl]	동 불구로 만들다 명	장애인

☐☐	**soybean** [sɔ́ibìːn]	명	콩, 대두

☐☐	**actively** [ǽktivli]	부	활발히, 활동적으로, 적극적으로

☐☐	**cereal** [síəriəl]	명	곡식이 되는 작물, 곡류(벼 · 보리 · 밀 등)

☐☐	**chain** [tʃein]	명	사슬, 쇠줄; 목걸이

☐☐	**dine** [dain]	동	식사를 하다, 만찬을 들다

⊕ dining [dáiniŋ] 명 식사하기, 정찬

☐☐	**carpenter** [káːrpəntər]	명	목수

☐☐	**cautiously** [kɔ́ːʃəsli]	부	조심스럽게, 신중히

⊕ cautious [kɔ́ːʃəs] 형 조심스러운, 신중한

☐☐	**amuse** [əmjúːz]	동	(사람을) 즐겁게 하다

☐☐	**forefather** [fɔ́ːrfὰːðər]	명	(주로 남자) 조상, 선조

☐☐	**congress** [káŋgris]	명	국회, 의회

☐☐	**maze** [meiz]	명	미로

☐☐	**humiliate** [hjuːmílièit]	동	굴욕감을 주다, 창피를 주다

⊕ humiliation [hjuːmìliéiʃən] 명 창피주기, 굴욕

☐☐	**schoolwork** [skúːlwɔ̀ːrk]	명	학업, 학교 공부

☐☐	**dusk** [dʌsk]	명	황혼, 땅거미

⊕ dawn [dɔːn] 명 새벽, 동틀 녘

☐☐ **nutritional** [nju:tríʃənəl]　　㉻ 영양상의
　　⊕ **nutrition** [nju:tríʃən]　㉤ 영양, 영양물

☐☐ **skillful** [skílfəl]　　㉻ 숙련된, 솜씨 좋은, 능숙한
　　⊕ 유의어 **skilled** [skild]　㉻ 숙련된, 노련한

☐☐ **tug** [tʌg]　　㉰ 세게 잡아당기다

☐☐ **unknown** [ʌ̀nnóun]　　㉻ 알려지지 않은

☐☐ **outdated** [áutdéitid]　　㉻ 구식인, 기한이 지난
　　⊕ **out of date** ㉻ 시대에 뒤진

☐☐ **vocational** [voukéiʃənəl]　　㉻ 직업의, 직무상의
　　⊕ **vocation** [voukéiʃən]　㉤ 직업, 천직

☐☐ **ponder** [pándər]　　㉰ 숙고하다, 곰곰이 생각하다

☐☐ **warmth** [wɔ:rmθ]　　㉤ 온기, 따뜻함
　　⊕ **warm** [wɔ:rm]　㉻ 따뜻한, 온난한

☐☐ **planned** [plǽnd]　　㉻ 계획된, 예정대로의

☐☐ **festive** [féstiv]　　㉻ 축제의, 흥겨운
　　⊕ **festival** [féstəvəl]　㉤ 축제

☐☐ **preliminary** [prilímənèri]　　㉻ 예비의 ㉤ 예선

☐☐ **surgical** [sə́:rdʒikəl]　　㉻ 외과의, 수술의
　　⊕ **surgically** [sə́:rdʒikəli]　㉬ 외과적으로

☐☐ **mediterranean**　　㉻ 지중해의
　　[mèdətəréiniən]

☐☐ **simplicity** [simplísəti]　　㉤ 간단함, 평이함
　　⊕ **simple** [símpl]　㉻ 간단한

☐☐ **lava** [lávə]　　㉤ 용암

☐☐ **dispense** [dispéns]　　㉰ 나누어 주다, 내놓다

☐☐ **outdo** [áutdú:]　　㉰ 능가하다

| □□ **medieval** [mìːdiíːvəl] | 혱 중세의, 중세적인 |

□□ **medieval** [mìːdiíːvəl] 혱 중세의, 중세적인

□□ **activate** [ǽktəvèit] 통 작동시키다, 활성화시키다

□□ **venue** [vénjuː] 명 (콘서트 · 스포츠 경기 · 회담 등의) 장소

□□ **delusion** [dilúːʒən] 명 망상, 현혹

□□ **commentary** [káməntèri] 명 실황 방송; 비판, 논의

□□ **mate** [meit] 명 동료, 친구, 짝

□□ **composer** [kəmpóuzər] 명 작곡가
　⊕compose [kəmpóuz] 통 작곡하다; 구성하다

□□ **abolish** [əbáliʃ] 통 (법률 · 제도 · 조직을) 폐지하다, 없애다
　⊕abolition [æbəlíʃən] 명 폐지

□□ **short-term** [ʃɔ́ːrttə̀ːrm] 혱 단기의, 단기적인
　⊕반의어 long-term [lɔ́ːŋtə̀ːrm] 혱 장기의, 장기적인

□□ **geometric** [dʒìːəmétrik] 혱 기하학의, 기하학적인
　⊕geometry [dʒiámətri] 명 기하학

□□ **abolition** [æbəlíʃən] 명 (법률 · 제도 · 조직의) 폐지
　⊕abolish [əbáliʃ] 통 폐지하다, 없애다

□□ **blunt** [blʌnt] 혱 무딘, 뭉툭한

□□ **mimic** [mímik] 통 흉내를 내다

□□ **brake** [breik] 명 브레이크, 제동 장치

□□ **blade** [bleid] 명 (칼 · 도구 등의) 날

□□ **explicit** [iksplísit] 혱 분명한, 명쾌한

□□ **mayor** [méiər] 명 시장, 군수

□□ **cabinet** [kǽbənit] 명 (정부의) 내각; 장식장

□□ **charming** [tʃáːrmiŋ] 혱 매력적인, 멋진
　⊕charm [tʃɑːrm] 명 매력

☐☐ **editorial** [èdətɔ́ːriəl] 　　　형 편집의, 편집에 관한 명 사설
　　⊕ edit [édit] 동 편집하다

☐☐ **conviction** [kənvíkʃən] 　　명 유죄 선고, 신념, 확신
　　⊕ convict [kənvíkt] 동 유죄를 선고하다

☐☐ **dome** [doum]
　　　　　　　　　　　　　명 돔, 반구형 지붕

☐☐ **draft** [dræft]
　　　　　　　　　　　　　명 원고, 초안

☐☐ **enchant** [intʃǽnt]
　　　　　　　　　　　　　동 황홀하게 만들다

☐☐ **extravagant** [ikstrǽvəgənt] 　형 낭비하는; (물건이) 지나치게 비싼

☐☐ **formulate** [fɔ́ːrmjəlèit] 　　동 (세심히) 만들어 내다; 공식화하다

☐☐ **algae** [ǽldʒi]
　　　　　　　　　　　　　명 조류(藻類), 해조

☐☐ **gland** [glænd]
　　　　　　　　　　　　　명 (분비)선(腺), 샘

A 다음 영어 단어에 해당하는 우리말 뜻을 쓰시오.

01 activate ....
02 medieval ....
03 surgical ....
04 contemplate ....
05 cliff ....
06 dispense ....
07 conviction ....
08 simplicity ....

09 forefather ....
10 venue ....
11 geometric ....
12 explicit ....
13 salesperson ....
14 awesome ....
15 interchange ....
16 disable ....

B 다음에 해당하는 영어 단어를 쓰시오.

01 refresh의 명사형 ....
02 prefer의 명사형 ....
03 humiliate의 명사형 ....
04 nutrition의 형용사형 ....
05 abolish의 명사형 ....
06 charm의 형용사형 ....

Answer

A 01 작동시키다, 활성화시키다 02 중세의, 중세적인 03 외과의, 수술의 04 고려하다, 생각하다 05 절벽 06 나누어주다 07 유죄 선고, 확신 08 간단함 09 조상, 선조 10 장소 11 기하학의 12 분명한, 명쾌한 13 판매원 14 경탄할 만한, 엄청난 15 교환; 교환하다 16 장애를 입히다

B 01 refreshment 02 preference 03 humiliation 04 nutritional 05 abolition 06 charming

C 다음 우리말 뜻에 해당하는 영어 단어를 쓰시오.

01 용암 ....

02 알려지지 않은 ....

03 유람선 여행 ....

04 청사진 ....

05 객석 ....

06 뽐내는, 자랑하는 ....

07 불구로 만들다 ....

08 활동적으로 ....

09 사슬, 쇠줄 ....

10 고통, 괴로움 ....

11 공식화하다 ....

12 기적적인 ....

13 잔디 ....

14 숙고하다 ....

15 온기 ....

16 예비의; 예선 ....

D 다음 우리말 뜻에 해당하는 영어 단어를 쓰시오.

01 아이를 유괴하다 .... a child

02 요람에서 무덤까지 from the .... to the grave

03 그의 마음에 새기다 .... upon his mind

04 구식 무기 an .... weapon

05 무딘 칼 a .... knife

06 새벽부터 황혼까지 from dawn till ....

ⓒ 01 lava 02 unknown 03 cruise 04 blueprint 05 auditorium 06 boastful 07 cripple 08 actively 09 chain 10 distress 11 formulate 12 miraculous 13 lawn 14 ponder 15 warmth 16 preliminary

ⓓ 01 kidnap 02 cradle 03 engrave 04 outdated 05 blunt 06 dusk

Voca 30 출제율 60% 이상 영단어 ⑩

□□ **swirl** [swəːrl]   통 (빠르게) 빙빙 돌다, 소용돌이치다

□□ **tube** [tjuːb]   명 관(管), 통(筒), 튜브

□□ **dust** [dʌst]   명 (흙)먼지

□□ **pavement** [péivmənt]   명 인도, 보도
    ⊕ pave [pəvéi] 통 (도로 등을) 포장하다

□□ **brighten** [bráitn]   통 밝아지다, 밝히다

□□ **attic** [ǽtik]   명 다락(방)

□□ **hood** [hud]   명 (외투 등에 달린) 모자; 자동차의 보닛

□□ **enduring** [indjúəriŋ]   형 오래가는, 지속되는
    ⊕ endure [indjúər] 통 견디다, 인내하다

□□ **interstate** [íntərstèit]   형 (특히 미국에서) 주(州)와 주(州) 사이의

□□ **barrel** [bǽrəl]   명 (목재·금속으로 된 대형) 통

□□ **besides** [bisáidz]   전 ~외에 부 게다가

□□ **marsh** [mɑːrʃ]   명 습지

□□ **notably** [nóutəbli]   부 명백히, 특히
    ⊕ notable [nóutəbl] 형 탁월한, 훌륭한

□□ **multinational** [mʌ̀ltinǽʃənl]   형 다국적의

□□ **accumulate** [əkjúːmjulèit]   통 모으다, 축적하다
    ⊕ accumulation [əkjùːmjuléiʃən] 명 축적

□□ **animate** [ǽnəmèit]   통 생기를 불어넣다

□□ **ascend** [əsénd]   통 오르다, 올라가다
    ⊕ 반의어 descend [disénd] 통 내려오다, 내려가다

☐☐ **gardener** [gάːrdnər]   똉 원예사, 정원사; 조원(造園)업자

☐☐ **hypertension** [hάipərtènʃən]   똉 고혈압
　⊕ 유의어 high blood pressure 고혈압

☐☐ **momentum** [mouméntəm]   똉 (일의 진행에 있어서의) 탄력, 가속도

☐☐ **grilled** [grild]   똉 석쇠에 구운
　⊕ grill [gril] 똉 석쇠 똉 석쇠에 굽다

☐☐ **solely** [sóulli]   똉 오로지, 단지; 단독으로
　⊕ sole [soul] 똉 유일한, 단독의

☐☐ **sociology** [sòusiάlədʒi]   똉 사회학
　⊕ sociologist [sòusiάlədʒist] 똉 사회학자

☐☐ **wreck** [rek]   똉 난파, 파괴 똉 망가뜨리다, 파괴하다

☐☐ **yard** [jɑːrd]   똉 마당, 뜰; (학교의) 운동장

☐☐ **yearbook** [jíərbùk]   똉 연감, 연보

☐☐ **thread** [θred]   똉 실

☐☐ **joint** [dʒɔint]   똉 공동의, 합동의 똉 접합하다 똉 이음새

☐☐ **premature** [prìːmətʃúər]   똉 너무 이른, 조기의; 조산의
　⊕ 반의어 mature [mətʃúər] 똉 성숙한

☐☐ **paradise** [pǽrədàis]   똉 천국, 천당
　⊕ 반의어 hell [hel] 똉 지옥

☐☐ **mob** [mɑb]   똉 폭도, 군중

☐☐ **novice** [nάvis]   똉 초보자, 초심자

☐☐ **exquisite** [ikskwízit]   똉 매우 아름다운, 정교한

☐☐ **mourn** [mɔːrn]   똉 애도하다, 슬퍼하다

☐☐ **mating** [méitiŋ]   똉 (동물의) 짝짓기, 교미
　⊕ mate [meit] 똉 짝, 동료, 친구

☐☐ **exceedingly** [iksí:diŋli]   🅑 극도로, 대단히
    ⊕ exceed [iksí:d]   🅥 초과하다, 넘어서다

☐☐ **drawback** [drɔ́:bæk]   🅜 결점, 문제점

☐☐ **calorie** [kǽləri]   🅜 열량, 칼로리

☐☐ **duplicate** [djú:pləkèit]   🅥 복제하다, 사본을 만들다
               [djú:plikət]   🅜 사본, 복사   🅐 복제한, 사본의

☐☐ **panel** [pǽnl]   🅜 창판자, 패널

☐☐ **encode** [inkóud]   🅥 암호로 바꾸다
    ⊕ 반의어 **decode** [di:kóud]   🅥 (암호를) 해독하다

☐☐ **guardian** [gɑ́:rdiən]   🅜 수호자, 보호자
    ⊕ guard [ga:rd]   🅥 지키다, 보호하다

☐☐ **diagonal** [daiǽgənəl]   🅐 사선의, 대각선의   🅜 대각선

☐☐ **disrespect** [dìsrispékt]   🅜 무례, 결례
    ⊕ disrespectful [dìsrispéktfl]   🅐 무례한, 예의가 없는

☐☐ **broth** [brɔ(:)θ]   🅜 수프, 죽

☐☐ **analogy** [ənǽlədʒi]   🅜 비유; 유사점

☐☐ **cage** [keidʒ]   🅜 우리, 새장

☐☐ **chunk** [tʃʌŋk]   🅜 큰 덩어리

☐☐ **circumstantial** [sə̀:rkəmstǽnʃəl]   🅐 상황의, 정황적인
    ⊕ circumstance [sə̀:rkəmstǽns]   🅜 상황, 환경

☐☐ **frontal** [frʌ́ntəl]   🅐 정면의, 앞면의
    ⊕ front [frʌnt]   🅜 정면, 앞면

☐☐ **dice** [dais]   🅜 주사위, 주사위 놀이

☐☐ **nasty** [nǽsti]   🅐 끔찍한, 형편없는

☐☐ **overactive** [òuvərǽktiv]   🅐 활약이 지나친, 행동 과잉의

☐☐ **piracy** [páiərəsi]　　　　명 해적 행위, 해적질
　　⊕ pirate [páiərət]　명 해적, 해적선

☐☐ **postal** [póustəl]　　　　형 우편의
　　⊕ post [poust]　명 우편, 우편물

☐☐ **wheat** [hwiːt]　　　　명 밀

☐☐ **await** [əwéit]　　　　동 (~을) 기다리다

☐☐ **incentive** [inséntiv]　　　　명 동기, 장려정책

☐☐ **betray** [bitréi]　　　　동 배신하다; 누설하다, 폭로하다
　　⊕ betrayal [bitréiəl]　명 배신, 밀고

☐☐ **boast** [boust]　　　　동 뽐내다, 자랑하다

☐☐ **surge** [səːrdʒ]　　　　동 (재빨리) 밀려들다

☐☐ **departure** [dipáːrtʃər]　　　　명 출발, 발차
　　⊕ depart [dipáːrt]　동 떠나다, 출발하다

☐☐ **cabin** [kǽbin]　　　　명 오두막집; (여객선의) 객실

☐☐ **credit** [krédit]　　　　명 신용, 신뢰
　　⊕ credible [krédəbl]　형 믿을 수 있는, 신뢰할 수 있는

☐☐ **cure** [kjuər]　　　　명 치료, 치료법　동 치료하다

☐☐ **dairy** [déəri]　　　　형 유제품인

☐☐ **dental** [déntl]　　　　형 이[치아]의, 치과 의술의
　　⊕ dentist [déntist]　명 치과 의사

☐☐ **premiere** [primíər]　　　　명 (영화의) 개봉; (연극의) 초연

☐☐ **disabled** [diséibld]　　　　형 불구의, 신체장애가 있는
　　⊕ disability [dìsəbíləti]　명 (신체적·정신적) 장애

☐☐ **drought** [draut]　　　　명 가뭄, 고갈

☐☐ **unfamiliar** [ʌnfəmíljər]　　　　형 익숙지 않은, 낯선
　　⊕ 반의어 familiar [fəmíljər]　형 익숙한

□□ **paste** [peist] [명] 풀; 밀가루 반죽 [동] 풀로 붙이다

□□ **esteem** [istíːm] [동] 존경하다 [명] 존경, 존중

□□ **export** [ikspɔ́ːrt] [동] 수출하다
[ékspɔːrt] [명] 수출
⊕반의어 **import** [impɔ́ːrt] [동] 수입하다 [ímpɔːrt] [명] 수입

□□ **external** [ikstə́ːrnəl] [형] 외부의, 국외의
⊕반의어 **internal** [intə́ːrnəl] [형] 내부의, 국내의

□□ **faith** [feiθ] [명] 믿음, 신념

□□ **guilty** [gílti] [형] 유죄의, 죄를 범한
⊕**guilt** [gilt] [명] 유죄, 죄

□□ **headline** [hédlàin] [명] 큰 표제

□□ **improper** [imprápər] [형] 적절하지 않은, 알맞지 않은
⊕반의어 **proper** [prápər] [형] 적합한, 알맞은

□□ **link** [liŋk] [동] 연결하다 [명] 유대, 연결

□□ **lottery** [látəri] [명] 복권

□□ **linger** [líŋgər] [동] (오래) 남다, 계속되다

□□ **margin** [máːrdʒin] [명] 가장자리, 여백; 수익

□□ **thrilled** [θrild] [형] 아주 신이 난, 흥분한
⊕**thrill** [θril] [명] 전율, 스릴 [동] 가슴 설레게 하다

□□ **ventilate** [véntəlèit] [동] 환기하다, 통풍하다
⊕**ventilation** [vèntəléiʃən] [명] 환기, 통풍

□□ **enrich** [inrítʃ] [동] 부유하게 하다

□□ **heap** [hiːp] [명] 더미, 무더기 [동] 쌓아올리다

□□ **inquire** [inkwáiər] [동] 묻다, 조사하다
⊕**inquiry** [inkwáiəri] [명] 질문, 조사

☐☐ **carbohydrate** [kὰːrbouháidreit] 몡 탄수화물

☐☐ **drag** [dræg] 동 질질 끌다; 〈컴퓨터〉 드래그하다

☐☐ **retrieve** [ritríːv] 동 되찾아오다, 회수하다

☐☐ **brass** [bræs] 몡 놋쇠, 황동

☐☐ **deprive** [dipráiv] 동 빼앗다; 파면하다

☐☐ **dictate** [díkteit] 동 받아쓰게 하다; 명령하다
　　◎ **dictation** [diktéiʃən] 몡 받아쓰기; 명령

☐☐ **indoor** [índɔ̀ːr] 혱 실내의
　　◎ 반의어 **outdoor** [áutdɔ̀ːr] 혱 실외의

☐☐ **insulation** [ìnsəléiʃən] 몡 절연, 단열, 방음; 절연체, 단열재

☐☐ **portable** [pɔ́ːrtəbl] 혱 휴대용의 몡 휴대할 수 있는 것

☐☐ **zip** [zip] 동 빠르게 움직이다

☐☐ **fume** [fjuːm] 동 (화가 나서) 씩씩대다

☐☐ **cohesive** [kouhíːsiv] 혱 화합하는, 결합하는

Voca 30 초스피드 TEST

A 다음 영어 단어에 해당하는 우리말 뜻을 쓰시오.

01 joint	....	09 betray	....
02 pavement	....	10 cure	....
03 frontal	....	11 external	....
04 cabin	....	12 surge	....
05 premiere	....	13 guilty	....
06 drag	....	14 margin	....
07 accumulate	....	15 retrieve	....
08 boast	....	16 circumstantial	....

B 다음에 해당하는 영어 단어를 쓰시오.

01 **encode**의 반의어 ....

02 **disrespect**의 형용사형 ....

03 **post**의 형용사형 ....

04 **credit**의 형용사형 ....

05 **familiar**의 반의어 ....

06 **export**의 반의어 ....

⌇ **Answer** ⌇

A 01 공동의, 합동의 02 인도, 보도 03 정면의 04 오두막집 05 개봉, 초연 06 질질 끌다, 드래그하다 07 모으다, 축적하다 08 뽐내다 09 배신하다 10 치료; 치료하다 11 외부의 12 밀려들다 13 유죄의 14 가장자리, 여백; 수익 15 되찾아오다, 회수하다 16 상황의

B 01 decode 02 disrespectful 03 postal 04 credible 05 unfamiliar 06 import

C 다음 우리말 뜻에 해당하는 영어 단어를 쓰시오.

01 올라가다 .... 　　09 적절하지 않은 ....

02 오로지, 단지 .... 　　10 휴대용의 ....

03 사회학 .... 　　11 빼앗다 ....

04 환기하다 .... 　　12 묻다, 조사하다 ....

05 복권 .... 　　13 받아쓰게 하다 ....

06 부유하게 하다 .... 　　14 실내의 ....

07 더미, 무더기 .... 　　15 출발 ....

08 동기, 장려정책 .... 　　16 다국적의 ....

D 다음 우리말 뜻에 해당하는 영어 단어를 쓰시오.

01 더러운 다락방 　　a dusty ....

02 그녀의 죽음을 애도하다 　　..................... her death

03 대각선을 긋다 　　draw a .... line

04 밀접한 유사성 　　a close ....

05 심각한 가뭄 　　a serious ....

06 전율을 느끼다 　　feel a ....

★
영단어 암기 Tip4 – 일상생활과 영단어 연상하기

일상생활에서 접하는 사물이라든지 생명체의 감정이나 생각 혹은 동작 등을 표현하는 우리말에 해당하는 영단어를 연상하여 외운다면 막연하게 영단어를 외우는 것보다 훨씬 재미있고 효과적인 암기 학습이 되면서 기억에도 오래 남는다.

Part 04

헷갈리는 혼동 어휘/
고난도 어휘

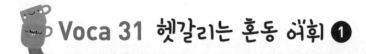
☐☐ **process** [práses]   몡 과정, 절차, 처리   동 처리하다

☐☐ **progress** [prágres]   몡 진보, 진척

       [prəgrés]   동 진보하다, 나아가다

   ⊕**progressive** [prəgrésiv]   혱 진보적인

☐☐ **ethical** [éθikəl]   혱 윤리적인, 도덕의

   ⊕**ethic** [éθik]   몡 윤리, 도덕

☐☐ **ethnic** [éθnik]   혱 민족의, 인종의

☐☐ **murder** [mə́:rdər]   동 살해하다, 죽이다   몡 살해

☐☐ **murmur** [mə́:rmər]   몡 중얼거림   동 중얼거리다

☐☐ **visible** [vízəbl]   혱 볼 수 있는, 가시의

   ⊕**invisible** [invízəbl]   혱 보이지 않는, 볼 수 없는

☐☐ **visual** [víʒuəl]   혱 시각의, 시력의

   ⊕**visualize** [víʒuəlàiz]   동 시각화하다

☐☐ **disease** [dizí:z]   몡 질병, 질환

   ⊕유의어 **illness** [ílnis]   몡 질병, 질환

☐☐ **decease** [disí:s]   몡 사망, 죽음

   ⊕유의어 **death** [deθ]   몡 사망

☐☐ **marble** [má:rbl]   몡 대리석; 구슬

☐☐ **marvel** [má:rvəl]   몡 놀라운 것(일)   동 놀라다

☐☐ **devise** [diváiz]   동 고안하다, 궁리하다

☐☐ **revise** [riváiz]   몡 개정, 교정   동 수정하다

☐☐ **proper** [prápər]   혱 적당한, 알맞은

☐☐ **prosper** [práspər]   동 번성하다, 발전하다

   ⊕**prosperity** [praspérəti]   몡 번성, 발전

☐☐ **wonder** [wʌ́ndər] 　　　통 궁금히 여기다 명 놀라움, 경이

☐☐ **wander** [wɑ́ndər] 　　　통 방황하다, 떠돌아다니다

☐☐ **shallow** [ʃǽlou] 　　　형 얕은, 얄팍한

☐☐ **shadow** [ʃǽdou] 　　　명 그림자; 그늘

☐☐ **vanish** [vǽniʃ] 　　　통 사라지다, 자취를 감추다

　　⊕유의어 **disappear** [dìsəpíər] 통 사라지다, 없어지다

☐☐ **banish** [bǽniʃ] 　　　통 추방하다, 떨어뜨리다

　　⊕유의어 **expel** [ikspél] 통 추방하다

☐☐ **assist** [əsíst] 　　　통 도와주다, 보조하다

　　⊕**assistance** [əsístəns] 명 도움, 원조

☐☐ **resist** [rizíst] 　　　통 저항하다, 물리치다

　　⊕**resistance** [rizístəns] 명 저항, 반항

☐☐ **moral** [mɔ́:rəl] 　　　형 도덕적인

☐☐ **mortal** [mɔ́:rtl] 　　　형 치명적인, 죽을 운명의

☐☐ **revolution** [rèvəlú:ʃən] 　　　명 혁명, 회전

　　⊕**revolutionary** [rèvəlú:ʃənèri] 형 혁명적인

☐☐ **evolution** [èvəlú:ʃən] 　　　명 진화; 발전

　　⊕**evolve** [ivάlv] 형 진화하다

☐☐ **thrift** [θrift] 　　　명 절약, 검소

☐☐ **thirst** [θə:rst] 　　　명 갈증, 목마름

　　⊕**thirsty** [θə́:rsti] 형 갈증이 난, 목이 마른

☐☐ **meditation** [mèdətéiʃən] 　　　명 명상, 묵상

　　⊕**meditate** [médətèit] 통 명상하다, 묵상하다

☐☐ **mediation** [mì:diéiʃən] 　　　명 중재, 조정

　　⊕**mediate** [mí:dièit] 통 중재하다, 조정하다

☐☐ **noble** [nóubl] 　　　형 고상한, 귀족적인

　　⊕**nobility** [noubíləti] 명 고귀함, 거룩함

☐☐ **novel** [nάvəl] 　　　형 새로운 명 (장편) 소설

□□ **industrial** [indʌ́striəl] [형] 산업의, 공업의

□□ **industrious** [indʌ́striəs] [형] 근면한, 부지런한

□□ **treat** [triːt] [동] 취급하다, 접대하다

□□ **tread** [tred] [동] 밟다, 걷다

□□ **purse** [pəːrs] [명] 지갑

□□ **pulse** [pʌls] [명] 맥박, 맥

□□ **bleed** [bliːd] [동] 피를 흘리다, 출혈하다

⊕**blood** [blʌd] [명] 혈액, 피

□□ **breed** [briːd] [동] 기르다, 양육하다

□□ **adapt** [ədǽpt] [동] 적응시키다; 개작하다

⊕**adaptation** [ædəptéiʃən] [명] 적응; 개작

□□ **adopt** [ədάpt] [동] 채택하다; 입양하다

⊕**adoption** [ədάpʃən] [명] 채택; 입양

□□ **elect** [ilékt] [동] 선거하다, 선택하다, 선출하다

⊕**election** [ilékʃən] [명] 선거, 선택

□□ **erect** [irékt] [형] 직립의, 똑바로 선

□□ **sweet** [swiːt] [형] 달콤한; 감미로운; 귀여운

□□ **sweat** [swet] [명] 땀 [동] 땀을 흘리다

□□ **board** [bɔːrd] [명] 널빤지, 판 [동] 탑승하다

⊕**aboard** [əbɔ́ːrd] [형] 탑승한

□□ **broad** [brɔːd] [형] 넓은, 광대한

⊕**abroad** [əbrɔ́ːd] [부] 해외에

□□ **stain** [stein] [명] 얼룩 [동] 얼룩지게하다

□□ **strain** [strein] [명] 긴장, 압박, 중압감

□□ **thread** [θred] [명] 실, 가닥

□□ **threat** [θret] [명] 협박, 위협

⊕**threaten** [θrétn] [동] 협박하다, 위협하다

☐☐ **greed** [griːd]　　명 탐욕, 욕심
　⊕ **greedy** [gríːdi] 형 탐욕스러운, 욕심 많은

☐☐ **greet** [griːt]　　동 인사하다, 맞이하다, 환영하다

☐☐ **beast** [biːst]　　명 짐승, 야수

☐☐ **breast** [brest]　　명 가슴, 유방

☐☐ **loyal** [lɔ́iəl]　　형 충성스러운

☐☐ **royal** [rɔ́iəl]　　형 왕족의, 국왕의

☐☐ **attribute** [ətríbjuːt]　　동 결과로 보다, 덕분이라고 생각하다

☐☐ **distribute** [distríbjuːt]　　동 나눠주다, 분배하다

☐☐ **bold** [bould]　　형 대범한, 대담한, 용감한

☐☐ **bald** [bɔːld]　　형 대머리의, 머리카락이 없는

☐☐ **vague** [veig]　　형 애매한, 모호한, 확실치 않은

☐☐ **vogue** [voug]　　명 유행

☐☐ **prosperity** [praspérəti]　　명 번영, 번창
　⊕ **prosperous** [práspərəs] 형 번영한, 번창한

☐☐ **property** [prápərti]　　명 재산; 특성

☐☐ **hire** [haiər]　　동 고용하다, 채용하다

☐☐ **heir** [ɛər]　　명 상속인, 계승자, 후계자
　⊕ 유의어 **inheritor** [inhéritər] 명 상속인

☐☐ **extinguish** [ikstíŋgwiʃ]　　동 불을 끄다, 진화하다
　⊕ **extinguishment** [ikstíŋgwiʃmənt] 명 불을 끔, 진화

☐☐ **distinguish** [distíŋgwiʃ]　　동 구별하다, 구분하다, 분간하다
　⊕ **distinguishment** [distíŋgwiʃmənt] 명 구별, 구분

☐☐ **fare** [fɛər]　　명 (교통) 운임, 요금
　⊕ 유의어 **fee** [fiː] 명 요금, 납부금, 수수료

☐☐ **fair** [fɛər]　　형 공평한; 아름다운 명 박람회
　⊕ **fairly** [fɛ́ərli] 부 공정하게; 꽤, 상당히

- [ ][ ] **staff** [stæf] 명 직원, 임원
- [ ][ ] **stiff** [stif] 형 뻣뻣한, 딱딱한

- [ ][ ] **conservation** [kɑ̀nsərvéiʃən] 명 보존, 보호, 유지
  - ⊕ conservative [kənsɔ́ːrvətiv] 형 보수적인, 보수주의의
- [ ][ ] **conversation** [kɑ̀nvərséiʃən] 명 대화, 회화

- [ ][ ] **flesh** [fleʃ] 명 살(점), 고기
- [ ][ ] **fresh** [freʃ] 형 신선한, 싱싱한

- [ ][ ] **worm** [wəːrm] 명 벌레, 지렁이
- [ ][ ] **warm** [wɔːrm] 형 따뜻한, 온난한

- [ ][ ] **respective** [rispéktiv] 형 각각의, 각자의
  - ⊕ respectively [rispéktivli] 부 각각, 각자
- [ ][ ] **respected** [rispéktid] 형 존경받는, 훌륭한
  - ⊕ respect [rispékt] 명 존경, 존중 동 존경하다, 존중하다

- [ ][ ] **metal** [métl] 명 금속
- [ ][ ] **mental** [méntl] 형 정신의, 마음의
  - ⊕ physical [fízikəl] 형 육체의, 정신의

- [ ][ ] **emit** [imít] 동 (빛, 열 등을) 발산하다, 내뿜다
- [ ][ ] **omit** [oumít] 동 생략하다, 빠뜨리다
  - ⊕ 유의어 skip [skip] 동 거르다, 생략하다

- [ ][ ] **spontaneously** [spantéiniəsli] 부 자발적으로, 저절로
- [ ][ ] **simultaneously** [sàiməltéiniəsli] 부 동시에, 일제히

- [ ][ ] **distribution** [dìstrəbjúːʃən] 명 분배, 배급; 분포
  - ⊕ distribute [distríbjuːt] 동 나눠주다, 분배하다
- [ ][ ] **description** [diskrípʃən] 명 기술, 묘사, 서술
  - ⊕ describe [diskráib] 동 기술하다, 묘사하다

- [ ][ ] **tidy** [táidi] 형 말쑥한, 단정한
- [ ][ ] **tiny** [táini] 형 아주 작은, 사소한, 조그마한

□□ **considerate** [kənsídərət] [형] 사려 깊은, 이해심 많은

□□ **considerable** [kənsídərəbl] [형] 상당한, 대단한

□□ **quite** [kwait] [부] 꽤, 아주

□□ **quiet** [kwáiət] [형] 조용한, 차분한

□□ **compliment** [kámpləmənt] [명] 칭찬, 찬사
[ká:mpləment] [동] 칭찬하다, 찬사를 보내다

□□ **complement** [kámpləmənt] [명] 보충, 보완; 보어
[ká:mpləment] [동] 보충하다, 보완하다

□□ **beneficial** [bènəfíʃəl] [형] 유익한, 이익을 가져오는
⊕ **benefit** [bénəfit] [명] 이익 [동] 이익이 되다

□□ **beneficent** [bənéfəsənt] [형] 인정 많은, 도움을 주는

□□ **comparable** [kámpərəbl] [형] 비슷한, 비교할 만한
⊕ **compare** [kəmpέər] [동] 비교하다, 비유하다

□□ **compatible** [kəmpǽtəbl] [형] 양립하는, 조화되는, 모순되지 않는

A 다음 영어 단어에 해당하는 우리말 뜻을 쓰시오.

01 thirst ....
02 mortal ....
03 wander ....
04 marvel ....
05 beast ....
06 strain ....
07 erect ....
08 industrious ....

09 noble ....
10 considerable ....
11 simultaneously ....
12 respective ....
13 conservation ....
14 fair ....
15 property ....
16 devise ....

B 다음에 해당하는 영어 단어를 쓰시오.

01 describe의 명사형 ....
02 threat의 동사형 ....
03 mediate의 명사형 ....
04 evolve의 명사형 ....
05 prosper의 명사형 ....
06 visible의 반의어 ....

〉〉〉 Answer 〈〈〈

A 01 갈증, 목마름 02 치명적인 03 방황하다 04 놀라운 것, 놀라다 05 짐승, 야수 06 긴장, 압박 07 직립의, 똑바로 선 08 근면한, 부지런한 09 고상한, 귀족적인 10 상당한 11 동시에 12 각각의 13 보존, 보호 14 공평한, 박람회 15 재산; 특성 16 고안하다
B 01 description 02 threaten 03 mediation 04 evolution 05 prosperity 06 invisible

C 다음 우리말 뜻에 해당하는 영어 단어를 쓰시오.

01 분배, 배급 ....
02 생략하다 ....
03 살(점), 고기 ....
04 (교통) 운임 ....
05 상속인 ....
06 애매한 ....
07 충성스러운 ....
08 탐욕, 욕심 ....

09 얼룩 ....
10 입양하다 ....
11 맥박 ....
12 절약, 검소 ....
13 저항하다 ....
14 얕은, 얄팍한 ....
15 대리석 ....
16 민족의, 인종의 ....

D 다음 우리말 뜻에 해당하는 영어 단어를 쓰시오.

01 적절한 예시 a .... example
02 허공으로 사라지다 .... into the air
03 산업 재해 an .... accident
04 직원 외 출입금지 .... only
05 정신 노동자 a .... worker
06 사려 깊은 상관 a .... boss

Answer

C 01 distribution 02 omit 03 flesh 04 fare 05 heir 06 vague 07 loyal 08 greed 09 stain
10 adopt 11 pulse 12 thrift 13 resist 14 shallow 15 marble 16 ethnic
D 01 proper 02 vanish 03 industrial 04 staff 05 mental 06 considerate

Voca 32 헷갈리는 혼동 어휘 ❷

☐☐ **shelf** [ʃelf]   몡 선반, 시렁

☐☐ **self** [self]   몡 자기, 자아

   ⊕**selfish** [sélfiʃ] 휑 이기적인, 자기중심적인

   ⊕**selfless** [sélflis] 휑 이기심이 없는, 사심 없는

☐☐ **childish** [tʃáildiʃ]   휑 유치한, 어린애 같은

☐☐ **childlike** [tʃáildlàik]   휑 아이 같은, 순진한

☐☐ **flea** [fli:]   몡 벼룩

☐☐ **flee** [fli:]   동 도망치다, 달아나다

☐☐ **extinct** [ikstíŋkt]   휑 멸종한; 불이 꺼진

   ⊕**extinction** [ikstíŋkʃən] 몡 멸종; 소멸

☐☐ **distinct** [distíŋkt]   휑 명확한, 구별되는

   ⊕**distinctly** [distíŋktli] 휘 분명히, 뚜렷하게

   ⊕**distinction** [distíŋkʃən] 몡 구별, 차이

☐☐ **roll** [roul]   동 구르다, 굴리다   몡 두루마리

☐☐ **role** [roul]   몡 역할, 배열

☐☐ **perish** [périʃ]   동 사라지다, 죽다

☐☐ **polish** [páliʃ]   동 광내다, 윤내다

   ⊕**polished** [páliʃt] 휑 광택이 나는, 세련된

☐☐ **vacation** [veikéiʃən]   몡 방학, 휴가

☐☐ **vocation** [voukéiʃən]   몡 직업, 소명

   ⊕**vocational** [voukéiʃənəl] 휑 직업의

☐☐ **site** [sait]   몡 부지, 장소, 현장

☐☐ **cite** [sait]   동 인용하다, 예로 들다

   ⊕**citation** [saitéiʃən] 몡 인용, 예시

☐☐ **except** [iksépt]　　　　　 젠 ~을 제외하고
　　　⊕ exception [iksépʃən] 명 예외, 제외

☐☐ **accept** [æksépt]　　　　 통 받아들이다
　　　⊕ acceptance [ækséptəns] 명 받아들임, 승인

☐☐ **reap** [riːp]　　　　　　 통 수확하다, 거두어들이다

☐☐ **ripe** [raip]　　　　　　 형 익은, 성숙한, (시기가) 적절한
　　　⊕ 반의어 raw [rɔː] 형 날것의

☐☐ **beside** [bisáid]　　　　 젠 ~옆에, ~의 가까이에 튄 곁에, 나란히

☐☐ **besides** [bisáidz]　　　 젠 ~이외에 튄 게다가

☐☐ **pray** [prei]　　　　　　 통 기도하다, 기원하다, 바라다

☐☐ **prey** [prei]　　　　　　 명 먹이, 포획 통 포식하다

☐☐ **previous** [príːviəs]　　　 형 이전의, 먼저의
　　　⊕ previously [príːviəsli] 튄 미리, 전에

☐☐ **precious** [préʃəs]　　　 형 귀중한, 값비싼
　　　⊕ 유의어 valuable [væljuəbl] 형 가치있는, 귀중한

☐☐ **lawn** [lɔːn]　　　　　　 명 잔디

☐☐ **loan** [loun]　　　　　　 명 대출 통 대출하다

☐☐ **access** [ǽkses]　　　　 통 접근하다 명 접근
　　　⊕ accessible [æksésəbl] 형 접근하기 쉬운, 이용하기 쉬운

☐☐ **excess** [iksés]　　　　 명 과잉, 초과
　　　　　　[ékses]　　　　 형 초과한; 여분의
　　　⊕ excessive [iksésiv] 형 과도한, 지나친

☐☐ **mass** [mæs]　　　　　 명 큰 덩어리; 대중

☐☐ **mess** [mes]　　　　　 명 지저분함, 엉망진창
　　　⊕ messy [mési] 형 지저분한, 엉망인

☐☐ **confirm** [kənfə́ːrm]　　　 통 확인하다, 확증하다
　　　⊕ confirmation [kɑ̀nfərméiʃən] 명 확인, 확증

☐☐ **conform** [kənfɔ́ːrm]　　　 통 순응하다, 일치하다
　　　⊕ conformity [kənfɔ́ːrməti] 명 순응, 일치

□□ **pat** [pæt] [동] 다독이다, 가볍게 때리다

□□ **pet** [pet] [명] 애완동물

□□ **sow** [sou] [동] 씨를 뿌리다, 흩뿌리다

□□ **sew** [sou] [동] 꿰매다, 바느질하다

□□ **acquire** [əkwáiər] [동] 얻다, 획득하다

⊕ acquisition [ækwizíʃən] [명] 획득, 취득

□□ **inquire** [inkwáiər] [부] 묻다, 문의하다

⊕ inquiry [inkwáiəri] [명] 조사, 탐구

□□ **altitude** [ǽltitjùːd] [명] 높이, 고도; 해발

⊕ 유의어 height [hait] [명] 높이, 키

□□ **attitude** [ǽtitjùːd] [명] 태도, 몸가짐

□□ **rob** [rab] [동] 강탈하다, 빼앗다

⊕ robbery [rábəri] [명] 강도, 강탈

□□ **rub** [rʌb] [동] 문지르다, 쓰다듬다

□□ **classic** [klǽsik] [형] 일류의, 걸작의, 유서 깊은

□□ **classical** [klǽsikəl] [형] 고전적인, 정통파의

□□ **successful** [səksésfəl] [형] 성공한, 성공적인

⊕ success [səksés] [명] 성공

□□ **successive** [səksésiv] [형] 연속적인, 계승의

⊕ succession [səkséʃən] [명] 승계, 계승

□□ **principal** [prínsəpəl] [형] 주요한 [명] 교장

□□ **principle** [prínsəpl] [명] 원리, 원칙

□□ **preserve** [prizə́ːrv] [동] 보존하다, 보호하다, 유지하다

⊕ preservation [prèzərvéiʃən] [명] 보존, 보호, 유지

□□ **persevere** [pə̀ːrsəvíər] [동] 참다, 견디다

□□ **valuable** [vǽljuəbl] [형] 귀중한, 값진

□□ **invaluable** [invǽljuəbl] [형] 매우 귀중한(=priceless)

☐☐ **geology** [dʒiálədʒi]   몡 지질학, 지질

☐☐ **geometry** [dʒiámətri]   몡 기하학

- -

☐☐ **optimism** [áptəmìzm]   몡 낙관주의, 낙천주의

   ⊕ optimistic [àptəmístik] 혱 낙관적인, 긍정적인

☐☐ **pessimism** [pésəmìzm]   몡 비관주의, 염세주의

   ⊕ pessimistic [pèsəmístik] 혱 비관적인, 회의적인

- -

☐☐ **opponent** [əpóunənt]   몡 반대자; 적 혱 반대의, 대립하는

☐☐ **proponent** [prəpóunənt]   몡 제안자; 옹호자; 지지자

- -

☐☐ **leaf** [li:f]   몡 나뭇잎

☐☐ **leap** [li:p]   동 뛰다, 도약하다 몡 뛰기, 도약

- -

☐☐ **economic** [ì:kənámik]   혱 경제의, 경제에 관한

   ⊕ economy [ikánəmi] 몡 경제, 경기

☐☐ **economical** [ì:kənámikəl]   혱 검소한, 절약하는

   ⊕ 유의어 thrifty [θrífti] 혱 검소한, 절약하는

- -

☐☐ **personal** [pə́ːrsənəl]   혱 개인적인, 사적인

   ⊕ 유의어 private [práivət] 혱 개인적인, 사적인

☐☐ **personnel** [pə̀ːrsənél]   몡 (조직 · 군대의) 인원

- -

☐☐ **explode** [iksplóud]   동 폭발하다, 터지다

   ⊕ explosion [iksplóuʒən] 몡 폭발, 파열

☐☐ **explore** [iksplɔ́ːr]   동 탐험하다, ~을 개척하다

   ⊕ exploration [èkspləréiʃən] 몡 탐험, 탐사

- -

☐☐ **sensible** [sénsəbl]   혱 분별 있는, 현명한

☐☐ **sensitive** [sénsətiv]   혱 민감한, 예민한

- -

☐☐ **genuine** [dʒénjuin]   혱 진짜의, 진품의

☐☐ **genius** [dʒíːnjəs]   몡 천재

- -

☐☐ **worship** [wə́ːrʃip]   몡 예배, 숭배 동 예배하다, 숭배하다

☐☐ **warship** [wɔ́ːrʃip]   몡 전함

□□ **protect** [prətékt] [동] 보호하다, 지키다
⊕protection [prətékʃən] [명] 보호, 방지

□□ **protest** [próutest] [동] 항의, 시위
[prətést] [동] 항의하다, 이의를 제기하다

□□ **terrible** [térəbl] [형] 무서운, 끔찍한
⊕ 유의어 horrible [hɔ́:rəbl] [명] 무서운, 끔찍한

□□ **terrific** [tərífik] [형] 대단한, 멋진

□□ **export** [ikspɔ́:rt] [동] 수출하다
[ékspɔ:rt] [명] 수출

□□ **expert** [ékspə:rt] [명] 전문가, 숙련가
⊕ 유의어 specialist [spéʃəlist] [명] 전문가

□□ **observe** [əbzə́:rv] [동] 관찰하다; 준수하다
⊕observation [àbzərvéiʃən] [명] 관찰

□□ **reserve** [rizə́:rv] [동] 예약하다; 보류하다
⊕reservation [rèzərvéiʃən] [명] 예약

□□ **literal** [lítərəl] [형] 문자의, 문자 그대로의

□□ **literary** [lítərèri] [형] 문학적인, 문학의
⊕literature [lítərətʃər] [명] 문학, 문헌

□□ **thorough** [θə́:rou] [형] 철저한, 완벽한

□□ **through** [θru:] [전] ~을 통하여, ~을 뚫고 [부] 줄곧

□□ **quality** [kwáləti] [명] 질, 품질; 특성, 특질

□□ **quantity** [kwántəti] [명] 양, 수량

□□ **consent** [kənsént] [명] 동의 [동] 동의하다

□□ **content** [kántent] [명] 내용(물), 차례
[kəntént] [형] 만족한

□□ **synonym** [sínənim] [명] 동의어, 유의어

□□ **antonym** [ǽntənim] [명] 반의어

☐☐ **symptom** [símptəm]   몡 징후, 징조, 조짐

☐☐ **syndrome** [síndroum]   몡 증후군 (병)

☐☐ **garage** [gərá:dʒ]   몡 차고, 정비소

☐☐ **garbage** [gá:rbidʒ]   몡 쓰레기, 찌꺼기

    ⊕ 유의어 **waste** [weist]   몡 쓰레기

☐☐ **aboard** [əbɔ́:rd]   뷔 배를 타고, 탑승하여

☐☐ **abroad** [əbrɔ́:d]   뷔 해외에, 해외로

☐☐ **collect** [kəlékt]   똥 모으다, 수집하다

    ⊕ **collection** [kəlékʃən]   몡 수집

☐☐ **correct** [kərékt]   혱 옳은   똥 옳게 고치다

    ⊕ **correction** [kərékʃən]   몡 교정, 수정

☐☐ **expend** [ikspénd]   똥 소비하다, 소모하다

    ⊕ **expenditure** [ikspénditʃər]   몡 소비, 지출

☐☐ **extend** [iksténd]   몡 넓히다, 연장하다

    ⊕ **extension** [iksténʃən]   몡 연장, 확장

Voca 32 초스피드 TEST

A 다음 영어 단어에 해당하는 우리말 뜻을 쓰시오.

01 abroad   09 proponent

02 symptom   10 geometry

03 antonym   11 persevere

04 thorough   12 altitude

05 terrible   13 excess

06 worship   14 previous

07 sensible   15 reap

08 economical   16 childlike

B 다음에 해당하는 영어 단어를 쓰시오.

01 cite의 명사형

02 mess의 형용사형

03 acquire의 명사형

04 pessimism의 형용사형

05 preserve의 명사형

06 observe의 명사형

A 01 해외에, 해외로 02 증상 03 반의어 04 철저한, 완벽한 05 무서운, 끔찍한 06 숭배, 예배 07 분별 있는, 현명한 08 검소한, 절약하는 09 제안자, 옹호자 10 기하학 11 참다, 견디다 12 고도, 높이 13 과잉, 초과 14 이전의, 먼저의 15 수확, 수확하다 16 아이 같은, 순진한
B 01 citation 02 messy 03 acquisition 04 pessimistic 05 preservation 06 observation

C 다음 우리말 뜻에 해당하는 영어 단어를 쓰시오.

01 연장하다 ....

02 증후군 ....

03 문자 그대로의 ....

04 수출, 수출하다 ....

05 민감한 ....

06 개인적인, 사적인 ....

07 반대자, 적 ....

08 매우 귀중한 ....

09 원리, 원칙 ....

10 강탈하다 ....

11 바느질하다 ....

12 확증하다 ....

13 접근, 접근하다 ....

14 먹이, 포획 ....

15 익은, 성숙한 ....

16 구르다, 두루마리 ....

D 다음 우리말 뜻에 해당하는 영어 단어를 쓰시오.

01 소액 대출을 받다　　receive a small ....

02 실패의 주요한 원인　　a .... cause of failure

03 경제 성장률　　........................ growth rate

04 1인용 침실을 예약하다　　........................ a single room

05 ~에 만족하다　　be .... with

06 문학상을 받다　　receive a .... award

Answer

C 01 extend 02 syndrome 03 literal 04 export 05 sensitive 06 personal 07 opponent 08 invaluable 09 principle 10 rob 11 sew 12 confirm 13 access 14 prey 15 ripe 16 roll
D 01 loan 02 principal 03 economic 04 reserve 05 content 06 literary

Voca 33 고난도 어휘

□□ **render** [réndər] [동] 만들다, 되게 하다

□□ **solicit** [səlísit] [동] 간청하다, 탄원하다

⊕ 유의어 **plead** [pli:d] [동] 간청하다, 애원하다

□□ **somber** [sámbər] [형] 침울한, 우울한, 어두운

□□ **deficient** [difíʃənt] [형] 결핍된, 부족한, 모자라는

⊕ 반의어 **sufficient** [səfíʃənt] [형] 충분한, 족한

□□ **aesthetic** [esθétik] [형] 미학적인, 심미적인

⊕ **aesthetics** [esθétiks] [명] 미학

□□ **sovereignty** [sávərənti] [명] 주권, 영유권, 통치권

□□ **unremitting** [ʌ̀nrimítiŋ] [형] 끊임없는, 끈질긴

⊕ 유의어 **endless** [éndlis] [형] 무한한, 한없는

□□ **inexorable** [inéksərəbl] [형] 냉혹한, 굽힐 수 없는

⊕ 유의어 **ruthless** [rú:θlis] [형] 냉혹한

□□ **realm** [relm]] [명] 영역, 범위; 왕국, 국토

□□ **innocuous** [inákjuəs] [형] 무해한, 악의 없는

⊕ 반의어 **nocuous** [nákjuəs] [형] 해로운, 유해한

□□ **insolent** [ínsələnt] [형] 무례한, 불손한, 버릇없는

⊕ **insolence** [ínsələns] [명] 무례, 불손함

□□ **amiable** [éimiəbl] [형] 호감을 주는, 정감 있는, 상냥한

□□ **outdistance** [àutdístəns] [동] 능가하다, 앞서가다

⊕ 유의어 **outdo** [àutdú] [동] 능가하다

□□ **potent** [póutnt] [형] 유력한, 강력한

⊕ 반의어 **impotent** [ímpətənt] [형] 무력한, 허약한

□□ **junction** [dʒʌ́ŋkʃən]　　　명 분기점, 교차점

□□ **flaunt** [flɔ:nt]　　　동 과시하다, 자랑하다, 뽐내다
　　◑flaunter [flɔ́:ntər]　명 과시하는 사람

□□ **mumble** [mʌ́mbl]　　　동 중얼거리다, 우물우물 말하다
　　◑유의어 murmur [mə́:rmər]　동 중얼거리다

□□ **tamper** [tǽmpər]　　　동 함부로 손대다, 건드리다

□□ **beset** [bisét]　　　동 곤란하게 만들다, 위험에 빠뜨리다

□□ **resonate** [rézənèit]　　　동 공명하다, 소리 등이 울리다
　　◑resonance [rézənəns]　명 소리의 울림, 낭랑함

□□ **provoke** [prəvóuk]　　　동 유발하다, 도발하다
　　◑유의어 induce [indjú:s]　동 유발하다, 유도하다

□□ **disparage** [dispǽridʒ]　　　동 ~에 비난을 초래하다, ~을 헐뜯다

□□ **recline** [rikláin]　　　동 비스듬히 기대다, 눕다

□□ **hustle** [hʌ́sl]　　　동 거칠게 밀다, 서두르다

□□ **discharge** [distʃá:rdʒ]　　　동 이행하다, 수행하다

□□ **recede** [risí:d]　　　동 멀어지다, 희미해지다, 약해지다

□□ **stifle** [stáifl]　　　동 억누르다, 억제하다, 질식시키다
　　◑유의어 choke [tʃouk]　동 질식시키다, 억누르다

□□ **suffice** [səfáis]　　　동 충분하다, 만족시키다
　　◑sufficient [səfíʃənt]　형 충분한, 족한

□□ **endow** [indáu]　　　동 부여하다, 기부하다

□□ **exasperate** [igzǽspərèit]　　　동 성나게 하다, 악화시키다
　　◑exasperated [igzǽspərèitid]　형 분노한

□□ **mollify** [mɑ́ləfài]　　　동 진정시키다, 누그러지게 하다

□□ **renounce** [rináuns]　　　동 (공식적으로) 포기 선언을 하다, 단념하다
　　◑혼동 어휘 denounce [dináuns]　동 맹렬히 비난하다

□□ **defraud** [difrɔ́:d] [동] 속여서 빼앗다, 횡령하다

□□ **construe** [kənstrú:] [동] 해석하다, 추론하다
⊕유의어 **interpret** [intə́:rprit] [동] 해석하다, 통역하다

□□ **allude** [əlú:d] [동] 넌지시 말하다, 암시하다
⊕**allusion** [əlú:ʒən] [명] 암시, 간접적인 언급

□□ **anatomy** [ənǽtəmi] [명] (해부학적) 구조, 조직, 해부학

□□ **rebuff** [ribʌ́f] [동] 거절하다, 거부하다
⊕유의어 **refuse** [rifjú:z] [동] 거절하다, 거부하다

□□ **dissipate** [dísəpèit] [동] 흩뜨리다, 분산시키다
⊕유의어 **scatter** [skǽtər] [동] 분산시키다, 흩어지다

□□ **emanate** [émənèit] [동] 내뿜다, 발산하다
⊕ **emanation** [èmənéiʃən] [명] 발산

□□ **recant** [rikǽnt] [동] 철회하다, 공식적으로 부인하다

□□ **rectify** [réktəfài] [동] 바로잡다, 정정하다
⊕**rectification** [rèktəfəkéiʃən] [명] 개정, 정정

□□ **deem** [di:m] [동] ~라고 여기다, 간주하다

□□ **stockpile** [stɑ́:kpail] [명] 비축량 [동] 비축하다

□□ **conjecture** [kəndʒéktʃər] [명] 추측 [동] 추측하다
⊕유의어 **guess** [ges] [동] 추측하다

□□ **extort** [ikstɔ́:rt] [동] 강요하다, 강탈하다
⊕**extortion** [ikstɔ́:rʃən] [명] 강요, 강탈

□□ **flunk** [flʌŋk] [동] 낙제하다, (시험에) 떨어지다

□□ **disseminate** [disémənèit] [동] 널리 알리다, 유포하다

□□ **prophet** [prɑ́fit] [명] 예언자, 선지자

□□ **officiate** [əfíʃièit] [동] 집행하다, 직무를 행하다
⊕**officially** [əfíʃəli] [부] 공식으로, 공무상

☐☐ **delegation** [dèligéiʃən]	몡 위임, 위촉	

☐☐ **waive** [weiv]   동 철회하다, 포기하다, 보류하다

☐☐ **torture** [tɔ́:rtʃər]   동 괴롭히다, 고문하다 명 괴로움, 고문

☐☐ **heresy** [hérəsi]   명 이교, 이단

☐☐ **coverage** [kʌ́vəridʒ]   명 보상 범위; 취재, 보도

☐☐ **strife** [straif]   명 분쟁, 충돌
   ⊕유의어 **conflict** [kənflíkt] 명 갈등, 분쟁

☐☐ **replicate** [répləkèit]   동 복제하다, 복사를 뜨다

☐☐ **imperative** [impérətiv]   형 필수의, 반드시 해야 하는
   ⊕유의어 **necessary** [nésəsèri] 형 필요한, 불가피한

☐☐ **precocious** [prikóuʃəs]   형 조숙한, 발달이 빠른
   ⊕유의어 **premature** [prì:mətʃúər] 형 조숙한

☐☐ **setback** [sétbæk]   명 방해, 퇴보

☐☐ **prescient** [préʃənt]   형 선견지명이 있는, 앞을 내다보는

☐☐ **bequest** [bikwést]   명 유물, 유산
   ⊕유의어 **heritage** [héritidʒ] 명 유물, 유산

☐☐ **relevance** [réləvəns]   명 연관성, 타당성, 적합성
   ⊕**relevant** [réləvənt] 형 관련 있는

☐☐ **wane** [wein]   동 시들다, 쇠퇴하다 명 쇠약, 쇠퇴
   ⊕유의어 **wither** [wíðər] 동 시들다, 말라죽다

☐☐ **derivative** [dirívətiv]   명 파생된 것, 파생어 형 파생적인

☐☐ **queasy** [kwí:zi]   형 역겨운, 메스꺼운

☐☐ **deranged** [diréindʒd]   형 제정신이 아닌, 혼란한, 미친

☐☐ **incisive** [insáisiv]   형 예리한, 날카로운
   ⊕유의어 **keen** [ki:n] 형 예리한, 날카로운

☐☐ **pernicious** [pərníʃəs]　　형 유해한, 해로운
　　⊕ 유의어 **noxious** [nákʃəs]　형 몸에 해로운, 유해한

☐☐ **soothe** [suːð]　　동 안심시키다, 진정시키다, 달래다

☐☐ **marital** [mǽrətl]　　형 결혼의, 부부의

☐☐ **maternity** [mətə́ːrnəti]　　명 모성, 어머니임

☐☐ **auspicious** [ɔːspíʃəs]　　형 길조의, 상서로운
　　⊕ 반의어 **inauspicious** [ìnɔːspíʃəs]　형 불길한

☐☐ **idyllic** [aidílik]　　형 전원적인, 목가적인

☐☐ **exploit** [iksplɔ́it]　　동 이용하다, 개발하다

☐☐ **apocalyptic** [əpɑ̀kəlíptik]　　형 종말론적인, 계시록의

☐☐ **ambivalent** [æmbívələnt]　　형 찬반이 공존하는, 양면적인

☐☐ **undermine** [ʌ̀ndərmáin]　　동 (기반을) 약화시키다

☐☐ **altruistic** [æltruːístik]　　형 이타적인
　　⊕ 반의어 **egoistic** [ìːgouístik]　형 이기적인, 자기 본위의

☐☐ **metabolic** [mètəbálik]　　형 물질대사의

☐☐ **juvenile** [dʒúːvənl]　　형 청소년의, 젊은　명 청소년

☐☐ **glut** [glʌt]　　명 공급 과잉; 과도한 양

☐☐ **outcast** [áutkæst]　　명 추방자; 버림받은 사람

☐☐ **cynic** [sínik]　　명 냉소주의자

☐☐ **didactic** [daidǽktik]　　형 교훈적인, 훈시적인

☐☐ **haven** [héivn]　　명 피난처, 안식처
　　⊕ 유의어 **shelter** [ʃéltər]　명 피난처, 은신처

☐☐ **reproach** [ripróutʃ]　　명 비난; 치욕　동 비난하다, 책망하다

☐☐ **indulgent** [indʌ́ldʒənt]　　형 눈감아 주는, 관대한
　　⊕ 유의어 **generous** [dʒénərəs]　형 관대한, 후한

☐☐ **seasoned** [síːznd]	형 노련한, 경험 많은

☐☐ **obnoxious** [əbnákʃəs]　　형 불쾌한, 무례한
　⊕ 유의어 **disgusting** [disgʌ́stiŋ]　형 불쾌한, 역겨운

☐☐ **intricate** [íntrikət]　　형 복잡한, 세밀한
　⊕ 유의어 **complicated** [kámpləkèitid]　형 복잡한, 난해한

☐☐ **foundry** [fáundri]　　명 주물 공장, 주조소

☐☐ **lush** [lʌʃ]　　형 무성한, 싱싱한, 기름진

☐☐ **eerie** [íəri]　　형 괴이한, 섬뜩한, 오싹한
　⊕ 유의어 **awful** [ɔ́ːfəl]　형 섬뜩한, 끔찍한

☐☐ **reckless** [réklis]　　형 무분별한, 무모한

☐☐ **brittle** [brítl]　　형 부서지기 쉬운, 불안정한
　⊕ 유의어 **fragile** [frǽdʒəl]　형 깨지기 쉬운

☐☐ **judicious** [dʒuːdíʃəs]　　형 분별력 있는, 현명한

☐☐ **mandate** [mǽndeit]　　명 위임, 권한 부여

☐☐ **wriggle** [rígl]　　동 꿈틀거리다, 꿈틀거리며 나아가다

☐☐ **cogent** [kóudʒənt]　　형 설득력이 있는, 명확한, 적절한

☐☐ **deplete** [diplíːt]　　동 고갈시키다, 격감시키다

A 다음 영어 단어에 해당하는 우리말 뜻을 쓰시오.

01 defraud	09 render
02 mollify	10 deem
03 reproach	11 insolent
04 outcast	12 flaunt
05 recede	13 extort
06 metabolic	14 amiable
07 marital	15 bequest
08 construe	16 mandate

B 다음에 해당하는 영어 단어를 쓰시오.

01 **nocuous**의 반의어

02 **rectify**의 명사형

03 **auspicious**의 반의어

04 **emanate**의 명사형

05 **resonate**의 명사형

06 **allude**의 명사형

-= Answer =-

A 01 속여서 빼앗다 02 진정시키다 03 비난; 치욕 04 추방자 05 멀어지다 06 물질대사의 07 결혼의,
부부의 08 해석하다 09 만들다 10 ~라고 여기다 11 무례한 12 과시하다 13 강요하다 14 호감을 주는
15 유물, 유산 16 위임, 권한 부여

B 01 innocuous 02 rectification 03 inauspicious 04 emanation 05 resonance 06 allusion

⒞ 다음 우리말 뜻에 해당하는 영어 단어를 쓰시오.

01 거칠게 밀다		09 연관성	
02 고갈시키다		10 비축량	
03 냉소주의자		11 시들다, 쇠퇴하다	
04 이타적인		12 방해, 퇴보	
05 주물 공장		13 억누르다	
06 이교, 이단		14 함부로 손대다	
07 역겨운		15 교훈적인	
08 복제하다		16 결핍된, 부족한	

⒟ 다음 우리말 뜻에 해당하는 영어 단어를 쓰시오.

01 설득력 있는 이유   a _____ reason

02 싱싱한 채소   _____ vegetables

03 조숙한 아이   a _____ child

04 우울한 기분   a _____ humor

05 매스컴의 보도   media _____

06 노련한 정치인   a _____ politician

★

영단어 암기 Tip5 – 자신만의 단어장 만들기

아무리 외워도 외워도 까먹는 단어들을 따로 정리하여 자신만의 단어장을 만드는 것도 좋은 영단어 암기 학습이 된다. 이렇게 정리한 자신만의 단어장을 모의고사나 수능 시험을 치르기 직전에 살펴본다면 시험에 자신감을 갖고 임할 수 있다.

Part 05

필수 숙어

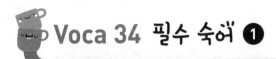

Voca 34 필수 숙어 ❶

☐☐	**depend on[upon]**	~에 달려 있다, ~을 신뢰하다
☐☐	**in order to**	~하기 위해
☐☐	**at least**	적어도, 최소한
☐☐	**look forward to -ing**	~을 학수고대하다
☐☐	**make a difference**	중요하다, 차이가 생기다
☐☐	**a number of**	다수의; 얼마간의
☐☐	**due to**	~에 기인하는, ~ 때문에
☐☐	**a variety of**	다양한 ~
☐☐	**according to**	~에 따르면
☐☐	**on time**	정각에, 시간을 어기지 않고
☐☐	**after all**	결국, 마침내
☐☐	**make up**	화장을 하다
☐☐	**as a result of**	~의 결과로서
☐☐	**go on**	계속하다
☐☐	**refer to**	~을 언급하다
☐☐	**be made (up) of**	~로 만들어지다, ~로 이루어지다
☐☐	**suffer from**	~을 겪다, ~로 시달리다
☐☐	**be related to**	~와 관계가 있다

☐☐	look for	~을 찾다
☐☐	come into one's mind	(문득) 머리에 떠오르다, 생각나다
☐☐	on the other hand	다른 한편으로는, 반면에
☐☐	get[become] used to	~에 익숙해지다
☐☐	deal with	~을 처리하다, ~을 다루다
☐☐	in contrast (to)	(~와) 반대로, ~와 대조되는
☐☐	in terms of	~ 면에서, ~에 관하여
☐☐	end up	결국 ~하게 되다
☐☐	pay attention to	~에 주의를 기울이다, ~에 유의하다
☐☐	make sense	의미가 통하다, 이해가 되다
☐☐	point out	지적하다, 언급하다
☐☐	result in	(결과적으로) ~이 되다, ~ 결과를 초래하다
☐☐	take advantage of	~을 이용하다, ~을 기회로 활용하다
☐☐	run out of	~을 다 써버리다, ~이 없어지다
☐☐	show up	나타나다, 드러내 보이다
☐☐	drop by	잠시 들르다
☐☐	play a role	역할을 하다, 역할을 맡다
☐☐	as a matter of fact	사실은
☐☐	make sure	반드시 ~하도록 하다
☐☐	in addition to	~에 더하여, ~일 뿐 아니라, ~ 이외에도
☐☐	go through	겪다, 경험하다

☐☐	**keep in mind**	명심하다
☐☐	**give up**	단념하다, 포기하다
☐☐	**find out**	발견하다, 생각해 내다
☐☐	**take care of**	~을 돌보다, ~에 조심하다
☐☐	**turn in**	제출하다
☐☐	**make money**	돈 벌다
☐☐	**participate in**	~에 참여하다, ~에 참가하다
☐☐	**get rid of**	~을 없애다, ~을 제거하다
☐☐	**wake up**	잠을 깨다, 정신을 차리다
☐☐	**in particular**	특히, 특별히; 상세히
☐☐	**get off**	(탈 것에서) 내리다; (일을) 마치다
☐☐	**make up one's mind**	결심하다, 결단을 내리다
☐☐	**fill in[out]**	(서식을) 작성하다, 기입하다
☐☐	**warn *A* of *B***	A에게 B를 경고하다
☐☐	**hang up**	전화를 끊다
☐☐	**get through**	~을 빠져 나가다[통과하다], 끝내다
☐☐	**count on**	~을 믿다, ~을 확신하다
☐☐	**when it comes to**	~에 대해서라면, ~라면, ~에 관한 한
☐☐	**work out**	운동하다
☐☐	**cannot help -ing**	~하지 않을 수 없다(=can't help but)
☐☐	**in advance**	미리, 사전에

☐☐	**have something in common**	(특징 등을) 공통적으로 지니다
☐☐	**dress up**	옷을 잘 차려 입다
☐☐	**lead to**	~에 이르게 하다, ~을 유발하다
☐☐	**have much[little] in common with**	~와 많은[적은] 공통점을 갖다
☐☐	**have to do with**	~에 관한 것이다, ~와 관련이 있다
☐☐	**on one's own**	혼자서, 단독으로
☐☐	**get to know**	알게 되다
☐☐	**give it a try**	시도하다, 한번 해 보다
☐☐	**turn into**	~로 변하다, ~로 바뀌다
☐☐	**give *A* a big hand**	A에게 큰 박수를 보내다
☐☐	**in common**	공동의, 공통의
☐☐	**out of order**	고장난
☐☐	**in other words**	다시 말해서, 즉
☐☐	**instead of**	~ 대신에
☐☐	**compare *A* to *B***	A를 B에 비교하다
☐☐	**in the face of**	~에 직면하여, ~에도 불구하고
☐☐	**in turn**	차례차례, 교대로
☐☐	**in a word**	한 마디로 말해서, 요컨대
☐☐	**pay off**	성공하다, 성과를 올리다

☐☐	**keep an eye on**	~을 주시하다, ~에서 눈을 떼지 않다
☐☐	**contribute to**	~에 기여하다
☐☐	**look into**	조사하다, 살펴보다
☐☐	**carry out**	수행하다, 이행하다, 실시하다
☐☐	**all of a sudden**	갑자기
☐☐	**get down**	낙담시키다
☐☐	**look out**	조심하다, 경계하다
☐☐	**major in**	~을 전공하다
☐☐	**make a decision**	결정하다
☐☐	**make one's living**	생활비를 벌다(= make a living)
☐☐	**figure out**	이해하다, 알아내다
☐☐	**get stuck**	막혀서 꼼짝 못하다
☐☐	**up to**	〈특정한 수·정도 등〉 ~까지
☐☐	**make use of**	~을 이용[활용]하다
☐☐	**pick *A* up**	A를 차에 태우러 가다
☐☐	**no doubt**	의심할 바 없이, 확실히
☐☐	**on average**	평균하여; 대체로
☐☐	**on behalf of**	~을 대표해서, ~을 대신하여
☐☐	**pass by**	지나가다
☐☐	**on foot**	걸어서, 도보로
☐☐	**get together**	만나다, 모이다

☐☐	regardless of	~에 상관없이, 관계 없이
☐☐	look after	~을 돌보다, 보살피다; ~을 배웅하다
☐☐	make an effort	노력하다
☐☐	get over	극복하다, 회복하다
☐☐	take part in	~에 참가[참여]하다
☐☐	on purpose	고의로, 일부러
☐☐	on (the) air	방송 중에; (프로가) 계속되는
☐☐	focus on	~에 초점을 맞추다
☐☐	on the contrary	그와는 반대로, 오히려
☐☐	rely on[upon]	~에 의지[의존]하다
☐☐	out of one's mind	정신이 나간, 미친
☐☐	come true	이루어지다, 실현되다
☐☐	owe *A* to *B*	A를 B에게 빚지고 있다 (= owe *B* *A*)
☐☐	hand in	제출하다, 건네다
☐☐	remind *A* of *B*	A에게 B를 생각나게 하다
☐☐	result from	~에서 비롯되다
☐☐	in fact	사실은, 실은
☐☐	turn out	모습을 드러내다; 판명되다
☐☐	take action	조치를 취하다, 행동에 옮기다

☐☐	**so far as**	~하는 한; ~까지
☐☐	**speak ill[evil] of**	~을 나쁘게 말하다, ~의 욕을 하다
☐☐	**and so on**	기타 등등
☐☐	**come up with**	~을 생각해 내다, ~을 제안하다
☐☐	**put together**	합하다; 조립하다
☐☐	**take turns (in)**	차례대로 (~을) 하다
☐☐	**put up with**	~을 참다[받아들이다]
☐☐	**spend time (in) -ing**	~하면서 시간을 보내다
☐☐	**get in touch with**	~와 (편지 · 전화로) 연락하고 지내다
☐☐	**stay up**	(늦게까지) 안 자다, 깨어 있다
☐☐	**substitute for**	~을 대신하다, ~ 대신으로 쓰다
☐☐	**be full of**	~에 몰두하고 있다; ~로 가득 차 있다
☐☐	**set off**	출발하다, ~에 착수하다
☐☐	**over and over**	반복적으로
☐☐	**consist of**	~으로 이루어지다[구성되다]
☐☐	**add up**	합산하다, 합계가 ~가 되다
☐☐	**to one's disappointment**	실망스럽게도
☐☐	**stand out**	두드러지다, 쉽게 눈에 띄다
☐☐	**hang on**	꽉 붙잡다, 단단히 매달리다
☐☐	**take *A* for granted**	A를 당연시하다, A가 고마운 줄을 모르다
☐☐	**reflect on**	~을 반성하다, ~을 되돌아보다
☐☐	**laugh at**	~을 비웃다, ~을 놀리다

☐☐	**have nothing to do with**	~와는 전혀 관계가 없다
☐☐	**break out**	(전쟁 등이) 발발하다, 발생하다
☐☐	**lay off**	해고하다, 휴직시키다
☐☐	**come across**	우연히 만나다; 이해되다
☐☐	**separate A from B**	A와 B를 분리하다
☐☐	**come to an end**	끝나다, 멈추다; 죽다
☐☐	**get along**	사이좋게 지내다, 그럭저럭 해 나가다
☐☐	**turn up**	(잃어버렸던 물건 등이) 나타나다, 찾게 되다
☐☐	**at once**	즉시, 당장
☐☐	**be aware of**	~을 알아차리다, ~을 알다
☐☐	**stand for**	~을 상징하다, ~을 의미하다
☐☐	**amount to**	합계가 ~이다
☐☐	**up to date**	최신의, 최신식의
☐☐	**sign up**	등록하다
☐☐	**care for**	~을 좋아하다[돌보다]
☐☐	**search for**	~을 찾다
☐☐	**take a look**	~을 한 번 보다
☐☐	**throw away**	버리다, 없애다
☐☐	**fall off**	~에서 떨어지다
☐☐	**for the time being**	당분간, 당장은
☐☐	**protect A from B**	A를 B에게서 지키다
☐☐	**get in the way**	방해되다

☐☐	**have difficulty (in) -ing**	~하는 데 고생하다
☐☐	**slow down**	느긋해지다, ~을 늦추다; (기력이) 쇠해지다
☐☐	**prevent A from -ing**	A가 ~하는 것을 막다
☐☐	**be based on**	~에 기초하다, ~에 근거하다
☐☐	**head for**	~으로 향하다
☐☐	**devote oneself to**	~에 전념하다, ~에 일신을 바치다
☐☐	**watch out**	조심하다
☐☐	**hold to**	~을 지키다, ~을 고수하다
☐☐	**bring about**	~을 초래하다, ~을 유발하다
☐☐	**in any case**	어쨌든
☐☐	**get one's attention**	~의 주의를 끌다, ~의 관심을 얻다
☐☐	**take place**	개최되다; 발생하다
☐☐	**give out**	~을 나누어 주다, 분배하다
☐☐	**in favor of**	~을 위해서, ~에 찬성하여
☐☐	**by the time**	~할 때쯤, ~할 때까지
☐☐	**break in**	(건물 등) ~에 침입하다
☐☐	**in public**	공개적으로, 사람들 앞에서
☐☐	**turn down**	〈소리·온도 등〉 ~을 낮추다; ~을 거절[거부]하다
☐☐	**in reality**	사실은, 실제로는
☐☐	**interfere with**	~을 방해하다, 지장을 주다
☐☐	**put off**	미루다, 연기하다

☐☐	**in the meantime**	그 동안에, 그 사이에
☐☐	**learn A by heart**	A를 암기하다
☐☐	**live up to**	(다른 사람의 기대에) 부응하다, 합당하다
☐☐	**be[become, get] involved in**	~에 휘말리다, ~에 연루되다
☐☐	**stay[keep] away from**	~을 가까이하지 않다, ~에서 떨어져 있다
☐☐	**draw a conclusion**	결론을 내다
☐☐	**root for**	~을 응원하다
☐☐	**lose heart**	낙담하다, 자신감을 잃다
☐☐	**make friends with**	~와 친해지다, ~와 친구가 되다
☐☐	**sort of**	어느 정도의 ~, 다소의 ~
☐☐	**for the sake of**	~을 위해서(= for somebody's [something's] sake)
☐☐	**move on (to)**	더 좋은 일자리로 옮기다, 성장하다
☐☐	**now that**	~이므로, ~이기 때문에
☐☐	**on a regular basis**	정기적으로
☐☐	**sum up**	요약하다
☐☐	**on display**	전시된, 진열된

Voca 36 필수 숙어 ❸

☐☐	**account for**	～을 설명하다, ～을 차지하다
☐☐	**catch up with**	～을 따라잡다
☐☐	**cut down on**	～을 줄이다
☐☐	**ask for**	～을 요청하다
☐☐	**be engaged in**	～에 종사하다
☐☐	**have a tendency to**	～하는 경향이 있다
☐☐	**in vain**	허사가 되어, 헛되이
☐☐	**what's more**	더구나, 게다가
☐☐	**take off**	이륙하다, 날아오르다
☐☐	**from time to time**	가끔, 이따금, 때때로
☐☐	**have an effect on**	～에 영향을 미치다
☐☐	**be inclined to**	～하는 경향이 있다
☐☐	**that is (to say)**	다시 말해서, 즉
☐☐	**take over**	～을 인수하다
☐☐	**sort out**	분류하다, 구분하다, 선별하다
☐☐	**in short**	요컨대, 요약하면
☐☐	**show off**	과시하다, 으스대다
☐☐	**come into effect**	효력이 발생하다

☐☐	**deprive _A_ of _B_**	A에게서 B를 뺏다
☐☐	**to some extent**	어느 정도까지
☐☐	**to tell (you) the truth**	사실은, 사실대로 말하자면
☐☐	**in response to**	~에 응하여, ~에 대한 반응으로
☐☐	**break up with**	~와 헤어지다, ~와 관계를 끊다
☐☐	**by accident**	우연히, 무심코
☐☐	**break down**	고장나다
☐☐	**provide _A_ with _B_**	A에게 B를 제공하다
☐☐	**on the edge of**	~의 가장자리에
☐☐	**on the spot**	즉각, 즉석에서
☐☐	**bring an end to**	~을 끝내다, 마치다
☐☐	**out of place**	제자리에 있지 않는, 잘못 놓인
☐☐	**pass through**	~을 거쳐 지나가다
☐☐	**regard _A_ as _B_**	A를 B로 간주하다
☐☐	**set about**	시작하다, 착수하다
☐☐	**make one's (own) way**	나아가다, 가다
☐☐	**set out**	출발하다, (여행을) 시작하다
☐☐	**in the process of**	~의 과정에 있는
☐☐	**make the most of**	~을 최대한으로 활용하다
☐☐	**sign up for**	~을 신청하다
☐☐	**look down on**	~을 깔보다, 업신여기다

☐☐	look upon *A* as *B*	A를 B로 간주하다
☐☐	stand up for	~을 옹호하다, 지지하다
☐☐	take account of	~을 고려하다, ~을 참작하다
☐☐	supply *A* with *B*	A에게 B를 공급하다
☐☐	take a course	수업을 듣다, 수강하다
☐☐	in effect	사실상, 실질적으로
☐☐	correspond to	~에 일치하다, 부합하다
☐☐	on demand	요구에 따라서
☐☐	out of question	의심할 여지없이, 틀림없이
☐☐	take away	치우다; 제거하다
☐☐	the majority of	대다수의 ~
☐☐	at random	무작위로, 임의로
☐☐	no later than	늦어도 ~까지는
☐☐	above all	무엇보다도, 특히
☐☐	be apt to do	~하는 경향이 있다, ~하기 쉽다
☐☐	make a fortune	거액을 벌다, 재산을 모으다
☐☐	stand by	대기하다; (방관하며) 가만히 있다; 지지하다
☐☐	for good	영원히, 영구히
☐☐	speak up	더 크게 말하다
☐☐	not to mention	~은 말할 것도 없고, ~은 물론이고
☐☐	occupied with	~에 열중해 있는

☐☐	**off balance**	균형이 깨진, 균형을 잃은
☐☐	**of use**	유용한, 쓸모 있는
☐☐	**lose sight of**	~이 더 이상 안 보이게 되다
☐☐	**a bunch of**	다수의 ~, 한 무리의 ~
☐☐	**as a whole**	전체로서, 총괄적으로
☐☐	**at any time**	언제라도, 아무 때나
☐☐	**by all means**	무슨 일이 있어도, 반드시
☐☐	**out of hand**	손을 쓸 수 없는, 통제할 수 없는
☐☐	**take a deep breath**	심호흡을 하다
☐☐	**play a trick on**	~을 속이다
☐☐	**run out**	(공급품이) 다 떨어지다
☐☐	**screen out**	~을 걸러내다, ~을 차단하다
☐☐	**stack up**	계속 쌓이다, 줄을 늘어서다
☐☐	**step into**	~을 시작하다
☐☐	**take a look around**	~을 구경하다, ~을 둘러보다
☐☐	**take a step back**	뒤로 한 걸음 물러서다
☐☐	**tip over**	~을 뒤집다, ~을 엎질러 버리다
☐☐	**to date**	지금까지, 현재까지
☐☐	**stick out**	눈에 띄다, 잘 보이다, 두드러지다
☐☐	**under all circumstances**	모든 상황에서, 어떠한 경우에도
☐☐	**be famous for**	~으로 유명하다

☐☐ be faced with	~에 직면하다	
☐☐ call off	취소하다, 중지하다	
☐☐ come about	발생하다, 나타나다	
☐☐ nothing but	오직 ~, 단지 ~일 뿐인	
☐☐ strive for	~을 얻으려고 노력하다	
☐☐ calm down	진정하다	
☐☐ on duty	근무 중인; 일하고 있는	
☐☐ in return	~에 대한 보답으로	
☐☐ give off	(냄새·빛·열 등을) 내다, 발하다	
☐☐ take one's place	있어야 할 곳에 가다	
☐☐ with the exception of	~은 제외하고, ~ 외에는	
☐☐ wander about	주변을 배회하다, 돌아다니다	
☐☐ take up	〈취미·일 등〉 ~을 시작하다; 〈시간·공간을〉 차지하다	
☐☐ think of *A* as *B*	A를 B로 생각하다	
☐☐ to make matters [the matter] worse	설상가상으로	
☐☐ wrap up	싸다, 포장하다	
☐☐ abide by	~을 준수하다, ~을 고수하다	
☐☐ be composed of	~로 구성되어 있다	
☐☐ speak out	공개적으로 말하다, 털어놓고 의견을 말하다	

영어시험 독해 문제에 숨어 있는
정답의 근거를 빠르고 정확하게 찾아내는,
{지문독해법 & 문제풀이법}

더 강력해진 영어시험 독해비법
'에몽의 리딩스킬'을 트레이닝해서 1등급 맞자!

영어시험에 나오는 모든 필수 어휘,
언제 어디서나 스피드하게 외우자!

고빈출!
수능영단어
총정리

| 출제빈도순으로 분석 · 정리한 총 4,500여 개 고빈출 영단어 수록 |

- 수능기출과 주요 영어교과서에 등장한 영단어를 분석하여 출제빈도순으로 총정리
- 1순위 필수 어휘(출제율 90% 이상) → 2순위 필수 어휘(출제율 80% 이상) → 3순위 필수 어휘(출제율 60% 이상), 그리고 혼동 어휘, 고난도 어휘, 필수 숙어까지 총정리
- 표제어 외에 파생어, 유의어, 반의어 등 더 알아두어야 할 확장 어휘까지 완벽 정리
- 손에 들고 다니며 등하교 시간, 쉬는 시간 등 언제 어디서나 쉽게 펼쳐 외울 수 있는 핸드북 단어장

53740

값 10,000원
ISBN 979-11-92967-04-2

9 791192 967042

쏠티북스
SALTYBOOKS